Thomas Meier

Alzheimer
Auf der Suche nach der Wahrheit

novum pro

Bibliografische Information
der Deutschen Nationalbibliothek:

Die Deutsche Nationalbibliothek
verzeichnet diese Publikation in
der Deutschen Nationalbibliografie.
Detaillierte bibliografische Daten
sind im Internet über
http://www.d-nb.de abrufbar.

Alle Rechte der Verbreitung,
auch durch Film, Funk und Fernsehen,
fotomechanische Wiedergabe,
Tonträger, elektronische Datenträger
und auszugsweisen Nachdruck,
sind vorbehalten

Gedruckt in der Europäischen Union
auf umweltfreundlichem, chlor- und
säurefrei gebleichtem Papier.

© 2022 novum Verlag

ISBN 978-3-99131-005-1
Lektorat: Lucas Drebenstedt
Umschlagfotos: Skypixel,
Burgstedt | Dreamstime.com
Innenabbildungen:
Gustavo Vicente Nieto Perez
Umschlaggestaltung, Layout & Satz:
novum Verlag

www.novumverlag.com

Inhaltsverzeichnis

Einleitung

In insgesamt 99,9 Prozent der Zeit, die die Menschheit diesen Planeten bewohnt, lag die durchschnittliche Lebenserwartung bei nur 30 Jahren. Auch wenn dies in der heutigen Zeit für uns alle kaum denkbar ist, war dies lange Zeit Realität und alt zu werden die absolute Ausnahme. Wurden unsere Vorfahren nicht von Löwen zum Frühstück verspeist, so starben sie oftmals schon in jungen Jahren an der Folge einer bakteriellen Infektion oder einer Viruserkrankung. Heutzutage ist es schwer vorstellbar, dass noch zu Beginn des 20. Jahrhunderts eine einfache Wundinfektion den Tod bedeuten konnte. Doch tatsächlich haben damals nur diejenigen überlebt, die das stärkste Immunsystem hatten. Heute hingegen können auch Menschen mit einem schwachen Immunsystem ein ansehnliches Alter erreichen. Medizin, Technik, Hygiene und all das was sich der Mensch im Laufe der Zeit gegen Pest, Cholera und andere Krankheiten einfallen ließ, haben der Menschheit zusätzliche Jahrzehnte geschenkt. Wir werden immer älter. In den vergangenen einhundert Jahren hat sich unsere Lebenserwartung statistisch gesehen nahezu verdoppelt. Aber wir zahlen einen hohen Preis dafür. Unsere Leistungsfähigkeit lässt mit jedem gewonnenen Lebensjahr nach und alles wird schwerer für uns. Alltägliche Dinge, die in jungen Jahren selbstverständlich von der Hand gingen, sind irgendwann nicht mehr oder nur noch sehr schwerfällig zu bewältigen. Auch der Verstand schwindet mit zunehmendem Alter mehr und mehr und auf einmal geht es nicht mehr. Der Mensch – Pflegefall. Diese Erscheinung ist zweifellos eine der größten Schreckensvorstellungen für jeden von uns und daher ist es nicht verwunderlich, dass wir diese gerne weit von uns weg schieben.

Meine Mutter ist zunächst an Parkinson erkrankt, später dann an Alzheimer. Wer in seinem Leben jemals einen dementen Verwandten begleitet hat, der weiß, was diese Diagnose bedeutet. Die Sprache der Erkrankten beschränkt sich üblicherweise nur noch auf wenige Wörter oder versiegt ganz. Demenzkranke sind bei den meisten Verrichtungen des täglichen Lebens auf Hilfe von anderen Menschen angewiesen. Essen zubereiten, Haare kämmen oder ein Bad nehmen sind oftmals selbstständig nicht mehr möglich. Hinzukommen können weitere Einschränkungen wie Schwierigkeiten beim Kauen, Schlucken und Atmen sowie Versteifungen der Gliedmaßen. All das sind typische Alzheimer-Symptome, die im Spätstadium auftreten.

Besonders in der letzten Phase der Krankheit sind die Betroffenen stark pflegebedürftig. Sie fallen auf den Stand eines Babys zurück und müssen beispielsweise wieder Windeln tragen. Für diejenigen Personen, die den Betroffenen in dieser Zeit beistehen ist es nur schwer zu akzeptieren, was mit den Angehörigen passiert.

Statistisch gesehen verdoppelt sich ab dem 60. Lebensjahr die Wahrscheinlichkeit an Demenz zu erkranken alle fünf Jahre. 90 Prozent der Demenz-Patienten sind älter als 75 Jahre. Daraus lässt sich schließen, dass das Alter der größte Risikofaktor für Demenz ist. Doch auch wenn die Zahl der Demenzerkrankungen mit dem Alter stetig steigt, gibt es durchaus Menschen, die bereits in jungen Jahren an einer Demenz erkranken. Bereits im Alter von 45 bis 65 Jahren sind in Deutschland zwischen 20.000 und 24.000 Menschen von dieser Krankheit betroffen. Der jüngste Alzheimer-Patient erkrankte laut Wikipedia mit 27 Jahren und starb wenige Jahre später im Alter von 33 Jahren. Tatsächlich sind aber schon Kinder davon betroffen. In Deutschland sollen ca. 700 Jungen und Mädchen an Kinderdemenz leiden.

Dr. Richard Taylor war Psychologieprofessor und 58 Jahre alt, als er 2001 die Diagnose „Alzheimer" bekam. 2011, vier Jahre vor seinem Tod, sagte er über seine Erkrankung: „Die vergangenen zehn Jahre habe ich mit der Diagnose Demenz, wahrscheinlich vom Typ Alzheimer, gelebt. So jedenfalls hat mir das ein Arzt vor zehn Jahren gesagt. Und obwohl weder meine Frau, noch mein Bruder oder ich selbst uns bis heute daran erinnern können, was er außer diesen lebensverändernden Worten noch gesagt hat, bin ich doch ziemlich sicher, dass er nicht erzählt hat, dass seine Worte für mich den Beginn des langen Lebewohls markieren würden. Ich bin auch ziemlich sicher, dass er nicht gesagt hat, dass die Alzheimerkrankheit mir die Seele rauben wird. Ich bin ziemlich sicher, er hat nicht gesagt, dass ich zwei Mal sterben werde. Ich bin ziemlich sicher, er hat nicht gesagt, dass ich zur Hülle meines früheren Selbst werde, wenn ich mich dem Ende meines Lebens nähere. Ich bin mir ziemlich sicher, er hat nicht gesagt, ich würde mich in eine Schildkröte verwandeln, die verbrannt und deren Panzer zum Trocknen zurückgelassen wurde, in einem Rollstuhl sicher verwahrt und auf die Winde der Zeit wartend, die meine Hülle in einen Staubhaufen verwandeln, damit sie begraben werden kann."[1]

Alzheimer ist eine Krankheit, die zum Tode führt. Die Zeitspanne zwischen Diagnose und Tod kann dabei von drei bis zu zwanzig Jahren betragen. Im Allgemeinen gilt: Je später im Leben die Erkrankung auftritt, desto kürzer ist der Alzheimer-Verlauf.

Auguste Deter war die erste Alzheimer-Patientin. Sie war erst 51 Jahre alt. Ihr Mann brachte sie im Jahr 1901 wegen mysteriöser Symptome in die Irrenanstalt. Im Jahr 1906 starb sie jämmerlich an Auszehrung. Als nach ihrem Tod ihr Gehirn untersucht wurde, entdeckte man dort Eiweißablagerungen. Diese Eiweißablagerungen sind bis heute charakteristisch für die *„Krankheit des Vergessens"*.

Ich beschäftige mich mit dem Thema Gedächtnisschwund seit über 20 Jahren, zunächst gelegentlich und nunmehr seit bereits 10 Jahren intensiv. Da ich selbst schon als Kind Probleme mit meinem Erinnerungsvermögen hatte und mit Anfang 30 meine Gedächtnisleistung rapide nachließ, begann ich dieser Thematik nachzugehen. Wie wahrscheinlich jeder, bin ich als erstes den Weg über die Schulmedizin gegangen. Da mir diese nicht helfen konnte (wollte), bin ich selbst aktiv geworden. Ich habe mich unter anderem mit hirnrelevanter Ernährung befasst und allerlei Nahrungsergänzungsmittel zu mir genommen. Erfahrungen habe ich dabei insbesondere mit Hormonen gemacht, deren

Wirkung erstaunlich war. Hormone gehen dem Menschen bekanntermaßen im zunehmenden Alter aus. Daher sind es auch diese kleinen Helferlein, die uns letzten Endes „welken" lassen, wenn sie uns fehlen. Das wurde schon im Jahr 1990 von Dr. Rudman bewiesen. Durch die Gabe des Wachstumshormons an ältere Männer konnte er zeigen, dass dieses Hormon eine absolut verjüngende Wirkung hat.

Was sind Hormone? Sie sind die Generäle im Stoffwechsel und der Schlüssel zu allem, was in unserem Körper geschieht. Es sind chemische Botenstoffe, die Befehle geben. Sie gehen zu einer Zelle, loggen sich in ihren Rezeptor ein und sagen der Zelle, was sie machen soll. Der Begriff Hormon stammt aus dem Griechischen und bedeutet antreiben oder erregen.

Hormone wirken leistungssteigernd. Befragen Sie dazu Radprofis, Skilangläufer oder Profischwimmer, die wissen es genau. Und was denken Sie, warum fällt es gerade älteren Menschen immer schwerer, die Treppen hochzugehen? Gerade die ältere Generation spricht gerne davon, dass die alten Knochen nicht mehr so wollen wie früher.

Ich habe Kraftlosigkeit so oft in meinem Leben erlebt, dass ich ganz klar sagen kann, es ist nicht nur das Alter selbst, welches unsere Leistungsfähigkeit herabsetzt.

Unser Leben beginnt mit einer einzigen Zelle, der befruchteten Eizelle. Durch ständig wiederholte Zellteilung entstehen schließlich knapp 100 Billionen Körperzellen. Zellen organisieren sich zu bestimmten Geweben, Organen und Körpersystemen. Unabhängig davon, wie lange wir bereits leben, sind unsere Körperzellen im Durchschnitt nicht älter als zehn Jahre. Schon nach drei bis vier Jahren hat sich fast der gesamte Zellvorrat eines Menschen einmal erneuert. Es entsteht folglich ein – zumindest molekular – erneuerter Mensch. Wie kann man in diesem Zusammenhang von alt sein sprechen?

Pro Sekunde bastelt der Organismus aus Baustoffen der Nahrung 10 Millionen neue Zellen. Alle fünf Tage wird durch diesen Prozess zum Beispiel die Magenschleimhaut komplett erneuert. Das Fettgewebe wird alle drei Wochen ausgetauscht. Rote Blutkörperchen halten drei Monate und eine Hautzelle lebt höchstens 14 Tage. Knochenzellen brauchen dagegen etwas länger. Sie benötigen für ihre Erneuerung ganze 25–30 Jahre. Unsere Muskelzellen werden nie älter als 15 Jahre.[2]

Eine Muskelzelle tut ihr Leben lang das, was sie kann, sie zieht sich zusammen. Dabei ist es vollkommen egal, wie alt sie ist. Um zu funktionieren benötigen Zellen Energie aus der Nahrung, Sauerstoff und einen Befehl (Reiz). Damit unsere Zellen ihre Arbeit erledigen können benötigen sie Botenstoffe, diese nennen sich Neurotransmitter oder Hormone. Ohne sie geht gar nichts.

Botenstoffe sind an der Entstehung unserer Gefühle beteiligt. Ob wir Freude empfinden, glücklich oder unglücklich sind, ist nach heutigem Wissensstand maßgeblich von vier Botenstoffen abhängig: Serotonin, Adrenalin, Noradrenalin und Dopamin.

Ich habe durch meine Recherchen und Erfahrungen, die ich im Laufe der Jahre gemacht habe, sicherlich nicht den „Heiligen Gral der Jugend" gefunden, aber ich habe erlebt, dass wir dem körperlichen und geistigen Verfall keineswegs hoffnungslos ausgeliefert sind.

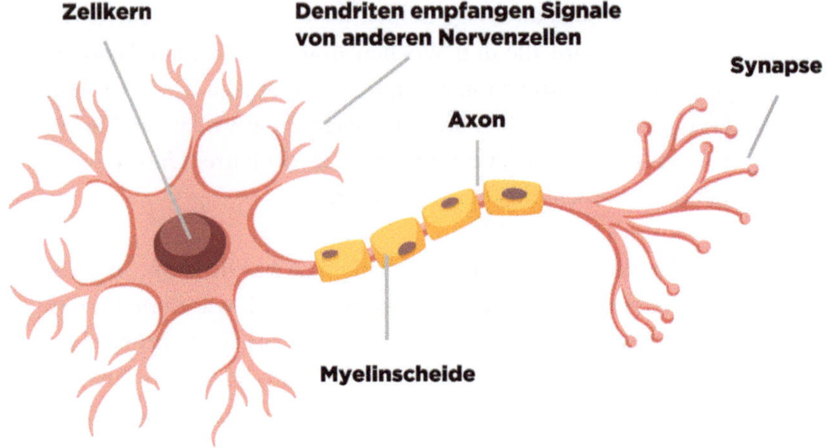

Das Gehirn

Unser Gehirn enthält ungefähr 100 Milliarden Gehirnzellen. Diese Gehirnzellen sind über etwa 100 Billionen Kontaktstellen – die sogenannten Synapsen – miteinander verknüpft.

Das Grundprinzip: Eine Nervenzelle (Neuron) besteht aus drei Grundelementen. Das erste ist der Zellkörper. Er bildet die „Schaltzentrale" des Neurons. An dem Zellkörper befinden sich zwei Arten von Fortsätzen, die Dendriten und das Axon. Eine Nervenzelle besitzt viele Dendriten, aber nur ein einziges Axon. Die Dendriten nehmen elektrische Impulse von anderen Nervenzellen auf und übertragen diese auf den Zellkörper. Die Impulse enthalten Informationen, welche in der Zelle verarbeitet werden. Der Zellkörper erzeugt daraufhin Ausgangssignale, welche über das oft weitverzweigte „Ausgangskabel", das Axon, weitergeleitet werden. Auf seiner gesamten Länge funktioniert das Axon hauptsächlich als eine Art elektrisches Kabel mit der Funktion, das Signal weiterzuleiten. Sobald das elektrische Signal das Ende des Axons, die Synapse, erreicht, werden Neurotransmitter freigesetzt. Neurotransmitter sind die Botenstoffe des Nervensystems. Sie docken an Rezeptoren anderer Neuronen an und wirken dort entweder erregend oder hemmend. Durch diesen Vorgang stimulieren sie weitere Neuronen. Umgangssprachlich wird auch davon gesprochen, dass eine Nervenzelle feuert. Dies kann sie in einer Sekunde bis zu 500mal.

Über 100 verschiedene Botenstoffe sind inzwischen bekannt. Jeder Rezeptor ist auf einen bestimmten Neurotransmitter spezialisiert, wie ein Schlüssel und ein passendes Schloss. An einem Neuron können hunderte bis tausende Synapsen anderer Nervenzellen angedockt sein. Die Synapsen sind somit die zentralen Schaltstellen der Informationsübertragung im Gehirn. Insgesamt knapp 100 Milliarden Neuronen müssen ununterbrochen miteinander kommunizieren, damit wir fühlen, handeln und denken können. In Millisekunden finden an tausenden Zellen komplexe chemische und elektrische Prozesse statt – für eine einzige (sinnvolle) Handlung. Bei Lernprozessen nimmt die Zahl der Rezeptoren zwischen den beteiligten Nervenzellen noch weiter zu. Die Informationsübertragung wird so zunehmend verstärkt und es werden neue Verknüpfungen im Gehirn ausgebildet. Kurz gesagt: All das, was mit Lernen oder Gehirnentwicklung zu tun hat, beruht auf einer Zunahme von Rezeptoren und einem Wachstum bzw. einer Veränderung der Verbindungen zwischen den Nervenzellen.

Wussten Sie, dass bei der Alzheimer-Krankheit als erstes die Synapsen zerstört werden? Die Nervenzellen selbst gehen erst viel später zugrunde. Zu Beginn der Krankheit sind die Synapsen nicht sofort komplett zerstört, sondern zunächst nur angeschlagen. Sie sind leer und schlaff, weil keine Informationen mehr bei ihnen ankommen. Im Laufe der Erkrankung gehen folglich zunächst die Verbindungen zwischen den Neuronen verloren, später sterben dann ganze Nervenzellen ab. Ohne Informationen können Zellen nicht überleben. In schweren Fällen von Alzheimer kann das Gehirn auf ein Drittel seines ursprünglichen Volumens schrumpfen.

Gibt es heutzutage Mittel, die es möglich machen, einen geistigen Verfall aufzuhalten oder sogar rückgängig zu machen? Sollte dies der Fall sein, würde die Alzheimer-Forschung dies doch gewiss bereits entdeckt oder gar erforscht haben.

Im Jahr 2020 hat die Botschafterin der Alzheimer Forschung Initiative e.V., in einem Vortrag erläutert, dass es keine Erfolgsgeschichten bei Alzheimer gibt. Es gibt keinen einzigen Überlebenden. Bei Alzheimer gibt es niemanden, der sagt, schaut her, mir ging es schlecht, ich habe eine harte Therapie hinter mir, aber heute geht es mir wieder gut und ich kann noch ein paar Jahre meines Lebens genießen.[3] Aus Sicht der Schulmedizin mag dies auch stimmen. Es ist mit Medikamenten bisher nicht gelungen, dem Gedächtnisschwund entgegenzuwirken. Doch ich sage klar, es geht. Mit dem heutigen Wissen ist es möglich einen geistigen Verfall zu stoppen und bis zu einem gewissen Grad wieder rückgängig machen. Grundvoraussetzung hierfür ist, dass unser Gehirn mit allen hirnrelevanten Stoffen versorgt wird. Da ich aus eigener Erfahrung sagen kann, dass bestimmte Moleküle bei einem Arztbesuch nicht untersucht werden, möchte ich im Folgenden darauf eingehen.

Magnesium

Magnesium spielt eine Schlüsselrolle in der Regulation von Botenstoffen, die unsere Stimmung beeinflussen. Es wirkt auf Nervenzellen beruhigend und beugt unter anderem Nervosität vor.

Magnesium ist zudem wichtig für die Energiegewinnung und -bereitstellung im Gehirn. Es regt bei hoher Dosierung den Aufbau neuer Gehirnverbindungen an und aktiviert Signalmoleküle, die entscheidend am Lernprozess beteiligt sind. Auch auf die Blutgefäße wirkt sich Magnesium positiv aus. Es sorgt dafür, dass sie elastisch und dehnbar bleiben. Zahlreiche Studien belegen den Zusammenhang von Magnesium-Mangel und Demenz.[4]

Eisen

Eisen gehört zu den wichtigsten Stoffen einer guten Energieversorgung. Ohne dieses Spurenelement funktioniert der Sauerstofftransport in das Gehirn nicht reibungslos. Zudem ist Eisen an der Bildung von Nervenbotenstoffen beteiligt. Steht Eisen bei diesem Prozess nicht zur Verfügung, zeigen sich unmittelbare Auswirkungen auf unser Denkvermögen und Verhalten.

Zink

Zink spielt eine wichtige Rolle im Zucker-, Fett- und Eiweißstoffwechsel, bei dem Aufbau der Erbsubstanz und bei dem Zellwachstum. Es ist unverzichtbar für die Funktion des Immunsystems sowie verschiedener Hormone. Da dieses Spurenelement im Körper nicht gespeichert werden kann, ist eine regelmäßige und ausreichende Zufuhr sehr wichtig. Depressionen, Aggressivität sowie Angstzustände können gravierende Folgen sein, wenn Zink im Gehirn nicht in ausreichender Menge vorhanden ist. Diese Tatsache ist bereits seit 50 Jahren bekannt. Wissenschaftler des Max-Planck-Instituts für Hirnforschung in Frankfurt haben herausgefunden, was genau Zink im Gehirn bewirkt. Zink-Ionen tragen dazu bei, Nervensignale an den Synapsen zu regulieren. Sie sorgen dafür, dass der Körper Befehle oder Reflexe des Gehirns fehlerfrei verarbeiten kann.[5]

LipiDiDiet

Laut einer EU-Studie könnten Nahrungsergänzungsmittel vor allem eine wichtige Rolle für eine gute Gesundheit der alternden Bevölkerung spielen. Das LIPIDIDIET-Projekt, das im März 2015 abgeschlossen wurde, untersuchte, ob sich der Verlauf einer Alzheimer-Erkrankung in einem frühen Stadium mit der Einnahme eines speziellen Nährstoffgemischs verzögern lassen kann.

Wissenschaftler rekrutierten für diesen Zweck Alzheimer-Patienten, die sich im Anfangsstadium der Krankheit befanden, um die Wirksamkeit einer Flüssignahrung mit dem Namen „Souvenaid" zu prüfen. Dieses Nährstoffgemisch soll im Gehirn die Bildung neuer Synapsen fördern. Die Nährstoffkombination besteht aus langkettigen Omega-3-Fettsäuren, Phospholipiden, Cholin, B-Vitaminen (B6, B12 und Folsäure), Vitamin C und E, Selen und Uridinmonophosphat. Nach drei Jahren Behandlungszeit zeigten sich weitgehende Unterschiede zwischen den Studienteilnehmern und der Kontrollgruppe. Bei den Patienten, die das Nährstoffgemisch einnahmen, schrumpften die Gehirne der von Alzheimer betroffenen Probanden um 20 Prozent weniger als bei der Vergleichsgruppe. Der Veränderungsprozess im Gehirn konnte also eindeutig verlangsamt werden. Eine noch wichtigere Erkenntnis war, dass die Hirnleistung während der drei Jahre zwischen 40 bis 70 Prozent weniger nachließ als bei den nicht behandelten Teilnehmern. Die positive Wirkung der Behandlung zeigte sich besonders deutlich bei denjenigen Patienten, die in einem sehr frühen Alzheimer-Stadium mit der Behandlung beginnen konnten.

Nährstoffe scheinen also eine zentrale Rolle bei der Reduzierung des neurodegenerativen Prozesses bei Alzheimer zu spielen. Dies deutet auf einen besonderen Ernährungsbedarf bei Personen, die an Alzheimer erkrankt sind, hin.[6]

Wozu werden Studien dieser Art gemacht? Und vor allem, was davon kommt in den Arztpraxen an? In der S3-Leitlinie „Demenzen" steht über diese Nahrungsergänzung: „Souvenaid wird nicht von den Krankenkassen erstattet. Die sichere Bewertung der Wirksamkeit von Souvenaid auf die Gedächtnisfunktionen bei der leichten Alzheimer-Demenz kann basierend auf den aktuellen Studien noch nicht vorgenommen werden. Hinweise für Wirksamkeit auf Alltagsfunktionen oder Wirksamkeit bei der mittelschweren Demenz finden sich nicht."[7]

Eiweiß

Ein wichtiger, wenn nicht gar der Wichtigste Bestandteil aus der Nahrung, ist Eiweiß. Dieser Stoff ist der Anfang allen Lebens. Um zu leben, müssen in unserem Körper ständig neue Zellen produziert werden, die die alten und verbrauchten ersetzen. Eiweiß bildet dabei das Baumaterial. Für den Prozess der Zellbildung erhält der genetische Apparat den Befehl neue Zellen zu produzieren. Hormone dringen in die Zellen ein, legen sich an die DNA und befehlen ihr, sich zu teilen. Für diesen Vorgang muss die Erbsubstanz exakt verdoppelt werden. Ohne Eiweiß, d. h. ohne Baumaterial ist die Bildung einer neuen Zelle nicht möglich. Eiweiß hält unser Immunsystem instand. Zudem werden aus diesem Stoff die meisten Hormone gebildet.

Eiweiß setzt sich aus verschiedenen Bausteinen zusammen, den Aminosäuren. Sie sind die zentralen Bausteine unseres Körpers und Stoffwechsels. Aminosäuren sind besonders wertvoll für das Gehirn, weil sie eine wichtige Funktion bei der Kommunikation der Nervenzellen einnehmen und neue Verbindungen zwischen diesen entstehen lassen. Ohne Aminosäuren funktioniert unser Gehirn nicht.

Im menschlichen Körper sind 21 Aminosäuren nachgewiesen. Von diesen kann der Körper 13 selbst bilden. Acht wiederum gelten als essentiell. Deren Bildung ist unserem Organismus nicht möglich, das heißt, wir müssen sie mit der Nahrung aufnehmen.

Glutamin

Glutamin ist eine für den Menschen nicht essentielle Aminosäure. Der Körper kann diese Aminosäure selbst bilden. Bei einem bestehendem Mangel kann Glutamin zusätzlich durch die Nahrung aufgenommen werden. Glutamin stimuliert die Ausschüttung des Wachstumshormons. Damit unterstützt es die Regeneration des Körpers – vor allem im Schlaf. Zudem wird Glutamin für den Aufbau von Botenstoffen im Gehirn benötigt.

Phenylalanin

Die essenzielle Aminosäure Phenylalanin wirkt mit bei der Bildung von Neurotransmittern. Phenylalanin wird zunächst zu Tyrosin, anschließend zu Dopamin und später zu Noradrenalin, bevor es letztlich zu Adrenalin umgewandelt wird. Noradrenalin gilt als „Dünger für das Gehirn“, da unter Einfluss dieses Hormones schneller Dendriten und Synapsen wachsen können. Forscher konnten aufzeigen, dass Menschen mit hohem Adrenalinspiegel im Blut schneller Informationen aufnehmen und abspeichern können.[8]

Threonin

Diese Aminosäure wirkt auf die Blutgefäße ein und hält die Gefäße offen. Somit hat Threonin einen entscheidenden Anteil daran, dass die Gefäße bis ins hohe Alter nicht „verkalken" und der Blutfluss nicht eingeschränkt wird.

Prolin – Lysin

Die Aminosäure Prolin kann von dem menschlichen Organismus aus Glutaminsäure hergestellt werden, sie gilt daher als nicht-essenziell. Prolin schützt unsere Zellen vor Stress, UV-Strahlung, Kälte und toxischen Schwermetallen. Die Aminosäuren Lysin und Prolin sind gemeinsam Regulatoren und Stabilisatoren des genomischen Profils, sprich der Erbinformation in der Zelle. Darüber hinaus sind diese beiden Eiweißbausteine Treibstoffe für die Zellen des Bindegewebes. Prolin verbindet die Neuronen des Gehirns mit den sogenannten Glia-Zellen des Gehirns. Zusammen bilden sie das Glia-Neuronen-Gehirn.

Gerade bei langwierigen Erkrankungen und im Alter reicht die körpereigene Prolinsynthese aber nicht immer aus. Bei einem Prolinmangel ist die Kommunikation zwischen diesen Arealen gestört. Das hat wiederum Auswirkungen auf das Dopamin- und Serotonin-System des Gehirns.

Histidin

Histidin ist wichtig für den Aufbau des roten Blutfarbstoffs, der
Sauerstoff transportiert. Je mehr Histidin vorhanden ist, desto
leistungsfähiger sind Körper und Geist.

Glycin

Im Zentralnervensystem dient Glycin als Neurotransmitter. Glycin
ist folglich an der Regulierung der Bewegungsabläufe beteiligt.
Im Gehirn wirkt Glycin als Co-Agonist an Glutamatrezeptoren
und hat deshalb einen positiven Einfluss auf Gedächtnis- und Auf-
merksamkeitsstörungen. Glycin ist an zahlreichen Entgiftungs-
reaktionen beteiligt und wirkt antioxidativ. Es hat eine positive
Wirkung auf die Hypophyse, indem es die Bildung von Wachstumshormonen fördert.

Carnitin

Carnitin übernimmt im Körper zahlreiche Funktionen. Es dient
als Stimmungsaufheller, unterstützt viele Gehirnfunktionen und
sorgt für eine erhöhte Stressresistenz. Carnitin trägt wesentlich
zur Energiegewinnung bei, indem es Fettsäuren in die „Kraftwerke" der Zellen (Mitochondrien) transportiert. Somit kann
Carnitin die Energieversorgung der Gehirnzellen verbessern.

Arginin

Die Aminosäure Arginin ist Ausgangssubstanz für die Bildung von Stickstoffmonoxid (NO). Im zentralen Nervensystem ist NO an der Ausbildung der Synapsen und am Langzeitgedächtnis beteiligt.

BCAAs

BCAAs sind drei essentielle Aminosäuren: Leucin, Isoleucin und Valin. Sie sind die Bausubstanz der Muskulatur und somit wichtig, um neue Muskulatur aufzubauen oder die vorhandene vor dem Abbau zu schützen. Sie weisen insulinstimulierende Wirkungen auf, wodurch nicht nur der Blutzuckerspiegel sinkt, sondern auch die Aufnahme von Aminosäuren in die Muskelzellen beschleunigt wird. Dies hat positive Auswirkungen auf den Muskelaufbau und senkt zusätzlich die Freisetzung des Stresshormons Cortisol.

Aminosäuren passieren die Blut-Hirn-Schranke und gelangen auf diesem Weg in das Gehirn. Hier sorgen sie für die Energiezufuhr. Auch wirken sich einige von ihnen positiv auf die Wachstumshormon-Ausschüttung aus. An dieser Stelle ist es wichtig zu wissen, dass es durchaus möglich ist mit Proteinen, also mit Eiweiß, gut versorgt zu sein und trotzdem einen Mangel an einzelnen Aminosäuren aufzuweisen. Es kommt immer auf die Nahrungsquelle an.

Obwohl es Fakt ist, dass es einen Mangel an Aminosäuren im menschlichen Körper geben kann, zeigt sich in der Arztpraxis ein ganz anderes Bild. Sollten Sie an Gedächtnisproblemen leiden, sprechen Sie ihren Arzt doch einmal auf Aminosäuren an. Sie werden sehr schnell feststellen, dass es diesen Mangel in der

Schulmedizin nicht gibt. Ich habe es selbst erlebt. Dennoch ist es auf eigene Kosten möglich, die lebensnotwendigen Aminosäuren von einem Labor bestimmen zu lassen und die Werte mit einem Arzt zu besprechen. Es bringt bloß vielfach nichts, denn so unglaublich es klingen mag, ihr Arzt wird im Regelfall gar keine Ahnung von Aminosäuren haben. In der Auswertung richten sich Ärzte nach den gemessenen Laborwerten und bewerten anhand der Referenzwerte. Und wie sehen die Referenzwerte aus? Hier sind drei Beispiele:

- Arginin   <22
- Methionin   <6
- Phenylalanin   <27

Die Aminosäuren sollen demnach also so gering wie möglich sein. Das Optimum wäre hier dann Null und das bedeutet: Sie sind tot.[9] Nur so lässt es sich dann auch erklären, dass eine echte Unterversorgung mit L-Arginin nicht bekannt ist.

Myelin

Das Gehirn besteht zu ca. 50 Prozent aus Millionen langer Verbindungskabel, den Axonen. Sie tragen maßgeblich dazu bei, dass das Gehirn funktioniert und alle Lern-, Denk- und Erinnerungsprozesse im Gehirn ablaufen können. Axone leiten die Signale der Nervenzellen wie durch ein Kabel weiter. Damit die elektrische Kommunikation der Nervenzellen reibungslos funktioniert, sind sie mit einer Isolierschicht (Myelin) überzogen. Wie schnell Nervenzellen miteinander interagieren, hängt von der Gesundheit des Myelins im zentralen Nervensystem ab. Myelin besteht zu 70 Prozent aus Fetten (davon ist ein Viertel Cholesterin) und zu 30 Prozent aus Proteinen. Hier wird auch von der „weißen Substanz" gesprochen.[10]

Was benötigt der Körper, damit die elektrische Kommunikation der Nervenzellen reibungslos funktionieren kann? Die elektrische Kommunikation der Nervenzellen ist nicht durch Medikamente beeinflussbar.[11] Daher kann eine Einnahme von z. B. Tabletten nicht zielführend sein. Einer der wichtigsten Faktoren, um die Myelinschicht aufzubauen und somit eine funktionierende elektrische Kommunikation der Nervenzellen zu gewährleisten, ist erholsamer Schlaf. Myelin wird von den sogenannten Oligodendrozyten gebildet. Zellen, die sich zu Oligodendrozyten entwickeln, werden besonders stark während der REM-Schlafphase gebildet.

Omega-3 (präzise DHA) fördert das Wachstum der Axone und kontrolliert die elektrischen Ströme. Dieser Stoff findet sich massiv im neuronalen Netz. Im Umkehrschluss bedeutet ein Mangel an DHA, dass die Signalweitergabe in die Zelle verringert und schließlich die Lebensdauer der Neuronen verkürzt wird.

Vitamin D und Vitamin K2 haben ebenfalls eine positive Wirkung auf Myelin. So haben Studien gezeigt, dass der Vitamin-D-Rezeptor die Erzeugung von Oligodendrozyten steigern kann und Vitamin K an der Erhöhung von sogenannten „Sulfatiden" beteiligt ist. Dies ist ein Bestandteil der Myelinmembranschicht.[12]

Verschiedene wissenschaftliche Studien haben einen engen Zusammenhang zwischen Ernährung und Gehirnleistung festgestellt. Demnach sind mehr als 40 Substanzen an den kognitiven Fähigkeiten, dem Gedächtnis und der Lernkapazität beteiligt. Das Gehirn ist abhängig von essentiellen Stoffen und funktioniert nur dann richtig, wenn es ausreichend Nährstoffe zugeführt bekommt.[13] An dieser Stelle zeigt sich ein Problem, denn insbesondere ältere Menschen sind für einen Vitalstoffmangel enorm anfällig, da der Körper Nahrungsbestandteile in einem höheren Alter nicht mehr so gut verwerten kann. Bei älteren Menschen kann sich eine Mangelerscheinung so schwerwiegend auswirken, dass dadurch das Gehirn stark in seiner Funktion beeinträchtigt wird.

Im Laufe des letzten Jahrhunderts haben Untersuchungen gezeigt, dass Angstzustände, Müdigkeit, Schlaflosigkeit, Psychosen, Halluzinationen, Paranoia oder schwere Depression ein schlichter Vitamin B3-Mangel sein können. Auch ein Thiaminmangel (Vitamin B1) ist mit neurologischen Problemen verbunden. Thiaminmangel ist seit Jahrzehnten mit einer Beeinträchtigung der Wahrnehmung verbunden. Ein Vitamin-B1-Mangel wird inzwischen sogar für die Entwicklung der Alzheimer'schen Erkrankung verantwortlich gemacht, denn das Gehirn braucht Thiamin, um Glukose für Energie zu nutzen. Außerdem benötigt das Gehirn Thiamin, um Acetylcholin herzustellen, den wichtigsten Neurotransmitter, der bei Patienten mit Alzheimer-Krankheit defizient ist.

Acetylcholin ist an Lernvorgängen und der Gedächtnisbildung entscheidend beteiligt. In Gehirnen von Patienten mit Alzheimer-Demenz wurde eine erniedrigte Konzentration von Thiamin nachgewiesen. Thiamin ist im Plasma von Alzheimer-Demenz -Patienten um etwa ein Drittel reduziert.

Mehr als eine Million Menschen in Deutschland scheinen an Alzheimer erkrankt zu sein. Doch in Wirklichkeit könnte diese Zahl deutlich geringer ausfallen, denn es kommt erschreckend häufig vor, dass Ärzte die falsche Diagnose feststellen. Über 40 Prozent sind Fehldiagnosen. Zu diesem besorgniserregenden Ergebnis kommt die IDEAS-Studie (Imaging Dementia-Evidence for Amyloid Scanning) der University of San Francisco. An der Studie beteiligten sich mehrere tausend Patienten mit leichten kognitiven Beeinträchtigungen, aber auch Demenzerkrankungen wie Alzheimer. Alle Teilnehmer wurden mittels einer Positronen-Emissions-Tomographie (PET) untersucht. Dabei handelt es sich um ein bildgebendes Verfahren, das sogenannte Amyloid-Plaques im Gehirn sichtbar macht. Sind diese Ablagerungen erkennbar, bedeutet das nicht zwingend, dass der Betroffene an Demenz leidet. Die Person kann sogar geistig fit sein und dies auch weiterhin bleiben.
Sind bei einer Person dahingegen keine Plaques zu erkennen, kann eindeutig angenommen werden, dass diese nicht an Alz-

heimer erkrankt ist. Die Studie hat gezeigt, dass rund 40 Prozent
der vermeintlichen Demenzpatienten eine falsche Diagnose bekamen und nicht an Alzheimer erkrankt waren.[14]

Vitamin B12

Ohne dieses Vitamin können Myelinscheiden nicht gebildet werden. Es ist daher essentiell für den Schutz der neuronalen Verbindungen des Gehirns und spielt eine fundamentale Rolle in der
Synthese der Botenstoffe. Es beeinflusst unter anderem das Acetylcholin. Ein Vitamin-B12-Mangel kann zu Schizophrenie, Paranoia, Psychosen oder Depression führen. Ein schwerer Mangel
von Vitamin B12 kann sogar einen dauerhaften Verlust von Nerven, Gehirnmasse und neuronalen Verbindungen zur Folge haben.

Aus Studien und Analysen ist bekannt, dass 24 Prozent der über
65-Jährigen mit kognitiven Defiziten einen Vitamin-B12-Man-
gel aufweisen. Die Demenz mit Vitamin-B12-Mangel ist also keinesfalls eine seltene Erscheinung.[15] Erstaunlicherweise wird sogar
in der S3-Leitlinie „Demenzen" empfohlen, bei Patienten mit
Verdacht auf eine Demenzerkrankung den Vitamin-B12-Spiegel
zu bestimmen. Erstaunlich deswegen, da in Deutschland nach
herrschender Meinung kein Vitaminmangel existiert. Voraussetzung bei dieser Untersuchung ist, dass ein Vitamin-B12-Mangel
möglichst frühzeitig erkannt und behandelt wird.

Das therapeutische Potenzial für Vitamin B12 ist offenbar eingeschränkt, da nur ein kleiner Zeitraum zu existieren scheint, in
dem die Zufuhr von Vitamin B12 den kognitiven Verfall noch
aufhalten kann. Diverse Studien konnten aufzeigen, dass es sich
bei diesem Zeitfenster um etwa 6–12 Monate nach dem Auftreten der ersten Symptome handelt. Nach Verstreichen dieses Zeit-
raumes scheinen sich die Schäden zumindest durch Vitamin B12
nicht mehr beheben zu lassen.[16]

Homocystein

Seit über 20 Jahren ist bekannt, dass das körpereigene Stoffwechselprodukt Homocystein ein Risikofaktor für Demenz ist. Homocystein ist ein giftiges Abfallprodukt, das im Eiweißstoffwechsel entsteht. Da es für den Körper schädlich ist, wird es schnell durch B-Vitamine abgebaut.

Sind diese Vitamine nicht in einer ausreichenden Menge vorhanden, kann Homocystein nicht abgebaut werden. Ein erhöhter Homocystein-Spiegel im Serum ist im Alter keine Seltenheit. Für Menschen mit einer Konzentration von über 14 Mikromol pro Liter Homocystein im Blutserum besteht ein bis zu doppelt so hohes Risiko an einer Demenz zu erkranken im Vergleich zu Menschen mit einer geringen Konzentration Homocystein im Blutserum. Sind sowohl die Vitamin-B12-Werte auffällig (< 400 pg/ 1) als auch die Homocysteinwerte erhöht ($\geq$ 15 μmol/l), ist das Alzheimer-Risiko laut einer Studie sogar rund 30-fach höher. Ebenfalls in der S3 Demenz-Leitlinie ist zu lesen, dass bei Verdachtsdiagnosen neben Vitamin B12 noch die Werte von Homocystein, Vitamin B6 und Folsäure bestimmt werden sollen. Durch einen rechtzeitigen Ausgleich des Mangels könnten einige Demenzerkrankungen verhindert werden. [17,18]

Folsäure

Der menschliche Organismus kann nur eine geringe Menge (ca. 5 bis 10 mg) Folsäure (Vitamin B9) speichern. Da diese Menge nur für wenige Wochen ausreicht und der Körper Folsäure nicht selbst produzieren kann, ist eine konstante Zufuhr über die Nahrung unabdingbar. Folsäure ist hitzeempfindlich. Sie wird bei einem Kochvorgang fast vollständig zerstört. Sinkt der Folsäuregehalt im Gehirn, kann schnell ein Unlustgefühl entstehen. Ein starker Folsäuremangel kann zu Depressionen führen. Ein Viertel aller depressiv Erkrankten sind hiervon betroffen.[19]

In Frankreich wurde von 1999 bis 2012 die Three-City-Study (3C Study) durchgeführt. Insgesamt 1321 Personen ab einem Alter von 65 Jahren nahmen daran teil. Es wurden Blutentnahmen sowie neuropsychologische Tests durchgeführt und die Nahrungsaufnahme der Testpersonen wurde in einer präzisen 24-Stunden-Erfassung protokolliert. Die Personen wurden im Durschnitt 7,4 Jahre lang begleitet. Das Ergebnis war, dass bei den Personen die am meisten Folsäure zu sich nahmen, das Demenzrisiko um 50 Prozent geringer war als bei den Teilnehmern, deren Ernährung den geringsten Anteil an Folsäure enthielt.[20]

Im Jahr 2007 wurden Daten von 965 älteren Menschen veröffentlicht. Dabei ging hervor, dass Personen, die sich folsäurereich ernährten und zusätzlich Folsäure in Form von Nahrungsergänzungsmitteln zu sich nahmen im Vergleich zu den übrigen Personen, deutlich weniger an Alzheimer erkrankten.[21]

Es ist davon auszugehen, dass ein erheblicher Bestand an Daten vorliegt, wenn sogar in der Demenz-Leitlinie darauf hingewiesen wird, dieses Vitamin zu untersuchen. Dennoch ist Folsäuremangel der häufigste Vitaminmangel, der in den westlichen Industriestaaten vorkommt. In Deutschland erreichen 79 Prozent der Männer und 86 Prozent der Frauen nicht die empfohlene tägliche Zufuhr dieses Vitamins.[22]

Vitamine spielen für die Gehirnleistung eine bedeutende Rolle. Sie sind wichtig bei der Umwandlung von Kohlenhydraten in Glukose, von Fettsäuren in gesunde Gehirnzellen und von Aminosäuren in Neurotransmitter. Sie sind für die Zellteilung wichtig und schützen die Neuronen im Gehirn vor oxidativer Zerstörung.

Bei dieser enormen Wichtigkeit, sollte doch davon ausgegangen werden, dass diese essentiellen Stoffe bei einem Arztbesuch untersucht werden. Die Realität in deutschen Arztpraxen gestaltet sich jedoch leider anders. Die Diagnostik in der Praxis sieht allgemein wohl eher so aus wie die Erfahrung, die ich gemacht habe. Der Patient wird z. B. aufgefordert beginnend von der Zahl 100 in 7er-Schritten rückwärts zu zählen oder eine Uhr zu zeichnen. Mehr wird nicht untersucht. So oder so ähnlich sieht heutzutage ein ausführliches Anamnesegespräch aus. Ich bin kein Einzelfall. Kaum ein älterer Mensch, der verwirrt oder vergesslich ist, wird gründlich untersucht. Dies haben Studien bereits gezeigt.[23] Nur acht Minuten Zeit bekommt ein Arzt dafür vergütet, eine Diagnose zu stellen. Nimmt er sich mehr Zeit, geschieht dies auf freiwilliger Basis und ohne Vergütung.

Es bleibt noch die Frage, weshalb lebensnotwendige Stoffe nicht untersucht werden. Die Antwort liegt auf der Hand. Immer wenn eine Laboruntersuchung anfällt, entstehen Kosten. Eine Arztpraxis erhält nur dann einen Wirtschaftlichkeitsbonus von der Krankenkasse ausbezahlt, wenn die Laborkosten unter dem arztpraxisspezifischen Fallwert bleiben. Ein Bonus in vollständiger Höhe wird nur dann ausgezahlt, wenn die Laborkosten in der Hausarztpraxis 1,60 Euro pro Patienten je Quartal nicht übersteigen. Das bedeutet für Ärzte, dass sie keinen finanziellen Nutzen davon haben, wenn kostenintensive Laboruntersuchungen durchgeführt werden. Und das Ende vom Lied? Dass man geistig nicht auf der Höhe ist, wusste man schon vor dem Arztbesuch. Da die Pharmaindustrie bis heute aber noch kein Medikament gegen den Gedächtnisschwund entwickelt hat, beschränkt sich die Therapie primär auf einer Linderung der Symptome und Begleiterkrankungen. Und dies wird mit Medikamenten therapiert. Der Medikamentenkonsum steigt dabei Jahr für Jahr. Europaweit ist Deutschland ganz vorne mit dabei. Nicht zu vergessen ist dabei, dass die Diagnose Alzheimer ein Todesurteil ist.

Falls Sie in diesem Zusammenhang denken, dass bei ihnen oder in bekannten Fällen Blut abgenommen wurde und dies im Labor untersucht wurde, so handelt es sich üblicherweise nur um ein kleines Blutbild. Ein kleines Blutbild kostet 4,20 Euro und gesetzlich Versicherte haben alle zwei Jahre einen Anspruch auf diese Blutuntersuchung.

Oxidativer Stress

Zellen verbrennen ununterbrochen Kohlenhydrate und Fette, um daraus Energie zu erzeugen. Bei der Verbrennung (Oxidation) von Nährstoffen fallen sogenannte freie Radikale als unerwünschte Nebenprodukte an. Freie Radikale sind aggressive und reaktionsfreudige Stoffe, die einen großen Schaden an der Zelle anrichten können. Sie greifen die Zellmembran an und können dadurch das Erbgut in einer Zelle schädigen. Die Gegenmaßnahme des Körpers sind Antioxidantien (Radikalfänger). Natürliche Radikalfänger sind in Lebensmitteln enthalten, weshalb vorschriftsmäßig zu einer vollwertigen täglichen Ernährung fünf Portionen Obst und Gemüse zählen. In Obst und Gemüse sind die sekundären Pflanzenstoffe, wie Polyphenole, Flavonoide, Glucosinolate, Monoterpene und Sulfide, enthalten, die allesamt antioxidativ wirken. Gegenwärtig wird von ca. 100.000 solcher Stoffe ausgegangen, von denen nur ungefähr 10 Prozent bekannt sind.

Das menschliche Gehirn beinhaltet etwa 100 Milliarden Nervenzellen. Wird diese Zahl in Relation zu allen anderen Zellen des menschlichen Körpers gestellt, der aus 100 Billionen Zellen bestehen soll, wirkt das Gehirn relativ klein, denn nur eine von knapp 1000 Zellen im Körper ist demnach eine Gehirnzelle. Diese verbrauchen aber je nach Schätzung zwischen 20 und 25 Prozent der gesamten Energie des Körpers, d.h. jede Gehirnzelle verbraucht viele hundertmal mehr Energie als eine durchschnittliche Körperzelle.

Alzheimer wird mit großem oxidativem Stress in Verbindung gebracht. Der Organismus verfügt mit den Jahren über immer weniger körpereigene Antioxidantien und über die Ernährung gelangt nur eine zu geringe Menge an Antioxidantien in den Körper.[24] Es entsteht folglich ein Ungleichgewicht zwischen freien Radikalen und Antioxidantien.

Von den Vitaminen sind insbesondere die Vitamine C und E starke Radikalfänger. Schon 1992 hat die Universität in San Diego, Kalifornien, veröffentlicht, dass Vitamin E den Gedächtnisschwund bei Alzheimer-Patienten reduzieren kann.[25]

2004 wurde die Cache County Study mit 4740 Patienten veröffentlicht. In dieser Studie wurde nachgewiesen, dass ein ausreichender Bestand an Vitamin E und Vitamin C Alzheimer um 78 Prozent vermeiden kann.[26]

An älteren Männern konnte im Jahre 2000 gezeigt werden, dass die Einnahme von Vitamin C und E das Risiko für diese schleichende Erkrankung um 88 Prozent verringert.[27]

Wie in einer Studie aus dem Jahr 1998 veröffentlicht, war die Inzidenz von Alzheimer-Demenz bei den Konsumenten von Vitamin-E- bzw. -C-Supplementen in einer hinreichenden Menge sogar gleich Null.[28]

Sollten nach solchen Studien Vitamine nicht jedem älteren Menschen ans Herz gelegt werden? Denn man darf nicht vergessen worum es hier geht. Es geht um so einfache Fähigkeiten, die verloren gehen, wie sich selbst anzukleiden oder ohne fremde Hilfe ein Bad zu nehmen. Das Gegenteil ist der Fall. Von Vitamin C als Nahrungsergänzung lese ich nur, dass die Einnahme nutzlos sei, im Zweifelsfall nur Nierensteine erzeuge und Vitamin E sogar lebensgefährlich sei. Nachdem ich 2001 das Buch „Topfit mit Vitaminen" von Dr. Strunz gelesen habe, habe ich mit der Einnahme von Nahrungsergänzungsmitteln begonnen. Seitdem beschäftige ich mich mit dem Thema Vitamine, vor allem, weil ich immer Angst davor hatte, meinem Körper mit der Einnahme zu schaden. Seit Beginn habe ich auch immer mal wieder auf Anraten von Ärzten mit der Einnahme gestoppt, da diese mir gesagt haben, eine Einnahme von Nahrungsergänzungsmitteln sei nutzlos. Darüber hinaus werden Vitamine in Pillenform, wie Sie selbst vermutlich wissen, regelmäßig in den Medien verdammt. Doch eines ist mir aufgefallen, Tieren werden seit Jahrzehnten Vitamine vorbeugend gegen Krankheiten verabreicht.

Vitamin C ist als Vitalstoff bekannt, der unser Immunsystem stärkt. Gerade bei der älteren Generation ist häufig die Rede von einem schwachen Immunsystem und bei Alzheimer-Patienten ist das Immunsystem so gut wie zerstört. Die stärkste Substanz, um das Immunsystem anzufeuern ist das Wachstumshormon. Es steigert die Produktion der T-Zellen. T-Zellen sind das Schlüsselelement bei einem Schutz gegen Infektionen. Sie besitzen die Funktion, Viren und andere Keime, aber auch Tumorzellen abzutöten. T-Zellen lehren das Immunsystem ständig ändernde Bedrohungen zu erkennen und sich an diese anzupassen. T-Zellen reifen in der Thymusdrüse, welche sich zwischen Herz und Brustbein befindet. Diese Drüse wächst in der Kindheit und bildet Milliarden von Immunzellen. Während der Pubertät erreicht sie, und damit auch unser Immunsystem, ihren Höhepunkt. Danach beginnt sie zu schrumpfen, bis sie irgendwann nur noch ein Schatten ihrer selbst ist. Dieser Prozess hat zur Folge, dass Alterserkrankungen mit der Zeit deutlich ansteigen. Oder andersherum, bei Menschen, die besonders alt werden, konnte man beobachten, dass die Immunfunktionen noch weitgehend erhalten sind. Und das Wachstumshormon macht hier genau das, was das Wort sagt, es heizt das Wachstum von Zellen an. Wenig Wachstumshormon schaltet das Immunsystem auf Sparflamme. Die Zahl der Immunzellen, die Krankheitserreger in Schach halten, sinkt. Rote Blutkörperchen erneuern sich langsamer und die Sauerstoffversorgung in den Körperzellen nimmt ab. Das Wachstumshormon geht uns bekanntlich mit der Zeit aus. Und wie bitte kann ich jetzt diesem Prozess entgegensteuern? Mit Medikamenten? Fragen Sie ihren Arzt mal nach einem Medikament, dass das Immunsystem stärkt. Ich kenne kein einziges Medikament, welches das Immunsystem fördert. Kein einziges! Aber es gibt Nährstoffe, die unser Immunsystem stimulieren.

Aus welchen Stoffen besteht unser Immunsystem?
Es besteht aus Eiweiß. Zur Erhaltung der Immunabwehr benötigen wir Aminosäuren, vor allem Methionin. Methionin ist der zentrale Ursprung unseres Immunsystems, da diese Aminosäu-

re der Anfang einer jeden Aminosäurenkette ist. T-Zellen werden aus den Eiweißbestandteilen Methionin und Lysin gebaut. Hierbei handelt es sich um zwei essentielle Aminosäuren, die bei älteren Menschen oft fehlen. Und die wichtigsten Stimulatoren für die Produktion und Funktion der Immunzellen unseres Körpers befinden sich ebenfalls in der Nahrung: Es sind die Vitamine A, C, D, E, B2, B6 und B12, Folsäure, Eisen, Selen und Zink. Dieses ist Wissen, welches in den Lehrbüchern der Biochemie und Biologie umfassend dokumentiert ist.

Der gesundheitliche Nutzen von Vitaminen wurde durch neun Nobelpreise anerkannt und ist in zahlreichen wissenschaftlichen (Online-)Bibliotheken für jeden zugänglich. Vitamine und andere Mikronährstoffe spielen eine essentielle Rolle im Stoffwechsel der Körperzellen und sind notwendig für die zelluläre Energieversorgung, für den antioxidativen Schutz, als Katalysatoren biologischer Reaktionen, für die Stärkung des Bindegewebes und für weitere lebenswichtige Prozesse.[29] Schon in den 40er-Jahren des letzten Jahrhunderts wurden Viruserkrankungen mit hohen Vitamin-C-Dosen geheilt. Mehr als 100.000 Studien bestätigen mittlerweile die Wirkung von Vitaminen und Mineralstoffen zur Stärkung des Immunsystems. Insbesondere Vitamin D nimmt hier eine Sonderstellung ein. In tausenden Studien ist bestätigt worden, dass es die Abwehrkräfte stärkt. Es wäre also naheliegend, dass bei einem Arztbesuch Vitamin D bestimmt wird und eventuell sogar kostenlos zur Verfügung gestellt. Die Kosten liegen bei ca. 30 Euro für ein ganzes Jahr. Dies geschieht jedoch nicht. Die Gesetzgeber in Deutschland lehnen sogar entsprechende Anträge dafür ab.[30] Wie wir selbst in der Corona-Pandemie gesehen haben, unternimmt die Politik nichts um die Immunabwehr gegen Infektionen zu stärken. Kein Gesundheitsminister oder sonstiger Politiker bemüht sich um Tipps, wie Menschen ihre Gesundheit und den Widerstand gegen Infektionen stärken könnten. Im Gegenteil, es scheint als werde alles getan, um die Immunabwehr zu schwächen. Die verhängten Auflagen, die z. B. Sport zu betreiben maßgeblich eingeschränkt haben, können in einer Gesellschaft, die üblicherweise ohnehin schon deutlich mehr sitzt als sich zu bewegen, nur zu Schädigungen der Gesundheit führen.

Alpha-Liponsäure

Als natürliches Coenzym zählt die Alpha-Liponsäure zu den vielseitigsten Antioxidantien. Alpha-Liponsäure ist sowohl wasser- als auch fettlöslich. Das macht sie besonders effektiv, da sie durch diese Eigenschaft in allen Bereichen des Körpers wirken kann. Sie verstärkt die Schutzwirkung anderer Antioxidantien wie Vitamin C, Vitamin E oder Q10 und ist selbst als Radikalfänger aktiv. Alpha-Liponsäure kann die Blut-Hirnschranke passieren und wirkt direkt im Gehirn. Sie erreicht alle Bestandteile einer Nervenzelle.

Bereits 2001 wurde an der Uni-Klinik in Leipzig die Wirkung von Alpha-Liponsäure nachgewiesen. Vor einigen Jahren wurden zudem erfolgreiche Studien bei Alzheimer-Patienten an der medizinischen Hochschule Hannover durchgeführt. Haben Sie davon jemals etwas gehört?[31]

Die vaskuläre Demenz

Alzheimer ist nur eine Form der Demenz. Viele Betroffene leiden unter einer sogenannten vaskulären Demenz. Sie entsteht aufgrund von Durchblutungsstörungen im Gehirn. Nach Alzheimer ist die vaskuläre Demenz die zweithäufigste Form der Demenz. Es existiert bis heute keine medikamentöse Therapie gegen diese Demenzform.

Zum Funktionieren braucht das Gehirn Sauerstoff und Nähr-stoffe, die das Herz über den Blutkreislauf in das Gehirn pumpt. Insofern trägt ein gesundes Herz-Kreislauf-System zur menta-len Fitness bei. Da Nervenzellen im Gehirn keine Sekunde auf Nahrung und Sauerstoff verzichten können, besitzt jede einzel-ne Nervenzelle ihr eigenes Blutgefäß. Ist ein Blutgefäß verstopft, kommt es zu einem Mikroinfarkt, durch den die Nervenzelle abstirbt. Bei einer Multi-Infarkt-Demenz sterben viele Gehirn-zellen ab. Diese entsteht durch viele kleine Blutgerinnsel. Grund für das Entstehen der Blutgerinnsel ist in den meisten Fällen die Schädigung von Blutgefäßen durch Arteriosklerose („Verkal-kung"). Eine Atherosklerose kann durch Medikamente bis heu-te nicht geheilt werden.

Schon 1969 kam der Harvard-Pathologe Kilmer McCully zu dem Ergebnis, dass die Arterienverkalkung, also die Verstopfung der Blutgefäße, vor allem durch die Veränderung des Homocyste-inspiegels entsteht. Heute weiß man, dass bis zu 40 Prozent al-ler Patienten mit Gefäßerkrankungen einen hohen Homocys-tein-Spiegel haben.[32] Diesem erhöhten Homocystein-Spiegel entgegenzuwirken ist nicht kompliziert und funktioniert durch die Einnahme von Folsäure, Vitamin B6 und Vitamin B12. In den letzten zehn Jahren wurden nahezu 6.000 Studien zu die-sem Thema veröffentlicht. Obwohl die Gefahr für die Gesund-heit durch Homocystein zwar inzwischen ausreichend belegt ist und das Risiko für erhöhte Werte laut aktueller Forschungen ab dem 40. Lebensjahr stark ansteigt, zahlen die Krankenkassen in der Regel nicht für eine Messung der Homocysteinwerte. Der Test zählt nicht zu den vorgeschriebenen Leistungen, sondern zu den individuellen Gesundheitsleistungen, bekannt als IGEL.

Bekannt ist außerdem schon sehr lange, dass ein Vitamin-C-Man-gel die Gefäßgesundheit stark beeinträchtigen kann. Wie ver-heerend eine zu geringe Einnahme an Vitamin C über die Näh-rung ist, konnte bereits bei Seeleuten beobachtet werden, die in den vergangenen Jahrhunderten die Welt umsegelten. Nur ein

Bruchteil von ihnen kam zurück, der Rest ist gestorben. Sie sind verblutet, weil ihre Arterienwände instabil und brüchig wurden. Diese Krankheit heißt Skorbut. Nur mit einer ausreichenden Vitamin C Versorgung kann die Kollagenproduktion in unserem Körper funktionieren. Wird der Aufbau von Kollagen durch einen Vitamin-C-Mangel behindert, verlieren die Gefäße an Flexibilität. Infolgedessen kommt es zur Verhärtung der gefäßschützenden Schicht und dies führt zu Verletzungen der Gefäßwände.

Vitamin C ist ein hochpotenter Stoff, der vielseitige, positive Wirkungen auf unsere Gesundheit hat. In einer Langzeit-Studie an der Universität von Kalifornien, Los Angeles, wurde bereits im Jahre 1992 belegt, dass die täglich zugeführte Menge von 800 mg Vitamin C im Vergleich zu Menschen, die am Tag lediglich 60 mg Vitamin C zu sich nahmen zu einer sechs Jahre längeren Lebenserwartung führt. An dieser Studie nahmen 10.000 Personen teil.[33]

An der Universität Heidelberg wurde der Vitaminstatus von 300 Achtzigjährigen untersucht. Dabei zeigte sich, dass zwei Drittel von ihnen unter Vitaminmangel litten, defizient waren vor allem die Vitamine A und C. Dies hatte zur Folge, dass in den darauffolgenden drei Jahren die Sterbehäufigkeit der Mangelpatienten doppelt so hoch war im Vergleich zu den Patienten, die ausreichend mit Vitaminen versorgt waren.[34]

Albert Szent-Györgyi war einer der ersten Pioniere der Vitaminforschung und der Entdecker von Vitamin C. 1937 wurde er mit dem Nobelpreis ausgezeichnet. Er kam durch Versuche mit Meerschweinchen zu der Erkenntnis, dass es zwischen Gesundheit und Skorbut viele Abstufungen gibt. Als er merkte, dass die Ärzteschaft dieser Beurteilung keine Bedeutung zukommen ließ, schrieb er 1970 an den zweifachen Nobelpreisträger Linus Pauling einen Brief.[35]

„Direkt von Anfang an hatte ich das Gefühl, dass die Ärzteschaft die Menschen irreführt. Wenn sie keine Ascorbinsäure mit ihrer

Nahrung aufnehmen, bekommen sie Skorbut und wenn sie kein Skorbut bekommen, dann geht es ihnen gut. Ich denke, das ist ein gewaltiger Fehler. Skorbut ist nicht das erste Zeichen dieses Mangels, sondern ein Syndrom, das kurz vor dem Tod auftritt und – für vollkommene Gesundheit brauchen Sie mehr, viel mehr. Ich selbst nehme ein Gramm pro Tag. Das heißt nicht, dass dies die optimale Dosis ist, weil wir nicht genau wissen, was optimale Gesundheit bedeutet und wie viel Ascorbinsäure man dafür braucht. Aber was ich Ihnen sagen kann ist, dass Sie ohne Bedenken so viel Ascorbinsäure nehmen können, wie Sie möchten, ohne jegliche Gefahr."[36]

Einer der führenden Vitaminforscher der Welt, Dr. Andrew W. Saul, erklärte 2008 in dem Dokumentarfilm „Du bist, was du isst": „Wir können uns glücklich schätzen. Vor hundert Jahren gab es keine Vitamine in Form von Nahrungsergänzungsmitteln. Heute kann man Sie jederzeit im Laden kaufen, und dennoch wissen die meisten Menschen nicht, wie wichtig Vitamine wirklich sind. Nimmt man sie in ausreichender Menge zu sich, kann man damit Krankheiten vorbeugen und sogar Krankheiten behandeln."[37]

Eines dürfen wir nicht vergessen, wenn wir über Vitamine sprechen, es geht dabei um die Grundlagen des Lebens. Wir haben nicht die Wahl, auf angeblich überflüssige Vitalstoffe zu verzichten. Allein Vitamin C ist an 15.000 biochemischen Prozessen beteiligt. Die Steinzeitmenschen bekamen davon etwa 40-mal mehr als wir heute. Ich konnte nirgends lesen, dass sie alle unter Nierensteine gelitten haben. Selbst bei Vitamin-C-Mangelzuständen bleibt Vitamin C länger im Gehirn als in jedem anderen Organ. Dieses Phänomen muss einen Grund haben.

Omega-3-Fettsäuren

Früher bekam so ziemlich jedes Kind Lebertran verabreicht. Es enthält neben Vitamin D die wertvollen Omega-3-Fettsäuren in besonders hoher Dosierung. Lebertran ist inzwischen aus der Mode gekommen, doch was unsere Großeltern schon wussten, stimmt auch heute noch. Die beiden Stoffe Vitamin D und Omega-3-Fettsäuren sind fundamental wichtig für einen gesunden Organismus. Die moderne Forschung bestätigt dies immer wieder. Aus gesundheitlichen Aspekten besitzen die Omega-3-Fettsäuren zweifellos einen hohen Stellenwert, da sie im Körper an vielen Stellen benötigt werden. Im Gehirn sind sie außerordentlich wichtig für die Funktion der Nervenzellen. Sie helfen, die Zellmembranen im Gehirn aufzubauen, sind Bestandteile unserer Gehirnzellen, Vorstufen von Hormonen und sie unterstützen die Zellteilung. Insgesamt fördern sie die Entwicklung unserer Hirnleistung. Zahlreiche Studien zeigen, dass Reaktionszeit, Aufmerksamkeitsspannen, Merkfähigkeit und andere komplexe Hirnleistungen durch Omega-3 deutlich verbessert werden. Zellmembranen, die viel Omega-3 enthalten, sind elastisch und flexibel.

Auch auf unseren Gemütszustand hat dieses Fett einen enormen Einfluss. Je weniger Omega-3-Fettsäuren in den roten Blutkörperchen vorhanden sind, desto schwerer verläuft eine Depression. Das war bereits in einer Studie aus den 1990er Jahren erkennbar.[38]

Vor über zehn Jahren konnten Wissenschaftler nachweisen, dass Mäuse, deren Futter mit Omega-3-Fettsäuren angereichert wurde, vor der Parkinson-Krankheit geschützt waren.[39] Damit erbrachten sie den Nachweis für etwas, das bereits seit langem vermutet wurde, nämlich, dass die Omega-3-Fettsäuren – und hier insbesondere die Docosahexaensäure (DHA) – Nervenzellen schützen. Fest steht, dass Omega-3-Fettsäuren als Baustoff für die Zellwände benötigt werden. Sie sind ein wichtiger Bestandteil der Nervenzellmembran. Neuronen, die reich an Omega-3-Fettsäuren sind, leiten das Signal schneller weiter und das

Netz ist insgesamt effizienter. Die wertvollen Omega-3-Fettsäuren sorgen dafür, dass die Zellmembranen elastisch bleiben und gewährleisten auf diese Weise den reibungslosen Transport der Neurotransmitter zu den Nervenzellen.

Über einen sechsmonatigen Studienzeitraum haben Wissenschaftler der Charité den Einfluss von Omega-3-Fettsäuren bei gesunden, älteren Personen überprüft. Bei den Probanden, die die Nahrungsergänzung einnahmen, verbesserte sich die Erinnerungsfähigkeit signifikant. Dieses berichteten die Forscher 2016 in der Fachzeitschrift Journal of Alzheimer′s Disease.[40]

In mehreren Studien konnte der Nachweis erbracht werden, dass Menschen, die mehr Omega-3-Fettsäuren zu sich nehmen, ein besseres Gedächtnis haben. In der Wissenschafts-Datenbank pubmed findet man tausende Studien, die den Zusammenhang zwischen Omega-3 in unserer Ernährung und Hirnleistung dokumentieren. Schon in der Rotterdam-Studie (1997), in dem Chicago Health and Aging Project (2003) und in der PAQUID-Studie im Jahr 2002 wurden regelmäßiger Fischkonsum mit einem verminderten Demenzrisiko assoziiert.[41]

Ohne Omega-3 können sich Neuronen nicht normal entwickeln und haben Probleme, miteinander zu kommunizieren. DHA ist der häufigste und wichtigste Baustein des menschlichen Gehirns. Sind die Nervenzellen schlecht mit Omega-3 versorgt, funktioniert das Gehirn nicht richtig und damit steigt das Risiko für Depression und Demenz. Somit ist die Menge an Omega-3-Fettsäuren, die in das Gehirn gelangt, entscheidend für die Leistungsfähigkeit der dort befindlichen Zellen. Indem die Membranen die Fettsäuren aufnehmen, verbessern sie zudem ihre elektrischen Eigenschaften.

Genau wie die Omega-3-Fettsäuren, müssen wir auch die Omega-6-Fettsäuren durch die Nahrung aufnehmen, da der Körper sie nicht selbst herstellen kann. Unter normalen Umständen be-

trägt das Verhältnis von Omega-6 zu Omega-3 im Nervensystem
1:1. Heutzutage werden jedoch von durchschnittlichen Essern in
Deutschland zu viel Omega-6-Fettsäuren und zu wenig Omega-
3-Fettsäuren aufgenommen. Das Verhältnis liegt im Durchschnitt
bei 16:1. Omega-6-Fettsäuren kommen verstärkt im Getreide vor.
Das Verhältnis von Omega-6 zu Omega-3 liegt z. B. bei Sonnen-
blumenöl bei 120:1. Sind die Omega-6-Fettsäuren im Übermaß
vorhanden, schafft sich der Körper eine entzündungsfreundliche
Umgebung, was aus gesundheitlichen Aspekten alles andere als gut
ist. Viele chronische Krankheiten können durch eine hohe Ent-
zündungsneigung des Körpers gefördert werden. Schon seit Ende
der 80er Jahre ist bekannt, dass Entzündungen Depressionen fördern können und Entzündungen im Gehirn bei Alzheimer-Betroffenen vermehrt auftreten. In diesem Zusammenhang hört oder
liest man auch immer wieder, dass eine Ernährungsumstellung auf
die mediterrane Kost ausreichte, um Depressionen zu heilen, und
selbst Alzheimer konnte so in einzelnen Fällen geheilt werden.

Eine im Journal of Internal Medicine veröffentlichte Studie zeigt,
dass das Risiko sowohl bei Männern als auch bei Frauen an einer beliebigen Todesursache zu sterben sinkt, wenn sie viel Fisch
oder Omega-3-Fettsäuren mit der Nahrung zu sich nehmen. Die
Untersuchung dauerte insgesamt 16 Jahre und umfasste 240.729
Männer und 180.580 Frauen. Dabei sank das Sterberisiko unter
Einbeziehung aller Todesursachen bei Männern mit der höchsten
Zufuhr von Omega-3-Fettsäuren um 11 Prozent und bei Frauen
um 10 Prozent. Bei Alzheimer-Patienten sank das Sterberisiko
sogar um 38 Prozent, wenn diese viel Omega-3-Fettsäuren zu
sich nahmen.[42] Wir leben also länger, wenn wir eine hohe Aufnahme von Fisch oder Omega-3-Fettsäuren aufweisen.

Glauben Sie, dass dieses Wissen jetzt irgendwelche praktischen
Konsequenzen hat? Verschreibt jetzt jeder Hausarzt Omega-3?
Und wie sehen es unsere Fachgesellschaften? Auf der Home-
page der Verbraucherzentrale steht: „Erst den Arzt fragen! Gesunde Personen benötigen keine zusätzliche Zufuhr von Ome-

ga-3-Fettsäuren über Nahrungsergänzungsmittel.“[43] Und genau hier befinde ich mich im Zwiespalt: Soll ich mich richtig aufregen oder einfach nur darüber lachen?

16 Prozent der Deutschen essen keinen Fisch. Sie verzichten auf diese wichtige Quelle an Omega-3-Fettsäuren. Insgesamt schafft es nur etwa die Hälfte der Männer und Frauen, die empfohlene Wochenmenge von 200 g Fisch zu sich zu nehmen. Etwa Drei Viertel der Bevölkerung in Deutschland haben einen niedrigen Omega-3-Blutspiegel. Die Versorgung ist somit alles andere als optimal.[44] Und jetzt soll ich mich bei meinem Hausarzt über Nahrungsergänzung informieren. Wohl wissend, dass er von Mikronährstoffen keine Ahnung hat. Ein Arzt erhält eine medizinische Ausbildung und praktiziert Medizin. Er verschreibt Medikamente und nennt sich Doktor der Medizin. Ernährung spielt bei dieser Ausbildung keine Rolle. In jedem gängigen Lehrbuch der Biologie und Biochemie sind die lebenswichtigen Rollen von Vitaminen und anderen Mikronährstoffen dokumentiert. Nur kommt dieses Wissen in den Arztpraxen nicht an. Über Mikronährstoffe erhalten Ärzte in ihrer Ausbildung so gut wie kein Wissen.[45]

Und so sitzen in den Arztpraxen die Halbgötter in Weiß, die aufgrund ihres herausragenden Medizinstudiums in wenigen Minuten eine Krankheitsdiagnose erstellen können. Und das alles, ohne dem Patienten relevante Fragen über seine Ernährung und Lebensweise stellen zu müssen. Und wenn der Arzt nichts findet, was in seinen Augen erklärt, warum der Betroffene vergesslich, verwirrt oder desorientiert ist, dann muss es wohl Alzheimer sein. Natürlich gibt es auch Ärzte, die sich mit Ernährung beschäftigen, aber diese mussten die Kenntnisse dazu jenseits ihrer Ausbildung erwerben.

Vitamin D

Wenn eine einzige Nervenzelle im Gehirn 500 bis 1000 Vitamin-D-Rezeptoren enthält, wird das einen Grund haben. Wenig überraschend ist es daher, dass ein höherer Vitamin-D-Spiegel auch einen höheren Intelligenzquotienten zur Folge hat.

Eine im Jahre 2020 publizierte Metastudie kam über die Auswirkung von Vitamin-D-Supplementation über die Nahrung zu dem Schluss, dass Vitamin D nicht nur vor Infektionen schützt, sondern auch schlau macht. Untersucht wurde die Verwendung von mit Vitamin D angereicherten Lebensmitteln im Vergleich zu keiner Anreicherung bei gesunden Kindern im Alter von 1 – 18 Jahren. Die Schlussfolgerung war, dass eine Vitamin D Nahrungsmittelanreicherung ein effektives Mittel ist, um die Konzentration zu verbessern und den IQ-Wert zu steigern.[46] Und dieses gelingt nicht nur bei jungen Menschen. Über 65-jährige Patienten mit leichten kognitiven Beeinträchtigungen erhielten entweder 400 IE Vitamin D pro Tag oder ein Placebo. Bei den Personen, die Vitamin D einnahmen, stieg der Intelligenzquotient deutlich an. Bei Alzheimer-Patienten im Alter von 65 Jahren oder älter konnte man zudem beobachten, dass sich neben dem Gesamt-IQ auch der Wortschatz verbesserte, wenn die Personen 800 IE Vitamin D zu sich nahmen.[47]

Vitamin D ist ein fundamentaler Stoff für die Entwicklung des Gehirns, das Lernen und die Synthese von Neurotransmittern.

Im Nervensystem und Gehirn sind fast überall Rezeptoren für dieses Vitamin zu finden. Es ist an der Entgiftung und Regeneration beteiligt, schützt vor Nervenschäden, beeinflusst die Bildung von Nervenverbindungen sowie die Übertragung von Signalen durch Nerven und Neurotransmitter. Vitamin D spielt eine entscheidende, regulative Rolle im GABA- und Glutamin-Stoffwechsel. Ebenso steuert es die Cholin-Acetyl-Transferase und den Adrenalin-, Serotonin- und Dopamin-Haushalt.

Somit ist Vitamin D entscheidend an der Signalübertragung im Gehirn beteiligt.[48]

„Vitamin D and the risk of dementia and Alzheimer disease": In dieser Studie wurde ein Zusammenhang zwischen Alzheimer und der Vitamin-D-Konzentration im Blut untersucht. Dabei wurden die Daten von 1658 Patienten ohne Demenz, Alzheimer, Herz-Kreislauf-Erkrankungen und Schlaganfall aus dem Zeitraum von 1992 bis 1999 betrachtet. Die Messung von Vitamin D wurde in den Jahren 1992 und 1993 vorgenommen. Anschließend wurden die Probanden über mehr als 5 Jahre beobachtet. In diesem Zeitraum entwickelten 171 Patienten eine Demenz, bei 102 von ihnen wurde Alzheimer diagnostiziert. Bei einer Konzentration von weniger als 20 ng/ml Vitamin D im Blut stieg das Risiko an Demenz und Alzheimer zu erkranken nahezu sprunghaft an.[49]

Heute ist bekannt, dass ältere Menschen mit besonders niedrigem Vitamin-D-Spiegel mehr als doppelt so häufig Alzheimer und andere Demenzerkrankungen entwickeln, im Vergleich zu Menschen mit guter Vitamin-D-Versorgung.

Das Vitamin-D-System ist das älteste Schutzsystem der Evolution. Es schützt Lebewesen vom Einzeller bis zum Elefanten seit Millionen von Jahren vor Krankheiten. Es ist das einzige Vitamin, das wir mit Hilfe der Sonne selbst herstellen können. Doch weil wir uns nicht mehr draußen bewegen und die Sonneneinstrahlung bei uns nur im Sommer ausreicht, sind wir nachgewiesenermaßen unterversorgt.

Die erforderliche Menge an Vitamin D können wir in unseren Breitengraden selbst mit einer optimalen Ernährung nicht erreichen. Nur Grönland-Inuits gelingt es, sich mithilfe mehrerer Kilo Fisch und Lebertran am Tag mit genug Vitamin D zu versorgen. Wir hingegen sind auf Sonne angewiesen. Schlicht falsch ist die Behauptung, dass Vitamin D „unter dem Einfluss des Tageslichts vom Körper selbst hergestellt wird". Tatsächlich stellt es der Körper nur dann her, wenn die Haut einer UVB-

Strahlung ausgesetzt ist. Diese recht kurzweilige Strahlung kann die Luftschicht in unseren Breiten nur durchdringen, wenn sie nicht flacher als unter einem Winkel von 45 Grad einfällt. Das ist aber rund ein halbes Jahr nicht der Fall und somit ist keine Vitamin-D-Produktion möglich. Eine Ergänzung im Winter ist folglich unabdingbar.

Vitamin D macht darüber hinaus einzigartig, dass es sich in unserem Körper zu einem Hormon umwandelt. Es ist wenig bekannt, dass sich die heilsamen und schützenden Effekte des Vitamin D erst durch diese Umwandlung ergeben. Die Zufuhr von Vitamin D bedeutet nicht automatisch, dass es auch zum Hormon wird. Damit es aktiv wird, benötigt es ein paar Voraussetzungen. Die Basissubstanz aller Steroidhormone ist zunächst Cholesterin. Ohne Cholesterin kein Vitamin D! Und eine „Vitamin-D-Aktivierung" läuft immer über das Werkzeug Parathormon. Sport lässt die Konzentration des Parathormons im Blutserum ansteigen. Dies wiederum führt zu einem Anstieg des „aktiven Vitamin D".[50]

Laut der Nationalen Verzehrsstudie II sind bei Senioren 94 Prozent der Männer und 97 Prozent der Frauen mit diesem Vitamin unterversorgt. Folgt man der offiziellen Meinung, gibt es einen Mangel an Vitamin D aber so gut wie nie. Wie kann das zusammenpassen? Die Erklärung hierfür liegt auf der Hand. Ein Vitamin-D-Blutwert wird schlichtweg als normal und gesund bezeichnet, obwohl dieser in Wahrheit einen gravierenden Mangel anzeigt. 80 Prozent der Erwachsenen weisen einen Vitamin-D-Spiegel von mehr als 10 Nanogramm pro Milliliter (ng/ml) auf (so das Robert-Koch-Institut). Da allerdings erst Werte von unter 10 ng/ml als echter Mangel gelten, scheint alles im grünen Bereich zu sein. Die tatsächlich gesunden Normwerte sollten aber bei mindestens 40 ng/ml liegen.[51]

Eine Ergänzung von Vitamin D ist also zwingend notwendig, um den Spiegel zumindest über das Mindesterfordernis anzuheben. Prof. Jörg Spitz, einer der führenden Vitamin-D-Experten, nennt als Faustregel, dass 1000 IE täglich bei einem Körpergewicht von 70 kg nach einigen Wochen zu einer Erhöhung des Blutspiegels um 10 ng/ml führen. Empfohlen wird von Dr. Spitz ein Zielwert von 40 – 60 ng/ml.[52] Als sichere Obergrenze werden allgemein 100 ng/ml angegeben. Rettungsschwimmer in Florida haben sogar einen natürlichen Blutspiegel von 120 ng/ml. Wenn man die Warnungen der DGE, dem Bundesinstitut für Risikobewertung, aber auch unserer Mainstream-Medien hört, müssten sie alle vergiftet sein.

Ein Fallbeispiel:

Ein 60-jähriger Lehrer erhielt von seinen Schülern einen Brief, indem sie ihm ihre Sympathie mitteilten, aber sich auch gleichzeitig bei ihm beschwerten, dass er schon dreimal hintereinander den gleichen Unterrichtsstoff gelehrt habe. Daraufhin hat er sich bei seinen Kollegen erkundigt, ob ihnen in letzter Zeit etwas an ihm aufgefallen wäre. Die anderen Lehrer haben dann geäußert, dass sie schon seit längerem vermuten, dass er an Demenz leiden könnte. Bei einem Arztbesuch bestätigte sich dieser Verdacht und der Lehrer wurde schließlich als dement diagnostiziert und somit als arbeitsunfähig eingestuft. Ein ganzheitlich tätiger Arzt fand schließlich im Blut des Lehrers ein großes Defizit der Vitamine B12 und D sowie der Omega-3-Fettsäuren.

Nach vermehrter Aufnahme der fehlenden Stoffe verbesserte sich der Gedächtniszustand des Lehrers wieder, so dass er selbst, seine Freunde und auch seine Familie ihn wieder für völlig genesen hielten. Seine geistige Leistungsfähigkeit war wieder komplett hergestellt. Daraufhin wollte er seiner Tätigkeit als Lehrer wieder nachgehen und beantragte seine Wiederaufnahme in den Schuldienst. Die zuständige Behörde wollte ihm seine Rückkehr allerdings nicht gewähren, da eine diagnostizierte Demenz als unheilbar eingestuft ist. Infolge dieser Nachricht hat sich der Lehrer dazu entschlossen gegen den Freistaat Bayern zu klagen. Dank eines eindeutigen Gutachtens einer Neuro-Psychologin, die vielfache Untersuchungen und Tests durchführte, lenkte die

Behörde ein und er konnte seinen Dienst wieder aufnehmen. Er wurde sogar stellvertretender Schuldirektor.

Das ist kein Einzelfall und führt somit zu der Frage, wie viele vermeintlich Demente in Pflegeeinrichtungen leben, denen mit den notwendigen Nährstoffen zu einem ganz normalen geistigen Leben zurückverhelfen werden könnte?[53]

Vitalstoffe

Die Ernährungsgesellschaften behaupten, dass wir Vitalstoffe in ausreichenden Mengen zu uns nehmen, wenn wir uns ausgewogen ernähren. Ausgewogen heißt laut DGE-Empfehlungen 400 Gramm Gemüse und 250 Gramm Obst am Tag. Die Empfehlung zum Gemüseverzehr unterschreiten rund 87 Prozent der Bevölkerung und die Empfehlung zum Obstverzehr erreichen knapp 59 Prozent nicht. Dieses Ergebnis zeigt die nationale Verzehrsstudie II. Hier kommt hinzu, dass in den Jahren 1914 bis 2018 der Gehalt an Mineralstoffen wie Magnesium, Eisen, Kalzium in Nahrungsmitteln wie Tomaten, Karotten, Spinat um etwa 90 Prozent abgenommen hat.[54] Dies bestätigt Uwe Gröber, der zu den führenden Mikronährstoffexperten Deutschlands zählt. Bei den Vitaminen in Obst und Gemüse zeigt sich kein anderes Bild. Sie enthalten oftmals nicht das, was sie versprechen. Lange Transportwege und Lagerung in den Supermarktregalen wirken sich negativ auf den Vitamingehalt aus. Dennoch haben die meisten Ärzte die öffentliche Meinung übernommen und raten grundsätzlich von einer Nahrungsergänzung ab. Dabei verfügen sie oftmals nicht über Wissen über Vitalstoffe, denn Ärzte messen diese nicht. Zudem sind sie, wie bereits erläutert, über Ernährung, Vitalstoffe und Nahrungsergänzung nicht ausgebildet worden. Auch Fortbildungen werden meist von Pharma-Unternehmen geleitet und finanziert. Hier lernen Ärzte wahrscheinlich nur wenig über alternative und günstige Naturheilverfahren, sondern vielmehr, welche neuen Medikamente sie wann einsetzen können. Vitamine und Co. sind für die Pharmaindustrie nicht interessant, sie lassen sich nicht patentieren und somit lässt sich nur bedingt Geld mit ihnen verdienen. Dementsprechend sind lebensnotwendige Vitalstoffe für die Pharmaindustrie nicht sonderlich attraktiv.

Das Dilemma mit Vitaminen begann schon Anfang der 90er Jahre. Als damals das Bewusstsein über die gesundheitsfördernden Eigenschaften von Mikronährstoffen in der amerikanischen Öffentlichkeit wuchs, sträubte sich die Pharmaindustrie. Sie wissen schon, Vitamine sind nutzlos oder sogar gefährlich. Auch die US-amerikanische Arzneimittelbehörde Food and Drug Administration (FDA) blieb nicht tatenlos. Natürliche Gesundheitsansätze, die nicht patentierbar sind, waren unerwünscht. Schließlich bedrohen sie das milliardenschwere Geschäftsmodell der Pharmaindustrie. Im Juni 1993 veröffentlichte die FDA eine geplante Regelung („Advance Notice of Proposed Rulemaking"), in der die empfohlene Tageszufuhr an Nahrungsergänzungsmitteln auf ein Minimum beschränkt werden sollte. Höher dosierte Vitamine und Mineralstoffe sollten nur mit ärztlicher Verschreibung erhältlich sein. Diese Pläne stießen in der amerikanischen Öffentlichkeit auf massiven Widerstand, es entstand eine Pro-Vitamin-Kampagne. Der US-Kongress erhielt daraufhin mehr Briefe von Verbrauchern als jemals zuvor (mit Ausnahme des Vietnamkriegs).

Im Oktober 1994 wurde schließlich das Gesetz „Dietary Supplement Health and Education Act" (DSHEA) von US-Präsident Bill Clinton unterzeichnet. Dieses garantiert allen Amerikanern den uneingeschränkten Zugang zu Nahrungsergänzungsmitteln.[55] Bei der Unterzeichnung des Gesetzes erklärte Clinton ausdrücklich: „[…] In einer Zeit, in der den Menschen immer mehr bewusst wird, welchen Einfluss ihre Ernährung auf ihr Leben, ja sogar auf ihre Lebenserwartung hat, ist es nur angebracht, dass wir endlich die Art und Weise, wie die Regierung mit Verbrauchern und Nahrungsergänzungsmitteln umgeht, so reformieren, dass die Gesundheit gefördert wird [...].“[56]

Es existieren Studien, die zeigen, wie gefährlich Nahrungsergänzungsmittel sein können. Zu diesen gehören unter anderem die 1994 durchgeführte ATBC-Studie und die 1996 durchgeführte CARET-Studie. Diese Studien wurden an Rauchern durchgeführt. Um die Ergebnisse verstehen zu können, muss vorab einmal aufgezeigt werden, dass der Körper mit jedem Zug einer Zigarette ein wenig Vitamin C verliert. Der Genuss einer Zigarette kann bis zu 30 mg Vitamin C verbrauchen, wodurch die Vitamin C Reserven sehr schnell abgebaut werden. Deswegen ist das Blut von Rauchern oftmals Vitamin C frei. In den Studien erhielten die Teilnehmer Beta-Carotin, Vitamin A oder Vitamin E, jedoch kein Vitamin C. Seit den 60er Jahren ist erwiesen, dass Vitamin E oder Beta-Carotin in bestimmten Fällen selbst zu freien Radikalen und somit schädlich werden können. Dies geschieht dann, wenn kein Vitamin C im Blut vorhanden ist. Den Teilnehmern der Studien wurde folglich wissentlich geschadet, weil kein Vitamin C verabreicht wurde. Erstaunlicherweise wird heute noch auf diese alten Studien verwiesen, wenn es darum geht, vor Vitaminen zu warnen. Dabei wird natürlich nicht erwähnt, dass diese Studien im Kern unethisch waren.[57]

Eines sollte man über die Pharmaindustrie wissen, mit der sich die Schulmedizin verbandelt hat. Die Pharmaindustrie ist keine Gesundheits-, sondern eine Investmentindustrie und wird von den Profiterwartungen ihrer Teilhaber gesteuert. Sie besteht aus großen internationalen Konzernen, die ihren Anteilseignern verpflichtet sind. Die Firmen, welche die Pharmaindustrie ausmachen, sind unglaublich mächtig und sie gehören zu den größten der Welt.

Im Jahr 1997 erschien im Fortune Magazine, einer der großen Wall-Street-Wochenzeitschriften, ein Artikel über das Gesundheitswesen. Darin wird ein Anlageberater für Pharma-Aktien an der Wall Street zitiert: „Unterm Strich verlieren wir alle, wenn sich Therapien durchsetzen, die Krankheiten beseitigen."[58]

Eines noch zu Vitaminen. Die USA sind eine klagefreundliche Nation, aber dort gibt es keine Verfahren gegen Vitaminhersteller. Dort sind Vitamine anscheinend sichere Substanzen.

Fleisch

Japan ist das Land mit der höchsten Lebenserwartung weltweit. Ein Japaner wird durchschnittlich 83,7 Jahre alt. Er lebt damit statistisch gesehen ca. 3 Jahre länger als ein Deutscher. Auf Okinawa sieht es anders aus. Die Wahrscheinlichkeit, 100 Jahre alt zu werden, ist auf Okinawa 30-mal höher als in Deutschland. Die Wahrscheinlichkeit, an Alzheimer zu erkranken, ist bei der Bevölkerung Okinawas 5-mal geringer. Das hohe Alter der Japaner wird in Ernährungs-Ratgebern gern damit begründet, dass die traditionelle Ernährung aus Fisch und allem erdenklichen Gemüse bestehe und wenn wir uns so wie die Japaner ernähren würden, würden wir auch steinalt werden. Dabei soll selbstverständlich das „böse" Schweinefleisch gemieden werden, weil rotes Fleisch, gesättigte Fettsäuren und Cholesterin nicht gut für uns sind. Überhaupt essen wir allgemein viel zu viel Eiweiß. Jetzt kommt die Überraschung. Wissen Sie, was die Japaner noch essen? Sie essen liebend gern Schweinefleisch. Erstaunlicherweise wird gerade auf Okinawa, die als Insel der 100-Jährigen bekannt ist, besonders gern Fleisch gegessen. Der Fleischkonsum ist dort 20 Prozent höher als auf den Hauptinseln. Allgemein nehmen Japaner bis zu 1,25mal mehr tierisches Eiweiß mit der Nahrungsaufnahme zu sich als pflanzliches Protein. In anderen Ländern, in denen Menschen ebenfalls besonders alt werden, ist der Anteil an tierischem Eiweiß gegenüber pflanzlichem sogar noch höher.[59]

Heute ist erwiesen, dass sich die Qualität der Nahrung auf die Größe des Hippocampus und auf das Volumen der grauen und weißen Substanz auswirkt. Vergleicht man die Nahrung unserer nächsten Verwandten, den Menschenaffen, mit unserer, fällt auf, dass sie sich fast ausschließlich pflanzlich ernähren. Und das taten unsere Vorfahren ihnen zunächst gleich. Doch mit der Zeit änderte sich die Ernährung. Der Mensch begann aktiv zu jagen. Vor etwa 2,5 Millionen Jahren stieg der Fleischkonsum rapide an. Mit der höheren Fett- und Eiweißaufnahme wuchsen gleichzeitig unsere Gehirne. Unser Gehirn hat sich im Laufe der Evolution zu einem leistungsstarken Organ entwickelt. Fleisch besteht aus Eiweiß und Fett. Genau daraus besteht zu 90 Prozent auch unser Gehirn. Ist es nicht merkwürdig, dass uns genau die Komponenten, aus denen wir aufgebaut sind, umbringen sollen?

Die bisher größte und sorgfältigste Studie über Ernährung erschien 2017 in The Lancet. Die Studie Prospective Urban Rural Epidemiology (PURE) untersuchte den Einfluss von Kohlenhydraten, Fett und Eiweiß in der täglichen Nahrung und der Sterblichkeit. Zwischen 2003 und 2013 wurde die Nahrungsmittelaufnahme von über 135.000 Menschen im Alter von 35 bis 70 Jahren in 18 verschiedenen Ländern erfasst.

Dies sind die Ergebnisse:
- Kohlenhydrate erhöhen die Sterblichkeit. Man lebt kürzer.
- Fett reduziert die Sterblichkeit. Man lebt länger.
- Tierisches Eiweiß senkt die Sterblichkeit. Man lebt länger.

Gemüse, Früchte, Nüsse, Hülsenfrüchte und Fisch sind förderlich für ein langes Leben. Überraschenderweise sind es jedoch auch Milchprodukte und nicht-verarbeitetes rotes Fleisch. Dagegen sind Zucker, Brot, Nudeln, Reis und Kartoffeln ausdrücklich nicht förderlich für ein langes Leben.[60]

Je höher der Eiweißspiegel im Blut, desto höher ist die Lebenserwartung. Um gut versorgt zu sein, sollte der Wert im Blut über

8,0 mg liegen. Der deutsche Durchschnitt beträgt laut Angaben der Uni Erlangen und Uni Hamburg exakt 7,65.[61] Daher kann die Mär über das Zuviel an Eiweiß gar nicht stimmen. Eiweiß aus Lebensmitteln stellt immer ein Gemisch aus Aminosäuren dar. Unser Körper kann prinzipiell tierische oder pflanzliche Proteine, die er mit der Nahrung aufnimmt, in körpereigenes Eiweiß umwandeln, weil eine Aminosäure, egal wo sie nun herkommt, immer gleich aufgebaut ist. Der Unterschied liegt allerdings in der biologischen Wertigkeit. Nicht in allen Lebensmitteln sind Aminosäuren in der Menge vorhanden, die unser Körper zum Aufbau seiner arteigenen Eiweißstoffe benötigt. Fleisch liefert dabei das hochwertigste Eiweiß. Fleisch enthält außer Eiweiß und Fett auch Vitamine, Eisen, Zink und andere Mikronährstoffe in konzentrierter und leicht zu verwertender Form. Es gibt heutzutage sicher viele Gründe, auf Fleisch zu verzichten, die Gesundheit aber gehört eher nicht dazu – artgerechte Haltung der Tiere und eine gute Verarbeitung vorausgesetzt.

Ich kann Ihnen nur den Rat geben, sich mit Ernährung zu beschäftigen. Ich habe selbst viele Bücher darüber gelesen und mich bei etlichen (kostenlosen) Newslettern angemeldet. Einige davon möchte ich Ihnen empfehlen: „Der Newsletter der Akademie für menschliche Medizin", „Dr. Rath Health Foundation" und „News von Dr. Strunz".

Langlebigkeit auf Okinawa

Es werden laufend Studien mit den verschiedensten Antioxidanten veröffentlicht, die allesamt der Zerstörung des Gehirns entgegenwirken sollen. Wenn wir über Superfood in Japan sprechen, das uns vor dem geistigen Verfall schützen kann, so sind es vielleicht Algen. Algen sind reich an Omega-3-Fettsäuren und Astaxanthin. Astaxanthin zählt zu den stärksten Antioxidantien, die jemals entdeckt wurden. Es kann die Blut-Hirn-Schranke überwinden und somit Gehirn und Nerven vor Entzündungen und freien Radikalen schützen. Auch die Alzheimer-Forschung hat 2019 auf der Suche nach Heilmitteln ein Projekt „Mit Algen gegen Alzheimer" finanziell unterstützt.

Die Qualität der Nahrung ist zweifellos wichtig. Neben einer gesunden Ernährung tragen aber sicherlich noch weitere Faktoren dazu bei, dass die Menschen auf Okinawa so alt werden.

1. Schlank bleiben
Bereits bei einem leicht erhöhten Übergewicht ist das Risiko, eine spätere Demenz zu entwickeln 35 Prozent erhöht, bei einer Adipositas steigt dieses Risiko auf über 70 Prozent.[62]

2. Ein Leben lang arbeiten und aktiv sein
Die Fischer und Bauern von Okinawa sind oft Selbstversorger. Sie sind bis ins hohe Alter körperlich aktiv.

3. In der Gemeinschaft verankert sein
Im ländlichen Okinawa spielt der soziale Zusammenhalt im Freundeskreis und der Familie eine wichtige Rolle. Viele Senioren verbringen ihr ganzes Leben in familiärer Geborgenheit. Wir sind nun einmal soziale Wesen. Wir brauchen Zuwendung und Gespräche mit anderen Menschen. Statistisch gesehen haben Alleinlebende ein doppelt so hohes Alzheimer-Risiko im Vergleich zu Menschen, die in einer Partnerschaft leben. Bei chronischer Einsamkeit erhöht sich das Risiko für Herz-Kreislauf-Erkrankungen, Schlafstörungen, Demenz, Depressionen, Angst- und Zwangsstörungen sowie Suizidgedanken.

4. Stressabbau im heißen Wasser
Heiße Bäder im Dampfbad (Onsen) haben eine lange Tradition in Japan. Nackt und getrennt nach Geschlechtern entspannen Japaner im heißen Badewasser bis ins hohe Alter. Dort findet ein perfekter Stressabbau statt und das heiße Wasser regt die Durch-

blutung an.[63] Wenn Sie können, ziehen sie zudem auf das Land. Heute ist erwiesen, dass Menschen, die langfristig in Gebieten mit stark schadstoffbelasteter Luft leben, einem höheren Risiko ausgesetzt sind, im fortgeschrittenen Alter an Alzheimer zu erkranken.

Im ländlichen Teil von Okinawa werden Menschen besonders alt. Ihr Risiko an Alzheimer zu erkranken, ist hingegen sehr gering. Diesen „hirngerechten" Lebensstil muss man leben! Kein Medikament der Welt kann einen Nährstoffmangel beseitigen oder ein soziales Miteinander ersetzen. Auch Bewegung kann nicht in eine Pille gepackt werden. Schon allein daran scheitern alle medikamentösen Versuche, Alzheimer in den Griff zu bekommen. Dies erklärt auch, weshalb Alzheimer laut der Schulmedizin bis heute unheilbar ist.

Durch eine Änderung der Lebensweise lassen sich körperliche und geistige Funktionen verbessern. Auch dieses wurde längst untersucht, unter anderem im Rahmen der FINGER-Studie. Sie umfasste 1.260 Teilnehmer im Alter von 60 bis 77 Jahren mit kognitiven Beeinträchtigungen. Die Teilnehmer wurden in zwei Gruppen aufgeteilt. Die Kontrollgruppe erhielt nur eine Ernährungsberatung, während die Interventionsgruppe zusätzlich ein körperliches Fitnessprogramm, kognitives Training und verschiedene Gruppensitzungen mit sozialen Aktivitäten verordnet bekamen. Nach zwei Jahren verbesserte sich die Informationsverarbeitung in der Multidomänen-Interventionsgruppe signifikant. Die Teilnehmer konnten ihre Aufmerksamkeit im Vergleich zu dem Beginn der Studie steigern und auch ihre Reaktionszeit erhöhte sich deutlich.[64] Das Ergebnis dieser Studie aus dem Jahr 2015 unterstreicht eindrucksvoll, dass sich der geistige Abbau über die Einhaltung eines gesunden Lebensstils bremsen lässt. Durch eine Kombination aus Ernährung, Bewegung und sozialen Kontakten kann jeder Mensch eigenständig sein Alzheimerrisiko reduzieren. Nur eines kann damit nicht gemacht werden und das ist Geld verdienen.

Alzheimer:
Falsche Theorien – Falsche Medikamente

Mit dem Aufruf „Alzheimer kann jeden treffen" bekam ich am 22. Oktober 2019 Post von der Alzheimer Forschung Initiative e.V. Dabei handelte es sich um einen Spendenaufruf für ein aktuelles Forschungsprojekt, bei dem Eiweißablagerungen, die sich im Gehirn ansammeln und die Funktion der Nervenzellen stören, beseitigt werden sollen. Seit Jahrzehnten wird uns erklärt, dass die Alzheimer-Krankheit deshalb entstehe, weil sich im Gehirn Eiweißablagerungen, die sogenannten Plaques, bilden und diese die geistigen Funktionen und Fähigkeiten langsam, aber sicher reduzieren würden. Es war ein Durchbruch, als es der Alzheimerforschung erstmals gelang, Beta-Amyloid mit Antikörpern zu entfernen beziehungsweise deren Entstehung zu verhindern. Nach diesem erfolgreichen Ergebnis ging man davon aus, dass dies die Lösung war. Doch es stellte sich heraus, dass das Vergessen bei den Studienteilnehmern weiterhin voranschritt. Die meisten Firmen haben auf Wirkstoffe gesetzt, die das Eiweißfragment Beta-Amyloid unschädlich machen oder entfernen können. Inzwischen wurden über 200 entwickelt, doch keines der Wirkstoffe konnte die Symptome verbessern. In etlichen Fällen hat sich sogar eine deutliche Verschlechterung eingestellt.

Noch 2017 gab es vielversprechende Berichte über neue Medikamente, die das Vergessen aufhalten könnten. Doch alle Versuche scheiterten. 2019 wurden zwei große klinische Studien wegen mangelnder Aussicht auf Erfolg mit dem Antikörper Aducanumab abgebrochen. Es zeigte sich keinerlei Verbesserung von Gedächtnis, Erinnerung oder Wohlbefinden. Enttäuschend waren auch die Ergebnisse mit den Antikörpern Gantenerumab, Solanezumab oder Crenezumab. Zwar konnten die Wirkstoffe die berüchtigten Amyloid-Beta-Plaques im Gehirn reduzieren, aber trotz allem änderte sich nichts an den Symptomen und dem Befinden der Patienten.[65]

Seit mehr als einhundert Jahren suchen Wissenschaftler nun schon nach wirksamen Therapien gegen Alzheimer. Bisher waren alle erfolglos.

Nonnenstudie

Diese Studie läuft seit 1986 mit der Beteiligung von etwa 600 amerikanischen katholischen Nonnen. Die Nonnen sind im Alter zwischen 76 und 107 Jahren. Sie haben sich seinerzeit sowohl zu Lebzeiten als auch nach ihrem Tode der Alzheimerforschung zur Verfügung gestellt. Diese Studie entzieht seit Langem der gängigen Theorie, dass Alzheimer eine Krankheit von Plaques im Gehirn sei, den größten Teil ihrer Berechtigung. Die meisten Nonnen arbeiteten und unterrichteten bis ins sehr hohe Alter hinein (Schwester Matthia bis ins biblisch anmutende Alter von 104 Jahren!) auf geistig recht hohem Niveau, ohne Alzheimeranzeichen zu zeigen. Als später die Gehirne untersucht wurden, fand man jedoch eine Vielzahl an Alzheimer-Plaques. Den Rekord stellte dabei Schwester Bernadette auf, die im Alter von 85 Jahren an einem Herzinfarkt verstarb. Als ihr Gehirn nach ihrem Tode untersucht wurde, gingen die Forscher zunächst davon aus, dass sie ein falsches Gehirn untersuchen würden. Das Gehirn war voller Plaques, obwohl die Schwester bis zuletzt körperlich und geistig hochgradig fit war und keinerlei Alzheimer-Anzeichen zeigte. Den Plaques in ihrem Gehirn nach zu urteilen, hätte sie Alzheimer im Endstadium haben müssen und wäre ein absoluter Pflegefall ohne die Fähigkeit zur eigenen Versorgung und zur Kommunikation gewesen.

Es sind nicht nur die Nonnen des Klosters, die das gängige Modell der Ursache der Alzheimer-Krankheit ins Wanken bringen. Der hochbegabte Schachspieler Richard Wetherill hatte ein Erinnerungsvermögen von bis zu acht Zügen im Voraus. Bei diesem Erinnerungsvermögen möchte man schon fast von einer übermenschlichen Leistung sprechen. Dennoch war auch sein Gehirn voller Plaques als man es nach seinem Tode untersuchte. Die Diagnose bei dem Anblick seines Gehirnes hätte lauten müssen, dass er Alzheimer im Endstadium habe. Zu diesem Schluss käme man jedenfalls, wenn man die gängige Alzheimertheorie zugrunde legt.

Deutsche Forscher der Universität Göttingen haben die Ergebnisse der Nonnenstudie dazu bewogen, weiterführende Experimente zu machen. Die Untersuchungen wurden dieses Mal an Mäusen durchgeführt. Die Mäuse wurden gentechnisch mit Genen von Alzheimerpatienten manipuliert. Diese gentechnisch manipulierten Mäuse verhielten sich in den Versuchsreihen ängstlich und zeigten keinerlei Erinnerungsvermögen. Sie verhielten sich genauso wie man es von Alzheimerpatienten kennt. Beim Untersuchen der Gehirne der Mäuse wurden Plaques entdeckt. Was nun an den Mäusen ungewöhnlich war, ist die Tatsache, dass die Nervenzellen im Gehirn der Mäuse an ganz anderen Stellen abstarben als an den Stellen, an denen sich die Plaques befanden. Laut Thomas Bayer, Altersforscher der Universität Göttingen, waren die Plaques in nur ca. 10 Prozent für das Absterben von Nervenzellen verantwortlich. Dieses Ergebnis würde bedeuten, dass das Bekämpfen von Plaques bestenfalls 10 Prozent der Nervenzellen retten könnte.[66]

Zudem wurde festgestellt, dass Plaques gar nicht so gefährlich sind, wie ursprünglich angenommen. Forscher konnten nachweisen, dass Beta-Amyloid-Proteine aus den Gehirnen von Alzheimer-Patienten eine starke antimikrobielle Wirkung haben. Candida-Hefezellen, Streptokokken und andere Bakterien werden durch diese Plaques in ihrem Wachstum gehemmt. Wissenschaftler gehen deshalb davon aus, dass die Ablagerungen ein Teil des angeborenen Immunsystems sind. Es könnte sein, dass im Gehirn von Alzheimer-Kranken deshalb so viel Beta-Amyloid entsteht, weil zuvor eine Infektion mit Bakterien oder Pilzen vorlag oder eine Verletzung erfolgte.[67] Bekannt ist z. B., dass sich Beta-Amyloid auch nach einem schweren Schädelhirntrauma bei Menschen im Gehirn ablagert. Diese Ablagerungen finden sich nicht an der Verletzung selbst, sondern an anderen Bereichen des Gehirns. Eine Verbindung zwischen einem schweren Schädelhirntrauma und einer späteren Demenz konnte dabei jedoch nicht nachgewiesen werden. Ebenfalls haben wissenschaftliche Untersuchungen ergeben, dass die als neurotoxisch eingestuften Beta-Amyloid-Peptide eine zentrale Funktion bei der Informationsverarbeitung im Gehirn haben. Eine bestimmte Menge dieser Proteine ist also zwingend erforderlich.[68] Alzheimer-Medikamente, die sämtliche Plaques abbauen, zerstören also Substanzen, die für die Gehirnfunktionen benötigt werden.

Abschließend muss noch erwähnt werden, dass Gehirne von Verstorbenen, die angeblich an Alzheimer litten, keine dieser signifikanten Veränderungen zeigten. Trotzdem gilt Beta-Amyloid bis heute als das früheste Anzeichen der Alzheimer-Krankheit und das wird wohl auch so bleiben.

Anfang 2021 verkündete die Alzheimer Forschung Initiative e.V. eine „Gute Nachricht". Forschern sei es nun gelungen, aus insgesamt 200 Probanden 22 Personen zu identifizieren, die später an Alzheimer erkrankt sind. Nun sei es möglich, in Zukunft mit einem einfachen Bluttest an symptomfreien Personen präzise vorherzusagen, ob eine Person in der Zukunft an Alzheimer erkrankt oder die Wahrscheinlichkeit sehr gering sei, in den nächsten sechs Jahren zu erkranken. Durch ein patentiertes Verfahren könne nun frühzeitig die Fehlfaltung des Proteins Amyloid-beta erkannt werden, die für die Alzheimer-Krankheit charakteristisch ist.[69]

Weshalb ist das nun eine gute Nachricht, wenn doch keine Heilung in Sicht ist? Die Ergebnisse legen laut Studienleitung eben nicht dar, dass die Alzheimer-Medikamente keine Wirkung zeigen. Sie zeigen vielmehr, dass die Medikamente schlichtweg zu spät verabreicht werden und genau deshalb seien die bisherigen Medikamente alle fehlgeschlagen. Der Weg der Forschung geht also dahin, erfolglose Alzheimer-Medikamente einfach früher zu verabreichen.

In den USA ist Aducanumab seit Juni 2021 zur Behandlung der Alzheimer-Krankheit zugelassen. Der Wirkstoff wird dort unter dem Medikamentennamen Aduhelm vermarktet. Die FDA hat der Zulassung in einem beschleunigten Verfahren zugestimmt, obwohl zehn von elf Mitgliedern des wissenschaftlichen Beratergremiums, ebenso wie einige Demenz-Experten, sich dagegen ausgesprochen haben. Bei 35 Prozent der Patienten kam es nach Verabreichung von Aduhelm zu Hirnschwellungen, Hirnblutungen und weiteren Nebenwirkungen. Das Einzige, was das Medikament nicht bewirkt, ist die Verbesserung der kognitiven Fähigkeiten. Aduhelm kann weder Alzheimer heilen noch den Krankheitsverlauf stoppen. Die Kosten für den Antikörper sollen sich auf 56.000 Dollar pro Jahr und Patient belaufen.[70]

Beta-Amyloid ist ein Eiweiß, das im normalen Stoffwechsel entsteht. Der menschliche Organismus ist sehr wohl in der Lage, mit diesem Protein umzugehen, wenn man ihn lässt. Untersuchungen haben ergeben, dass der Beta-Amyloid-Spiegel im Gehirn vor dem Schlafen am höchsten und nach dem Aufwachen am niedrigsten ist. Während wir schlummern, entsorgt die „körpereigene Müllabfuhr" diese schädlichen Eiweißverbindungen im Gehirn. Während des Tiefschlafes beginnen alle Neuronen im Gehirn synchron zu arbeiten. Dieses Phänomen geschieht zu keiner anderen Zeit in unserem Leben. Neuronen schalten sich ein und aus wie kleine Glühbirnen. Schalten sie sich alle auf einmal aus, so verringert sich der Blutfluss zum Gehirn und es fließt zerebrospinale Flüssigkeit ein. Dabei handelt es sich um eine klare Flüssigkeit, die das Gehirn umgibt. Anschließend fließt sie wieder aus und nimmt Toxine wie Beta-Amyloide mit, die sich auf natürliche Weise im Gehirn ansammeln. Wenn wir schlafen, weitet sich auch der Raum zwischen den Nervenzellen. So kann das Hirnwasser leichter durch die Zwischenräume strömen und Proteinreste und andere Abfallprodukte abtransportieren und in den Blutkreislauf schleusen. Dieser Prozess wird nur im Tiefschlaf aktiviert. Ist dieser gestört, funktioniert der Beta-Amyloid-Abbau nicht.[71]

Wie kann die Schlafqualität auf natürlichem Weg verbessert werden? Der einfachste Weg ist körperliche Anstrengung in Form von Bewegung. Für dieses Wissen braucht es keinen Arzt. Das stellt jeder fest, der körperlich aktiv war.

Für einen gesunden Schlaf benötigen wir Vitamine, Mineralien und vor allem Aminosäuren. Wir benötigen also alldiejenigen Moleküle, die in der Schulmedizin nicht untersucht werden.

Bekannt ist, dass unser Schlaf-Wach-Rhythmus über Hormone und Transmittersubstanzen im Gehirn gesteuert wird. Das bedeutet, dass ohne diese Stoffe kein erholsamer Schlaf stattfinden kann.

Arzneimittel

Wer wünscht sich nicht ein langes und vor allem ein gesundes Leben? Die Pharmaindustrie entwickelt, testet und vertreibt Mittel, die genau dies gewährleisten sollen. Dabei werden 80 Prozent aller Arzneimittel von Menschen eingenommen, die über 65 Jahre alt sind. Schon ab einem Alter von 65 Jahren erhalten Patientinnen und Patienten im Durchschnitt fünf Medikamente gleichzeitig. Bei Menschen, die in einem noch höheren Lebensalter stehen, kommen rasch zehn oder mehr Arzneimittel zusammen.

Im Rahmen einer Studie haben Experten herausgefunden, dass Deutschland zu den Ländern mit dem meisten medizinischen Personal pro Einwohner gehört und damit über das beste Gesundheitssystem weltweit verfügt. Dennoch liegen die Deutschen bei einer Betrachtung der Lebenserwartung im europäischen Vergleich im untersten Bereich. Erstaunlicherweise ist die Lebenserwartung gerade in den Gegenden besonders niedrig, in denen die meisten Ärzte angesiedelt sind. Zu dieser erschreckenden Feststellung kam das wissenschaftliche Institut der AOK. In diesem Zusammenhang wurde festgestellt, dass Personen, die in einem Gebiet wohnen, in dem viele Ärzte tätig sind, mehr nebenwirkungsreiche Medikamente einnehmen, häufiger operiert werden und im Durchschnitt früher sterben. Wenn das mal nicht zum Nachdenken anregt.[72]

Eine häufige Ursache für das Vorliegen von Demenzsymptomen ist die Einnahme von Medikamenten. Die auftretenden Nebenwirkungen gleichen einer Demenz, obwohl die Personen nicht an einer Demenz erkrankt sind. Diese sogenannte Arzneimitteldemenz ist weltweit bereits seit über 25 Jahren bekannt. Etwa ein Fünftel der über 65-Jährigen bekommt Medikamente verschrieben, die einen Wirkstoff enthalten, der auf der Priscus-Liste steht. Mittel, die auf dieser Liste verzeichnet sind, sind für alte Menschen besonders problematisch, weil sie die Sturzgefahr erhöhen oder das Denkvermögen beeinträchtigen können. Ärzte, die diese Medikamente verschreiben, sind folglich zu einem gewissen Grad verantwortlich dafür, dass diese Art der Demenz entstehen kann. Wird die Demenz durch Medikamente ausgelöst, so kann der Verzicht einer weiteren Einnahme dazu führen, dass sich die Symptome verbessern oder diese sogar gänzlich verschwinden.

Neuroleptika

Es kann vorkommen, dass Alzheimer Betroffene aggressives Verhalten aufweisen. Neuroleptika wirken dämpfend, das heißt sie hemmen die Signalübertragung im Gehirn. Beeinflusst werden Neurotransmitter wie Dopamin, Glutamat und Serotonin. Neuroleptika wurden ursprünglich gegen schwere Geisteskrankheiten verschrieben. Heutzutage sind diese Medikamente in Altenpflegeheimen nach Schmerzmitteln die am häufigsten verschriebenen Medikamente und dass, obwohl seit langem bekannt ist, dass Neuroleptika bei Demenzkranken eher zu einer Verschlechterung der Beschwerden führen. Bei einer Langzeitverschreibung reduziert sich die Fähigkeit zu sprechen. Zudem führt eine dauerhafte Einnahme von Neuroleptika dazu, dass die Gehirnsubstanz schrumpft. Anfang 2005 analysierte die FDA die Befunde aus 17 placebokontrollierten Studien zu atypischen Neuroleptika (Atypika). Dabei kam heraus, dass ältere Patienten mit einer Demenz eine 1,6- bis 1,7-fach höhere Sterblichkeitsrate hatten als diejenigen, die Placebos erhielten. Der weltweite Neuroleptika-Umsatz ist von 500 Millionen Dollar im Jahr 1993 auf mehr als 14 Milliarden Dollar im Jahr 2004 angestiegen. Laut Demenzreport 2020 bekommt ein Drittel aller Alzheimer-Patienten Neuroleptika verschrieben.[73],[74],[75],[76]

Statine

Das Cholesterin ist bei Alzheimer-Betroffenen oftmals erhöht. Auf der Webseite der Alzheimer Forschung Initiative e.V. ist zu lesen: „Wie neuere Studien zeigen, haben Patienten, die wegen hohen Blut-Cholesterinwerten mit Statinen behandelt wurden, ein geringeres Risiko, an der Alzheimer-Krankheit zu erkranken."[77] Ich habe im Fernsehen die Dokumentationen „Die Cholesterinlüge" und „Cholesterin, der große Bluff" gesehen. Daraufhin habe ich begonnen, mich intensiv mit diesem Thema zu befassen.

Die Rolle von Cholesterin in der Entstehung von Herz-Kreislauferkrankungen ist genauso alt wie die um das gesättigte Fett. Um die Debatte um Cholesterin und Fett zu klären, wurde bereits 1948 die Framingham Heart Study ins Leben gerufen. 1987 wurden die Ergebnisse aus 30 Jahren ausgewertet und veröffentlicht. Seit dieser Zeit wissen wir, dass die Todesursache Nr. 1 in den Industrienationen in der Regel einem ungesunden Lebenswandel geschuldet ist. Bluthochdruck, Übergewicht, Bewegungsmangel und Rauchen lassen das Risiko für einen Herzinfarkt ansteigen. Falls Sie zu den fünf Millionen Deutschen gehören, die

Cholesterinsenker (Statine) zu sich nehmen, um einem drohenden Herzinfarkt vorzubeugen, kann ich ihnen nur ans Herz legen sich gut über dieses Thema zu informieren. 50 Prozent aller Herzinfarkt- oder Schlaganfallpatienten haben normale Cholesterinwerte. 400 Patienten müssen ein Jahr lang Statine nehmen, um bei einer Person einen Herzinfarkt zu vermeiden.[78] Das Interessante ist, dass keine einzige Studie bislang belegen konnte, dass erhöhte Blutfettwerte allein die Ursache für einen Herzinfarkt und Arteriosklerose sind.[79]

Nach allem was ich lesen konnte, kann eigentlich nichts passieren, wenn die Blutgefäße intakt sind. Es muss vielmehr noch etwas anderes hinzukommen. Erst wenn die Innenseiten der Blutgefäße verletzt sind, wenn sie rissig und rau sind, kann sich etwas an ihnen ablagern. Cholesterin ist keinesfalls ein giftiger Fremdstoff, der über verseuchte Nahrungsmittel in unseren Organismus gelangen kann. Vielmehr ist er ein elementarer Baustein aller unserer Körperzellen und für unseren Stoffwechsel lebenswichtig. Sogar das angeblich gefährdete Herz eines gesunden Menschen besteht, ohne Wasser gerechnet, zu einem Zehntel aus purem Cholesterin.

Was Sie über Cholesterin wissen sollten: Es handelt sich um eine fettartige Substanz, die der Körper selbst herstellt. Es steckt in jeder Zelle und wird für den Aufbau der Zellmembran benötigt. Cholesterin ist unverzichtbarer Bestandteil von Zellen und Gewebe, der verantwortlich für den Fett-Transport und unentbehrlich für die Bildung von Hormonen ist. Ohne Cholesterin gäbe es kein Vitamin D, kein Testosteron, kein Serotonin und keine der anderen wichtigen Hormone. Es ist lebensnotwendig!

Im Gehirn ist das meiste Cholesterin zu finden. Lässt man den Wassergehalt unberücksichtigt, besteht das Gehirn etwa zu einem Fünftel aus reinem Cholesterin. Es ist essentiell für das Funktionieren der Nervenzellen und für die Übertragung der elektrischen Impulse zwischen den Neuronen. Cholesterin ist somit unentbehrlich für eine optimale Funktion des Gehirns. Das von der Leber produzierte Cholesterin kann die Blut-Hirn-schranke nicht passieren. Deshalb hat das Gehirn eine eigenständige „Cholesterinfabrik".

Statine und Cholesterinsenker gelangen bis ins Gehirn, wo sie die Cholesterinsynthese stören. Sie schädigen das Nervengewebe sodass Schlafstörungen und Gedächtnisverlust entstehen können.[80] Seit dem Jahr 2004 gingen laut Dr. Brownstein zehntausende Berichte über Hirnschäden durch Statine bei der US-amerikanischen Gesundheitsbehörde ein. Er betont, dass nur ein geringer Prozentsatz der Nebenwirkungen durch ein Medikament überhaupt gemeldet werden und die Dunkelziffer derer, dessen Gehirne durch eine Einnahme von Statinen geschädigt wurden, höchstwahrscheinlich bei mehreren hunderttausend Patienten liege.[81]

Über einen Fall wurde im deutschen Fernsehen berichtet. Hier handelte es sich um einen Professor mit einem IQ von über 180. Bei ihm diagnostizierten zwei Universitätskliniken die schnell fortschreitende Form der Alzheimer-Krankheit. Zum 50-jährigen Klassentreffen trug er ein Schild um den Hals, auf dem stand: „Ich habe Alzheimer". Er wiederholte ständig den gleichen Satz, und erkannte Menschen nicht, mit denen er befreundet war. Er konnte ebenfalls nicht mehr als eine Seite Text lesen, ohne den Inhalt wieder zu vergessen. Seine Frau beschloss eines Tages das Simvastatin (Statin) abzusetzen woraufhin sich seine Situation verbesserte. Nach einer Untersuchung hieß es: „Sie haben weder Alzheimer noch sind Sie dement." Gute zwei Jahre dauerte es bis er sich schließlich wieder normal fühlte und ab diesem Zeitpunkt konnte er wieder drei Tageszeitungen lesen.[82]

Durch den Gebrauch von Statinen steigt ebenso das Risiko an Parkinson zu erkranken.[83] Bis zum heutigen Tag sind Cholesterin-Senker, trotz ihrer nachgewiesenen Gefährlichkeit, eines der größten Geschäftssegmente der Pharmaindustrie. Statine spülen Jahr für Jahr Milliardenbeträge in die Kassen der Pharmaindustrie.

Wer einmal einen Cholesterinsenker nimmt, schluckt diesen in der Regel für den Rest seines Lebens. Bei der Versorgung der Patienten mit Statinen spielen Ärzte die zentrale Rolle. Denn zwischen Statin und Patient steht nun einmal die Rezeptpflicht. Als „Dankeschön" für die Einstellung von 25 Patienten auf den Cholesterin-Senker Lipobay bekamen Ärzte vom Pharmakonzern Bayer eine Fahrt mit dem Luxuszug „Orient-Express" spendiert. 2001 nahm Bayer den Cholesterin-Senker dann wieder vom Markt. Damals häuften sich Todesfälle, die mit dem Wirkstoff Cerivastatin in Verbindung gebracht wurden. Die Todesursache war in allen Fällen Muskelzerstörung. Es kam heraus, dass Bayer-Vorstandsmitglieder die Nebenwirkung Muskelschwund vertuscht hatten. Wie in der New York Times 2003 zu lesen war, wurde das Mittel beworben, obwohl bekannt war, dass Patienten erkrankten oder sogar starben.

Der Glaube, jeder praktizierende Mediziner sei stets auf dem Stand der Forschung und werde seine Patienten schon zu schützen wissen, erwies sich im Fall Lipobay jedenfalls als naiv.

Das HERZTOD-RISIKO reduziert sich um 3 Prozent durch Statine
Mit Omega-3 um 29 Prozent.

Das HERZINFARKT-RISIKO reduziert sich um 36 Prozent durch Statine
Mit Vitamin E um 77 Prozent.

2017 wurde in einer Meta-Analyse mit gut 20.000 Menschen gezeigt, dass die Einnahme von über einem Gramm Omega-3 das Herztod-Risiko um 29 Prozent sinken lässt.[84]

1996 wurde die CHAOS-Studie veröffentlicht. Sie umfasst 2002 Patienten, bei denen die Gefäßverkalkung am Herzen nachgewiesen wurde. Ergebnis: Ein nicht tödlicher Herzinfarkt wurde um 77 Prozent verhindert. Bei einer Dosis von 400 und 800 I. E. Vitamin E.[85]

Dumm nur, dass bei uns Nahrungsergänzungsmittel nicht der Heilung, Linderung oder Verhütung von Krankheiten oder krankhaften Beschwerden dienen.[86] Verschrieben werden in Deutschland gegen den drohenden Herzinfarkt weiterhin Statine. Die Zahl der Verordnungen hat sich in den letzten 10 Jahren mehr als verdoppelt.[87]

Mehr als 95 Prozent aller Medikamente – einschließlich Statine – wirken durch Vergiftung eines Enzyms oder Blockierung von Rezeptoren.[88]

Falls bei Ihnen erhöhte Cholesterinwerte gemessen wurden und Sie sich deswegen Sorgen machen sollten, versuchen Sie es doch zunächst mit Bewegung und Umstellung der Ernährung. Seit 1970 ist bekannt, dass zuckerfreie Kost Cholesterin drastisch senkt.[89]

Durch körperliche Aktivität steigt das HDL, das sogenannte „gute" Cholesterin. Mit dem LDL-Wert ist es genau dasselbe, aber andersrum. Bei einem trägen Menschen steigt der LDL-Wert an. Dieser Prozess lässt sich auch durch das Spritzen von Wachstumshormonen beobachten. Unter Einfluss des Wachstumshormons werden die Triglyceride und das „schlechte" LDL-Cholesterin gesenkt, das günstige HDL-Cholesterin angehoben. Zudem kann der Herzmuskel durch eine Wachstumshormongabe regeneriert und in seiner Funktion verbessert werden. Dass sich ein Wachstumshormon-Mangel negativ auf das Herz-Kreislauf-System auswirkt, zeigten die Forscher Rosen und Bengtsson bereits 1990. Sie berichteten von einer erhöhten Sterberate bei Erwachsenen aufgrund kardiovaskulärer Krankheiten. Weitere Untersuchungen bestätigten diese Erkenntnisse und es zeigte sich, dass die Zahl der Todesfälle bei diesen Patienten doppelt so hoch war.[90,91,92]

Schlaftabletten

Wie wichtig erholsamer Schlaf ist, kann man schon bei gesunden jungen Menschen beobachten. Die Symptome, die sich in Folge eines extensiven Schlafmangels entwickeln, sind schon bei ihnen kaum noch von denen einer Alzheimer-Erkrankung zu unterscheiden. Nach zwei bis drei Tagen Schlafentzug fällt es immer schwerer, sich zu konzentrieren, Stimmungsschwankungen treten auf und das Kurzzeitgedächtnis wird schlechter. Ein dauerhafter Schlafmangel führt zu psychischen Problemen wie Denkstörungen, Halluzinationen, Reizbarkeit, Gedächtnislücken oder -verlust, Persönlichkeitsstörungen und Suizidgedanken. Anhaltender Schlafmangel lässt zudem Gehirnzellen absterben. Wir schützen uns folglich in jeder Nacht durch einen tiefen und ausreichenden Schlaf vor Alzheimer.

Mit steigenden Lebensjahren bröckelt die Schlafarchitektur. Einschlafstörungen und Schwierigkeiten beim Durchschlafen treten besonders häufig ab dem 65. Lebensjahr auf. Um Schlafstörungen entgegenzuwirken, gibt es Hilfe in der Apotheke. Schlafstörungen mit Medikamenten in den Griff zu bekommen, ist jedoch keinesfalls empfehlenswert. Schlafmittel bauen in der Regel nur langsam ab und wirken dadurch auch am darauf folgenden Tag weiter auf den Körper ein. Die Folge ist, dass man sich tagsüber schlapp und müde fühlt und Konzentrationsschwierigkeiten entstehen. Außerdem können Depressionen hervorrufen werden. Und was man von Schlafmitteln eher nicht erwartet ist, dass sie einen negativen Einfluss auf die Tiefschlafphasen haben können. Der für die Erholung wichtige Tiefschlaf wird reduziert. Darüber hinaus führt die Einnahme von Schlaftabletten zu einer körperlichen und psychischen Abhängigkeit und dass noch schneller als bei dem Konsum von Alkohol. Weit mehr als eine Millionen Menschen in Deutschland sind davon betroffen. Insbesondere bei älteren Menschen zeigen sich drastische Folgen, wenn sie Schlafmittel über einen längeren Zeitraum zu sich nehmen. Eine besondere Gefahr beherbergen hierbei Beruhigungs- und

Schlafmittel aus der Gruppe der Benzodiazepine, die auch bei Angstzuständen verschrieben werden. Diese wirken sich besonders negativ auf die Tiefschlafphasen aus.

Laut einer amerikanisch-französischen Studie erhöhen diese Mittel das Risiko für Demenz um bis zu 50 Prozent. Dabei müssen sie nicht einmal über einen besonders langen Zeitraum eingenommen werden. Schon eine kurze Einnahmedauer genügt, um das Alzheimer-Risiko zu steigern.

Benzodiazepine sind für die Pharmakonzerne echte Verkaufsschlager. Bei etwa ein Drittel aller verschriebenen Medikamente in den USA handelt es sich um Benzodiazepine. Diese Arzneimittelgruppe beschert Big Pharma jedes Jahr viele Milliarden Dollar.[93]

Säureblocker

Protonenpumpenhemmer (PPI) zählen zu den Top 5 der in den Industrienationen am häufigsten verschriebenen und eingenommenen Medikamente. Laut Zahlen der Barmer Krankenversicherung bekamen im Jahr 2018 rund 11,5 Millionen Versicherte in Deutschland Magensäureblocker verschrieben. Magensäureblocker blockieren ein Enzym und verhindern dadurch die Säurebildung der Magenzellen. Sie wirken gegen Sodbrennen und werden unter anderem begleitend verschrieben, wenn magenschädliche Medikamente, wie etwa Schmerzmittel oder Antibiotika, eingenommen werden müssen. Bekannt wurden diese Medikamente deshalb auch unter der Bezeichnung „Magenschutz". Doch sind diese Tabletten tatsächlich gut für uns? Schon 2006 ist amerikanischen Wissenschaftlern aufgefallen, dass sich Patienten, die diese Magenschutztabletten einnahmen, häufig die Hüfte brachen. Drei Jahre später fand man an der Hamburger Universität die Ursache hierfür: Magensäure übernimmt einen Teil der Verdauung, indem sie Nahrung zersetzt. Ohne Magensäure kann das lebenswichtige Kalzium aus der Nahrung nicht freigesetzt werden und folglich nicht die Darmwand passieren. Wenn Sie heute einen Säureblocker einnehmen, können Sie schon morgen nicht mehr ungehindert Kalzium aus der Nahrung aufnehmen.[94]

Zu bekannten Nebenwirkungen von PPI zählen Depressionen und Konzentrationsstörungen. Schon bei jungen Personen kann die kurzfristige Einnahme von PPI zu einer Verschlechterung der kognitiven Leistungsfähigkeit führen. Senioren, die im Rahmen einer Studie Säureblocker über längere Zeit einnahmen, erkrankten mit einer um 44 Prozent höheren Wahrscheinlichkeit an Demenz als Probanden, die keine Protonenpumpenhemmer zu sich nahmen.[95] Fakt ist: Eine gesunde Verdauung und die Aufnahme von Nährstoffen sind von einer ausreichenden Magensäureproduktion abhängig. Magensäure ist wichtig, um unsere Nahrung aufzuspalten und Nährstoffe verfügbar zu machen. Gelingt dies aufgrund von zu wenig Magensäure nicht, ist die Aufnahme von Vitaminen, Mineralstoffen und Proteinen gehemmt.

Um Proteine verdauen zu können, benötigen wir das Enzym Pepsin. Steht zu wenig Magensäure zur Verfügung, wird zu wenig Pepsin gebildet und die Verdauung von Nahrungseiweiß gerät ins Stocken.

Mit den Lebensjahren verändert sich unser Körper. Wir hören schlechter, das Sehvermögen lässt nach und auch der Magen produziert im Alter weniger Magensäure. Schon jede zweite Person über 50 Jahren soll eine verminderte Magensäureproduktion haben. Dementsprechend ist es auch verständlich, dass jeder zweite über 75-Jährige bei der Einweisung ins Krankenhaus eine Mangelernährung aufweist. Das größte Defizit kann bei Senioren bei den Eiweißen festgestellt werden.[96] Bei einem Mangel an Eiweiß leidet das Immunsystem und es kommt zu Verdauungsproblemen und Darmentzündungen. Dadurch wird der Körper geschwächt und es kann zum Tod führen. Dieser Zusammenhang ist seit mehr als hundert Jahren bekannt.[97]

So wichtig Magensäure ist, in der Schulmedizin ist das Thema „Anregen der Magensäure" ein etwas ungewöhnliches Thema. Symptome wie z. B. Sodbrennen werden dort in der Regel als Magensäureüberschuss interpretiert und dementsprechend behandelt (wobei Sodbrennen genauso gut bei einem Magensäuremangel entstehen kann). Doch wie bereits erläutert, kann die Verhinderung der Säurebildung für die Verdauung oftmals die reinste Katastrophe sein. Hinzu kommt, dass die Magensäure ebenfalls wichtig ist, um Krankheitserreger in der Nahrung abzutöten. Ist die Magensäure nicht stark genug, können Mikroben bis in den Darm vordringen und von dort aus bis ins Gehirn gelangen. Von Alzheimer-Patienten ist bekannt, dass Parodontose-Bakterien Probleme machen. Sie wurden in den betroffenen Gehirnen nachgewiesen. Ähnlich verhält es sich mit Herpes. Alzheimer-Patienten haben oftmals Herpesviren im Gehirn.

Die Pharmaindustrie gibt sich große Mühe, um Krankheiten, die durch Viren entstehen, in den Griff zu bekommen. Leider wird dabei ein riesig großer Bereich, nahezu der Wichtigste, ausgeblendet. Es handelt sich um die körperliche Fähigkeit des Menschen, eigenständig durch das eigene Immunsystem mit Krankheiten fertig zu werden.

In der Wissenschaft ist bekannt was dem menschlichen Körper fehlt. Es ist das Vitamin D ohne das unser Immunsystem nicht funktioniert. Haben T-Zellen potentielle Krankheitserreger wie Bakterien oder Viren aufgespürt, verwandeln sie sich von inaktiven harmlosen Immunzellen, in Killerzellen. Und dabei sind sie auf Vitamin D angewiesen. Ist nicht reichlich Vitamin D vorhanden, schaffen T-Zellen diesen entscheidenden Übergang nicht. Dieses fanden schwedische Wissenschaftler 2010 heraus.[98] Und speziell gegen Herpes-Viren ist schon lange bekannt, dass die Aminosäure Lysin ein probates Mittel zur Bekämpfung darstellt. L-Lysin scheint Viren binnen kürzester Zeit zu töten. Schon 1974 erschien ein Artikel in Lancet darüber, dass Lysin ein probates Mittel ist, um Herpes-Viren loszuwerden.[99]

Um schädliche Stoffe nicht ins Körperinnere gelangen zu lassen, gibt es eine weitere Barriere, die Magen-Darm-Schleimhaut. Nahezu 80 Prozent aller Immunzellen sind im Darm beheimatet. Die Darmschleimhaut verfügt über sogenannte Tight Junctions und eine Schleimschicht. Die Tight Junctions dichten Zellzwischenräume ab, sodass keine unerwünschten Moleküle (Erreger, Giftstoffe sowie unverdaute Partikel) in den Blutkreislauf gelangen können. Die Schleimschicht verhindert, dass sich Krankheitserreger an den Darmschleimhautzellen anheften können.

Mit den Lebensjahren steigt das Risiko für einen durchlässigen Darm. Dagegen gibt es kein Medikament, aber es ist möglich die Funktionalität und die Regeneration insbesondere durch Zink, Vitamin A, Vitamin B2, B12, Biotin, Niacin und L-Glutamin zu unterstützen. Die Aminosäure Glutamin ist die Hauptenergiequelle der Immunzellen und der Darmschleimhaut. Diese Aminosäure ist unentbehrlich für die Funktion der Darmschleimhaut und schützt vor einer erhöhten Darmdurchlässigkeit. Rund 70 Prozent des L-Glutamins, das wir mit der Nahrung aufnehmen wird in den Darmschleimhautzellen verbraucht.

Meine Mutter hat auf ihrem Weg zur Demenz mehrere Magenspiegelungen über sich ergehen lassen. Geholfen haben diese jedoch nicht. Ich habe nie beobachten können, dass sie Nahrungsergänzungsmittel eingenommen hat.

„Der Krebsarzt Dr. Allan Greenberg hat am 24.12.2002 die folgenden goldenen Worte formuliert: „Als Arzt im Ruhestand kann ich ehrlich sagen, dass – außer Sie seien in einer akutesten Situation – Ihre beste Chance, ein hohes und reifes Alter zu erreichen darin liegt, Ärzte und Krankenhäuser zu meiden und sich über Ernährung, pflanzliche und andere Formen der natürlichen Medizin schlau zu machen. Fast alle Medikamente sind giftig und nur dafür entwickelt worden, Symptome zu behandeln und nicht, um irgendjemanden zu heilen. Die meisten chirurgischen Eingriffe sind unnötig. Kurz gesagt, unser offizielles medizinisches System ist hoffnungslos unpassend und/oder korrupt. Die Behandlung von

Krebs und degenerativen Erkrankungen ist ein nationaler Skandal. Je eher Sie das lernen, desto besser wird es Ihnen gehen."[100]

Hormone im Darm

Die Darmschleimhaut erneuert sich im Normalfall alle zwei bis fünf Tage. Einige Zellen werden sogar schon nach 36 Stunden ausgetauscht. Für die Zellerneuerung benötigen wir Hormone. Der größte Hormonproduzent in unserem Organismus ist dabei unser Magen-Darm-System. Die über 20 Hormone, die hier produziert werden, sind für die Herstellung von Verdauungssekreten, der Verwertung von Nährstoffen, aber auch für die Regeneration und Zellerneuerung verantwortlich. Zahlreiche Verdauungshormone sind sogar identisch mit den Transmittern, die im Gehirn vorkommen. So stammen zum Beispiel immerhin rund 50 Prozent des Glücks- und Suchthormons Dopamin nicht aus dem Gehirn, sondern aus unserem Darm. Das Darm-Nervensystem produziert sogar mehr Serotonin als das zentrale Nervensystem. Etwa 95 Prozent des menschlichen Serotonins befinden sich im Magen und Darm.

Gehen Sie mal in ein Seniorenheim, so ziemlich alle Bewohner in so einer Einrichtung leiden mehr oder weniger an Verdauungsproblemen. Und in den Demenzbereichen werden Windeln Palettenweise angeliefert.

Leider ist es unabdinglich, dass mit den Lebensjahren alle Körperfunktionen nachlassen. Auch unser Darm wird im Alter immer träger und die Regenerationszeit verlängert sich. Durch Ernährung und Bewegung kann die nachlassende körpereigene Hormonproduktion und auch die Darmaktivität wieder angekurbelt werden. Mittlerweile ist ausreichend erforscht, dass der Zuckerüberfluss in unserer Ernährung die Darmflora zerstört und die Darmschleimhaut dünner werden lässt. Zucker bietet zudem

Futter für ungesunde Keime. Das heißt doch, bei Magen-Darm-problemen erst einmal den Zucker weglassen.

Es ist ebenso bekannt, dass bei Menschen, die viel sitzen, die Verdauung ins Stocken geraten kann. Menschen, die sich nicht körperlich betätigen leiden häufig an Verstopfungen. Für mich ist es daher unabdingbar, dass bei einer Verstopfung immer zu einer moderaten körperlichen Bewegung geraten werden sollte. Durch sportliche Aktivitäten wird einer nachlassenden Darmaktivität wieder auf die Sprünge geholfen. Auch bei Sport kommt es aber genau wir bei allem immer auf die richtige Dosis an. Einen Marathon zu laufen ist dabei eher kontraproduktiv.

Autophagie

Zucker trägt stark zum Entzündungsgeschehen im Körper bei. Was bei zu starken Entzündungen durch Zucker passieren kann, sieht man sehr gut bei Diabetikern, die zum Beispiel immer schlechter sehen, blind werden, oder ein diabetisches Bein entwickeln. Eine Entzündung, die durch Nahrungsaufnahme ausgelöst wird, benötigt bis zu sieben Stunden um wieder abzuklingen. Wenn wir also dreimal pro Tag essen bedeutet dies, dass eine Entzündung im Prinzip den ganzen Tag über bestehen bleibt.

Fasten ermöglicht eine Erholungsphase der Organe und eine Beruhigung des Immunsystems. Dazu muss nicht zwingend eine 5-Tage-Wasserfasten-Kur gewählt werden. Es gibt sanftere und dafür ausreichende Methoden. Zu diesen gehört das intermittierende Fasten. Diese Methode setzt voraus, dass mindestens zwölf Stunden am Stück nichts gegessen wird und diese Stundezahl im Laufe der Zeit auf bis zu 16 Stunden gesteigert wird. Erst richtig bekannt wurde Intervallfasten 2016 durch den Japaner Yoshinori Ohsumi, der für die Entdeckungen der „Autophagie" den Nobelpreis erhielt. Mittels Autophagie werden beschädigte Zellen beseitigt und durch diesen natürlichen Reinigungsprozess wird die

Vermehrung neuer, gesunder Zellen gefördert. Es handelt sich um einen grundlegenden Aspekt der Zellverjüngung und Langlebigkeit. Autophagie zerstört externe Eindringlinge wie Viren und Bakterien und entgiftet die Zelle von Schadstoffen.[101] Eine Autophagie wird besonders dann in Gang gesetzt, wenn der Nachschub an Nährstoffen stockt. Eine Situation, die beim Fasten oder intensivem Sport entsteht. Eine vollständige Reinigung und Regeneration findet in dem Zeitpunkt statt, wenn der Stoffwechsel am niedrigsten ist. Die wahre „Verjüngung, Reinigung und Regeneration" findet in der Nacht statt, wenn die Essenspause ihren Höhepunkt erreicht hat. Dann wird das Wachstumshormon ausgeschüttet. Mit zunehmendem Alter verlangsamt sich die Fähigkeit zur Autophagie und Autophagiedefekte tragen zu einer Vielzahl von Krankheiten bei, darunter Alzheimer und Parkinson.

Dale Bredesen

Dale Bredesen, Chef des Instituts zur Erforschung neurodegenerativer Erkrankungen an der University of California in Los Angeles, hat Ergebnisse seiner Forschungen in seinem Buch „The End of Alzheimer's: The First Program to Prevent and Reverse Cognitive Decline" veröffentlicht.

2014 hat Bredesen in einer kleinen Studie mit zehn Alzheimer-Patienten insgesamt neun von ihnen heilen können. Obwohl er inzwischen Hunderte Patienten behandelt, arbeitet er noch immer daran, aus Misserfolgen zu lernen und sein Protokoll zu verbessern. Bredesen empfiehlt zur Prophylaxe: Zwischen der Abendmahlzeit und dem Frühstück mindestens 12 Stunden nichts zu essen. Wer das ApoE4-Gen hat, muss sogar 16 Stunden fasten. Weiter empfiehlt er, alle schnell verdaulichen Kohlenhydrate wie Zucker, Teigwaren, Brot und Süßigkeiten vom Speiseplan zu entfernen. Stattdessen sollte mäßig Eiweiß (ca. 1 Gramm pro Kilo Gewicht und Tag), viel gesundes Fett (Olivenöl, Ko-

kosnussöl, Butter) und Gemüse gegessen werden. Auch Bewegung ist Teil seines Programms. Durch Sport (Minimum 150 Minuten pro Woche) sollen die Glukosespeicher geleert werden und die Leber angeregt werden, Ketonkörper zu produzieren.

Die meisten Alzheimer-Patienten leiden zudem an einem durchlässigen Darm und unter einem Mangel an den Vitaminen B (vor allem B6 und B12), Vitamin C und D, Magnesium und Zink. Daher sollen sie entsprechende Nahrungsergänzungsmittel einnehmen. Um den Stress zu minimieren und Entzündungen abzubauen, helfen Meditation und Aufenthalte in der Natur.[102] Dr. Bredesen konnte mehrfach zeigen, dass bei Patienten im frühen Alzheimer-Stadium der Verlust kognitiver Leistungen revidiert werden konnte.

Warum hat dieser medizinische Erfolg nicht riesengroße Wellen geschlagen – in Rundfunk, Presse und Fernsehen? Und warum ist bei der unabhängigen Alzheimer-Gesellschaft darüber nichts zu lesen?

Hippocampus

Der Hippocampus ist die Zentrale für unser emotionales Erinnerungsvermögen. Er ist die Schaltstelle zwischen Kurz- und Langzeitgedächtnis. Ist er zerstört, ist es nicht mehr möglich sich neue Informationen einzuprägen. Bereits in den 50er Jahren des letzten Jahrhunderts zeigte sich bei einer Reihe von Patienten, dass eine Verletzung oder Störung des Hippocampus zu massiven Gedächtnisverlusten führen kann. Der bekannteste dieser Patienten ist Henry Gustav Molaison (1926–2008).

Henry Gustav Molaison wurde im Jahr 1953 im Alter von 27 Jahren in das Krankenhaus von Hartford in Connecticut eingewiesen. Dort bohrte der behandelnde Neurochirurg Wilbur Beecher Scoville zwei Löcher in seinen Schädel und entfernte zwei fingergroße Areale, die mittleren Schläfenlappen. Dabei verlor

Molaison zwei Drittel seines Hippocampus. Es war eine Operation, die ihn weltberühmt machen sollte. Malaison litt fortan unter einer anterograden Amnesie. Das bedeutet, dass er keine neuen Ereignisse mehr in seinem Langzeitgedächtnis abspeichern konnte. Alles was er nach der Operation erlebte, vergaß er sehr schnell wieder. Nach dem Essen konnte er nicht mehr sagen, was er zu sich genommen hatte. Er wusste nicht einmal mehr, dass er überhaupt gegessen hatte. Nur seine Kindheits- und Jugenderinnerungen blieben ihm erhalten.

Ohne Hippocampus ist es nicht möglich ein Neugedächtnis zu bilden. Es kann folglich kein neues Wissen erworben werden. Man kann dies beschreiben, als würde ab dem Zeitpunkt der Entfernung des Hippocampus das Leben im Jetzt verloren gehen. Heute weiß man, dass im Hippocampus alles gespeichert wird, was man am Tag erlebt. In der Nacht werden die Informationen dann in den Langzeitspeicher der Großhirnrinde übertragen. Sobald in der Gehirnregion Hippocampus Zellen absterben, ist dies ein deutliches Zeichen dafür, dass der Betroffene in absehbarer Zeit Alzheimer bekommen wird.

Bis in die 1990er Jahre galt das Dogma, dass alle Zellen des zentralen Nervensystems ausschließlich während der embryonalen und frühen postnatalen Entwicklung gebildet werden. Mit Hilfe von elektrophysiologischen Methoden konnte inzwischen jedoch klar gezeigt werden, dass neu gebildete Zellen im Riechsystem und dem Hippocampus zu funktionsfähigen Neuronen heranreifen. Und das ein ganzes Leben lang. Schon 1998 wurden an Menschen mit über 70 Jahren neu gebildete Nervenzellen nachgewiesen (Eriksson et al. 1998).

Für die Neubildung der Zellen benötigen wir Hormone. Und wen erstaunt es, im Alter funktioniert es dann auch nicht mehr so gut und es findet allgemein eine deutliche Reduktion der Neurogenese statt(Kempermann 2006). Und bei Alzheimer läuft die Neubildung der Nervenzellen im Hippocampus dann wohl gar nicht mehr.

Der nachlassende Geruchsinn ist ein Frühsignal, an dem eine bevorstehende Parkinson- und Alzheimererkrankung erkannt werden kann. Eine Beeinträchtigung des Geruchssinns kann auf den fortschreitenden Verlust von Riechzellen und der fehlenden Neubildung dieser zurückgeführt werden. Die Schrumpfung des sogenannten Riechkolbens setzt bereits ein, wenn die Merkfähigkeit nur geringfügig beeinträchtigt ist.

Aus eigener Erfahrung kann ich sagen, dass das Wahrnehmungsvermögen schlechter wird und man vieles einfach nicht mehr mitbekommt, wenn man fast nichts mehr riechen kann. Zunächst hatte ich diesem Zustand keinerlei Bedeutung zugewandt, auch wenn meine Frau mich ständig darauf hingewiesen hat, ob ich dies oder das denn nicht riechen würde. Heute bin ich schlauer und weiß, dass an einem nachlassenden Geruchssinn Alzheimer erkannt werden kann und dass dieser Krankheit vor allem in diesem frühen Stadium entgegengewirkt werden kann.

Bewegung ist eine der wirksamsten Methoden, um Alzheimer vorzubeugen. Allein durch Bewegung kann das Alzheimerrisiko um 50 Prozent reduziert werden. Bis zum Jahr 1985 waren die Auswirkungen körperlicher Bewegung auf das menschliche Gehirn weitestgehend unerforscht. Das lag daran, dass es noch keine Untersuchungstechniken gab. Als das sogenannte bildgebende Verfahren eingeführt wurde, änderte sie dies. Mit Hilfe des PET (Positronen-Emissions-Tomograph) konnte gegenüber dem damaligen Wissensstand überraschend festgestellt werden, dass jede körperliche Bewegung im Gehirn eine Durchblutungszunahme auslöst. Durch eine zunehmende Durchblutung gelangen mehr Sauerstoff und Nährstoffe zu den Hirnzellen und es ändert sich qualitativ das Stoffwechselgeschehen. Es werden Voraussetzungen geschaffen, die für die heute bekannte Neubildung von Blutgefäßen im Gehirn und Zunahme von Zahl und Qualität der Nervenverbindungen, der sogenannten Synapsen, zuständig sind. Auch kommt es zu einer verstärkten Neubildung von Nervenzellen im Gehirn.[103]

In einer Studie hat man 120 Bewohner aus einem Seniorenheim genommen, 60 davon sollten eine Stunde am Tag durch den Wald spazieren gehen, die anderen 60 haben Gymnastik im Sitzen gemacht. Nach einem Jahr hat man den Hippocampus vermessen. Bei der Gruppe, die sich bewegt hat, ist der Hippocampus um 2 Prozent gewachsen, die Erinnerungsfähigkeit und die Stressresistenz nahmen zu. Bei der Gruppe, die sich nicht bewegt hat, ist der Hippocampus um 1,5 Prozent geschrumpft, die Stressresistenz hat abgenommen und die Erinnerungsfähigkeit ebenso.[104]

Körperliche Fitness schlägt alle anderen Präventivmaßnahmen für Demenz.

- In einer finnischen Studie wurden fast 20.000 Teilnehmer von 1971 bis 2009 beobachtet. Das Risiko, an irgendeiner Form von Demenz zu erkranken, war bei Personen mit der höchsten Fitness um ein Drittel reduziert.
- In einer anderen Studie mit 15.000 Personen sank das Risiko, an einer Demenz zu sterben um 50 Prozent, wenn man sich in der Gruppe mit der höchsten Fitness befand.
- Eine Untersuchung an 90 Zwillingspaaren, von denen jeweils einer an Demenz erkrankt war, zeigte den positiven Effekt von Sport sehr deutlich. Wer Sport getrieben hatte, halbierte sein Risiko an Demenz zu erkranken.[105]

Myokine

Heute gibt es evidenzbasierte Leitlinien. Unter Evidenzbasierter Medizin, kurz EBM, versteht man eine medizinische Versorgung, welche die Erkrankung eines Patienten auf der Grundlage der besten zur Verfügung stehenden Wissensquellen bzw. Daten behandelt. Jeder Arzt bekommt so genaue Richtlinien an die Hand, Gebrauchsanleitungen, wie er seine Therapie zu gestalten hat. In der S3-Leitlinie „Demenzen" steht: „Es gibt Hinweise, dass körperliche Aktivierung positive Wirksamkeit auf kognitive Funktionen, Alltagsfunktionen, psychische und Verhaltenssymptome, Beweglichkeit und Balance hat. Körperliche Aktivität sollte empfohlen werden. Es existiert jedoch keine ausreichende Evidenz für die systematische Anwendung bestimmter körperlicher Aktivierungsverfahren."[106]

Die Elite der Nervenheilkunde, die zweifelsohne diese Leitlinie erstellt hat, weiß es also noch nicht so genau.

Das Nadelöhr zu jeder Heilung heißt: Bewegung. Und man weiß mittlerweile auch, warum das so ist. 2007 entdeckte die dänische Forscherin Bente Pedersen Botenstoffe, die durch intensive Muskelbeanspruchung produziert werden. Sie fand die sogenannten Myokine. Am Anfang waren nur wenige Muskelhormone bekannt, jetzt sind es mehrere hundert. Diese Botenstoffe nehmen Einfluss auf elementare Stoffwechselvorgänge. Sie stoppen Entzündungen und stärken die Immunabwehr. Sie wirken positiv auf das Herz-Kreislauf-System und unser Gehirn. Heute weiß man genau, dass der Muskel ein sehr aktiver Hormonproduzent ist. Als erstes wurde das Interleukin-6 (IL-6) entdeckt. Es ist mittlerweile sehr gut erforscht. Es stimuliert die Bildung neuer Abwehrzellen und wirkt entzündungshemmend. Untersuchungen zeigen, dass beim Sport die Konzentration von IL-6 um das Hundertfache im Blut ansteigen kann. Dadurch werden Signalwege aktiviert, die vor Krankheiten wie Diabetes oder Herzinfarkt schützen. Aus diesem Grund wirkt Sport einerseits vorbeugend, andererseits als Therapie.[107,108]

Wenn wir unsere Muskulatur bewegen, wird automatisch das Gehirn eingeschaltet. 80 Prozent des Gehirns sind Teil dieses Verfahrens. So wird z. B. das Hormon Irisin beim Sport im Muskel ausgeschüttet. Es kann die Blut-Hirn-Schranke überwinden und bremst nachweislich im Hirn von Mäusen neurodegenerative Prozesse. Und beim Menschen? Da hat man herausgefunden, dass in den Gehirnen von Alzheimer-Patienten Irisin nur in geringen Mengen ausgeschüttet wird. Der Hormonspiegel im Hippocampus ist bei Personen mit Alzheimer-Krankheit reduziert.[109]

Das Myokin BDNF (Brain-derived neurotrophic factor) schützt existierende Neuronen und Synapsen vor dem Absterben und fördert dessen Neubildung. Im Gehirn ist es im Hippocampus, in der Großhirnrinde und dem Vorderhirn aktiv, also in Bereichen, die für Gedächtnis und abstraktes Denken zuständig sind. Studien zeigen, dass der BDNF-Spiegel im Serum mit dem Volumen des Hippocampus korreliert. Was passiert, wenn der Körper zu wenig BDNF produziert? Die Frage ist leicht zu beantworten. Es sinkt die mentale Leistungsfähigkeit. Es wird schwieriger, sich an Altes zu erinnern und Neues zu erlernen. Patienten mit Depressionen zeigen erniedrigte BDNF-Blutspiegel. Ebenfalls signifikant erniedrigte BDNF-Spiegel zeigen Patienten mit Schlafstörungen und Demenz. Und dieser segensreiche BDNF wird im Muskel freigesetzt. Im bewegten Muskel. Auch kurzes und regelmäßiges Fasten erhöht den BDNF-Spiegel. Bereits 12 Stunden, bestenfalls 16 Stunden, reichen für diese Effekte aus. Zucker und Stress unterdrücken die Aktivität von BDNF.[110]

Bei sportlicher Betätigung wird das Stress-Hormon Cortison abgebaut und Bewegung lässt Hormone wie Testosteron und Serotonin ansteigen. Und vor allem, Sport setzt das Wachstumshormon frei. Es wirkt dann auch sofort. Ich kann das sagen, weil ich mir das Wachstumshormon nachmittags vor dem Sport gespritzt habe. Bevor ich eine halbe Stunde aufs Laufband ging, spritzte ich mir 0,2 mg. Nach dem Laufband bemerkte ich dann ca. 10 Minuten lang Kraft in meinem Körper. Die direkte Wirkung habe ich aber so richtig bei einer großen Menge erlebt. Ich bin damals nachmittags und wirklich völlig kraftlos und benebelt im Kopf auf den Fahrradtrainer gegangen. 20 Minuten habe ich mich dort gequält, weil es mir trotz leichter Einstellung die ganze Zeit richtig schwerfiel. Während dieser 20 Minuten hatte ich erst einmal gar nichts bemerkt. Aber gleich nach dem Duschen stand ich dann mit beiden Beinen kraftvoll auf der Erde. Glückshormone sprudelten durch meinen Körper und ich wollte sogar mit anderen Menschen kommunizieren. Gleich am nächsten Tag war mir dann aufgefallen, dass ich wesentlich besser denken konnte. Ich kann Ihnen hier sagen, die Informationen im bestehenden Gehirn gehen nicht verloren, sie bleiben gespeichert, man kann sie nur nicht abrufen. Sport aktiviert das Wachstumshormon und das Wachstumshormon aktiviert die Gehirnfunktionen und verstärkt ganz klar die Gedächtnisleistung. Und dafür brauchen wir den Tiefschlaf. Wir brauchen den Tiefschlaf, um nachts das Wachstumshormon zu aktivieren, und wir brauchen das Wachstumshormon, um nachts in den Tiefschlaf zu gelangen. Das aktivierte Wachstumshormon setzt im Hippocampus die Nervenneubildung in Gang und wird vor allem dann im Schlaf ausgeschüttet, wenn man zuvor körperlich aktiv war. Die Kombination von ausreichend Bewegung und genügend Schlaf stimuliert die Neurogenese des Hippocampus optimal. So ist es nachzulesen in Michael Nehls Buch „Die Alzheimer-Lüge". Er zeigt dort durch Studien, dass sich diese Krankheit stark beeinflussen lässt durch Ernährung, Bewegung, Stressbewältigung und Schlafverhalten. Bei Menschen mit chronischen Schlafstörungen ist der Hippocampus signifikant verkleinert. Körperliche Bewegung aktiviert die Hirnreifung und verbessert so die Lernfähigkeit. Dabei steuern 20 Hormone und hormonähnliche Faktoren in einem komplexen Zusammenspiel das empfindliche Gleichgewicht aus Neurogenese und Neurodegeneration.[111] Schon 1999 wurde gezeigt, dass Ratten und Mäuse, die in Käfigen mit Laufrädern gehalten wurden, eine 2- bis 3-fach höhere Neurogeneserate als Kontrolltiere hatten (van Praag et al. 1999). Und körperliche Aktivität stimuliert die Verschaltung von Nervenzellen. Auch bilden sich neue Blutgefäße im Gedächtniszentrum, dem Hippocampus. Somit fördert Sport die Gedächtnisbildung und Sport lässt uns länger Leben.

Eine der besten Langzeitstudien zur Wirkung von Sport auf die Lebenserwartung ist die Copenhagen Heart Study. Über einen

Zeitraum von 25 Jahren wurde die Sterblichkeit von 8577 Teilnehmern beobachtet. Dabei kam heraus: Wer regelmäßig sportlich aktiv ist, lebt länger. Ganz oben auf dieser lebensverlängernden Liste steht Tennis mit 10 Jahren. Badminton schenkt uns 6 zusätzliche Lebensjahre. Danach kommt Fußball mit ca. 5 Jahren. Regelmäßiges Radfahren, Schwimmen, Joggen oder Gymnastik verhelfen uns zu über 3 extra Lebensjahren.[112]

Die Hypophyse

So wie man Sauerstoff, Wasser, Nahrung und alle Vitamine und Mineralien bis zum Lebensende in ausreichenden Mengen benötigt, so gilt dies auch für Hormone. Einmal freigesetzt, gelangen sie als Botenstoffe in alle Körperteile und Organe und lösen dort bestimmte Reaktionen aus. Sie ermöglichen es uns, dass wir uns bewegen, miteinander kommunizieren, morgens wach werden, abends einschlafen oder uns fortpflanzen.

Eine Unmenge von Funktionen, beginnend beim Wachstum im Kindesalter, Stressbewältigung, Nahrungsverwertung, Wärmehaushalt und vieles mehr, muss ständig überwacht und reguliert werden. Damit es nicht zu einer Störung des hormonellen Gleichgewichts im Körpers kommt, ist unser Hormonsystem hierarchisch aufgebaut, es arbeitet wie ein riesiges Orchester. Und der Hormon-Dirigent dieses Orchesters ist die Hirnanhangdrüse (Hypophyse). Die erbsengroße Hypophyse befindet sich an der Unterseite des Gehirns, von wo aus sie das gesamte Hormonsystem kontrolliert. In ihr werden Hormone gebildet, die regulierend auf andere Hormone einwirken.

Die Hypophyse ist mit einer kleinen, jedoch wichtigen Hirnregion, dem Hypothalamus, verbunden. Im Hypothalamus laufen Signale aus dem ganzen Körper zusammen, beispielsweise aus der Hirnrinde, dem limbischen System (Gefühlswelt) und dem Körperinneren (Fett- und Energiehaushalt, Essverhalten, Temperatur- und Wasserhaushalt, Tag-Nacht-Rhythmus, Herz- sowie Kreislaufaktivitäten u. v. m.). Faktoren wie z. B. emotionaler Stress oder körperliche Anstrengung regen den Hypothalamus dazu an, Hormone zu produzieren oder die eigene Hormonproduktion zu bremsen. Als Ergebnis solcher Abstimmungen im Hypothalamus wird der Hirnanhangdrüse signalisiert, den Körperdrüsen die gewünschten Anforderungen mitzuteilen und ihre Erfüllung zu überwachen. Die Hypophyse regt dabei Drüsen zur eigenständigen Hormonproduktion an. Und der Hypothalamus sowie die Hypophyse bilden sogenannte Releasing Hormone, die die Freisetzung der Hormone in den Drüsen und Organen veranlassen. Dazu bestehen Regelkreissysteme, in denen die Körperdrüsen ihren Funktions- bzw. Produktionszustand an die Hypophyse und teilweise auch an den Hypothalamus rückmelden, was die Hypophyse selbst ebenfalls noch tut.

Das ganze System funktioniert wie eine Lawine. Der Hypothalamus enthält nur eine winzige Menge an Hormonen, die er an die Hypophyse sendet. Die Hirnanhangdrüse produziert und schüttet dann ein tausendfaches an Hormonen aus. Diese Hormone bewirken dann ihrerseits eine tausendfach höhere Ausschüttung von Hormonen in den Enddrüsen.[113] Ist die Funktion der Hypophyse eingeschränkt, stellen ebenso alle angesteuerten Drüsen weniger Hormone her. Bei einem Mangel kommt es dann zu Ausfallerscheinungen.

Das Wachstumshormon (STH oder HGH)

Die Hypophyse produziert eine Reihe von Hormonen, darunter ein ganz besonderes Hormon, das Wachstumshormon. Jede Zelle des Körpers hat Rezeptoren für das Wachstumshormon.

Es hat eine gigantische Macht. Es lässt uns, wie es sein Name schon verrät, in jungen Jahren wachsen. Dieses geschieht durch fortlaufende Zellteilung. Nach der Wachstumsphase stellt die Hypophyse die Produktion von diesem Hormon aber nicht ein, denn es greift weiterhin regulierend in nahezu alle Funktionskreise des Körpers ein. Es ist ein Leben lang verantwortlich für die Heilung, Zellregeneration, Zellerneuerung, Gehirnfunktion und vieles mehr. Im Leistungssport gilt es als absolutes Multitalent, weil durch Einfluss dieses Hormons der Muskelaufbau stimuliert wird, die Leistungsfähigkeit steigt und die Erholungszeit reduziert ist.

Die körpereigene Wachstumshormonproduktion erfolgt in Schüben über den gesamten Tag. Es kommen bis zu 20 solcher Schübe, wobei die größte Ausschüttung kurz nach dem Einschlafen erfolgt. Der Wachstumshormonspiegel steigt während der Pubertät stark an, erreicht im Alter von 20 Jahren seinen Höchststand und sinkt dann im Verlauf des Erwachsenenlebens langsam ab. Besteht ein Mangel an diesem Hormon, sinkt die Lebenserwartung stark. Die Behandlung damit ist seit 1957 möglich. Das verwendete Wachstumshormon wurde damals aus der Hirnanhangdrüse Verstorbener gewonnen. Seit 1985 kann das Wachstumshormon künstlich im Labor hergestellt werden.

Im Anti-Aging-Cocktail des Körpers ist es die stärkste Substanz überhaupt. Das renommierte medizinische Fachblatt „The New England Journal of Medicine" veröffentlichte 1990 eine beeindruckende Studie über die Auswirkungen vom Wachstumshormon auf ältere Männer. Dem Endokrinologen Daniel Rudman war es gelungen, zwölf Männer im Alter von 60 bis 80 Jahren, innerhalb von sechs Monaten, um bis zu 20 Jahre zu verjüngen. Die Versuchspersonen bekamen durch die Gabe vom Wachstumshormon eine straffe Haut und sie verloren ihr Körperfett, dagegen nahmen die Muskelmasse, die Knochendichte und ihre Hautdicke zu. Auch ihr Sexualtrieb kehrte zurück. Dr. Rudman bewies mit seiner Studie als erster, dass das Wachstumshormon eine absolut verjüngende Wirkung hat. Ein medizinischer Knaller war das. Man hat dann diese Studie sofort an der Universität wiederholt, mit Freiwilligen. Die gab's zuhauf. Zwölf Monate lang. Der gleiche Erfolg: Die Leute wurden tatsächlich wieder jünger. Weitere Studien folgten. „Eine gemischte Gruppe aus 900 Frauen und Männer zwischen 39 und 74 Jahren, die alle STH-Mangel aufwiesen, wurden über 6 Monate mit Wachstumshormon behandelt. Dabei wurden folgende Ergebnisse erzielt:

- Die Blutfette sanken signifikant in allen Gruppen.
- 80 % der über 45-jährigen erlebten eine signifikante Verbesserung der Body-Komposition (Fettverminderung und Zunahme der Muskelmasse).
- 76 % berichteten über eine Zunahme von sexueller Lust und Potenz. Darunter befanden sich übrigens auch viele Frauen.
- 84 % erfreuten sich einer gesteigerten Vitalität.
- 64 % fühlten sich emotional stabiler, durchsetzungsfähiger.
- Bei 60 % war eine erhebliche Verbesserung der Gedächtnisleistung nachweisbar.

Bemerkenswert war die Tatsache, dass es zu keinerlei Nebenwirkungen bei der Einnahme des Wachstumshormons kam." [114]

Ein gewisser Dr. Edmund Chein bekam nach einem gelungenen Selbstversuch das Gefühl, auf eine Goldader gestoßen zu sein. 1994 eröffnete er sein Institut in Palm Springs, wo er nach eigenen Angaben bis heute über 10.000 Patienten mit Hormonen verjüngt hat. Ich habe vor Jahren einen Artikel in meiner Tageszeitung gelesen, in dem der Sänger Robbie Williams sagte, dass er sich das Wachstumshormon jetzt auch spritzen würde, und dort wo er lebt, würden es alle machen. Natürlich wird ebenfalls bei uns in Anti-Aging-Praxen munter das Wachstumshormon gespritzt. Nur wird darüber nicht gerne öffentlich gesprochen.

Kurz gesagt, das alles tut das Wachstumshormon:

* Fettabbau und Muskelaufbau
* Stärkung des Immunsystems
* Senkt den Blutdruck und Cholesterinspiegel
* Fördert die Aufnahme von Sauerstoff
* Regeneriert die Zellen
* Verbessert die Hautbeschaffenheit
* Steigert die Vitalität und Sexualität
* Stimmungsverbesserung
* Erhöhte Schlafqualität
* Besseres Gedächtnis

Wie macht sich ein Mangel bemerkbar?

Durch einen Wachstumshormonmangel kommt es zu einem oft sehr schlechten Allgemeinzustand, die körperliche Leistungsfähigkeit ist verringert, die Muskelmasse und Knochendichte nehmen ab. Betroffene haben ein höheres Risiko für Herz-Kreislauferkrankungen und Erwachsene mit Wachstumshormonmangel haben oft zuviel Fettgewebe. Sexuelle Unlust bis hin zur Impotenz, Haarausfall, dünne und faltenreiche Haut, depressive Verstimmungen und Gedächtnisstörungen können auftreten. Ein Wachstumshormonmangel bei Erwachsenen kann jedoch auch weitgehend symptomlos sein.

Wie wird ein Mangel diagnostiziert?

Für die Diagnose eines Wachstumshormonmangels sind in der Regel sogenannte Stimulationstests erforderlich. Für diese Tests werden unterschiedliche Substanzen gespritzt, die zu einer Freisetzung von STH aus der Hypophyse führen. Zu den gebräuchlichen Substanzen gehören:

* Insulin
* Arginin

Durch Insulin wird eine Unterzuckerung hervorgerufen, was dann die Hypophyse dazu anregt, das Wachstumshormon freizusetzen.

Auch die Aminosäure Arginin stimuliert die Wachstumshormonausschüttung. Vor und nach Gabe dieser Substanzen erfolgen mehrere Wachstumshormonbestimmungen im Blut, die eine Aussage über die Funktion der Hypophyse zulassen. Ein Wert zwischen 8 und 10 Nanogramm pro Milliliter (ng/ml) im Blut ist grenzwertig. Ein Wert unter 7 ng/ml spricht für einen Wachstumshormonmangel.[115]

Diabetes Typ II

Bereits bei leicht erhöhtem Übergewicht ist das Risiko für eine spätere Demenz um 35 Prozent erhöht, bei einer Adipositas gar um über 70 Prozent. Oder andersherum formuliert: Übergewicht gilt als wichtiger Risikofaktor für Diabetes Typ-2. Und über 80 Prozent aller Alzheimer-Patienten haben entweder einen erhöhten Blutzucker oder schon einen ausgeprägten Typ-2-Diabetes.

Wussten Sie, dass es Menschen gibt, die gegen Diabetes immun sind? Ein Volk von Kleinwüchsigen in Ecuador probt den Aufstand, nicht gegen die Römer, sondern gegen schwere Krankheiten, die in den Industrieländern Millionen von Menschen dahinraffen. Die kleinwüchsigen Anden-Bewohner bekommen keinen Diabetes. Dieses kleine Volk in Ecuador scheint den Schlüssel zu einem gesunden Leben zu besitzen. So unglaublich es klingt, sie werden alt und fallen tot um. Diese Leute leiden am Laron-Syndrom. Durch einen Gen-Defekt kann das Wachstumshormon bei ihnen nicht an den Rezeptor der Leber andocken. Folglich erhalten die Leberzellen kein Signal zur Herstellung von IGF-I. IGF-1 ist wichtig für das Wachstum im Kindesalter. Dadurch sind diese Menschen alle kleinwüchsig. Im Plasma finden sich niedrige Spiegel für IGF-1, aber extrem hohe Werte für das Wachstumshormon. Aufgrund ihrer meist sehr ungesunden typischen Ernährung für die Region des Landes sind viele von ihnen stark übergewichtig und adipös, dies führt bei Menschen ohne Gen-Defekt zu Diabetes. Doch diese Menschen haben einen eher erniedrigten Blutzuckerspiegel. Die Insulinkonzentration im Blut ist bei ihnen erniedrigt und die Insulinempfindlichkeit erhöht. Die für Adipositas kennzeichnende Insulinresistenz bleibt aus und kein einziger von ihnen entwickelt Diabetes. Fettleibigkeit steigert auch die Krebswahrscheinlichkeit, aber überraschenderweise haben diese Leute ebenfalls keinen Krebs. Seit 1988 erforscht Dr. Jaime Guevara diese kleinwüchsigen Menschen. 2011 beschrieb er im Fachblatt Science Translational Medicine seine Befunde (Bd. 3, S. 70ra13, 2011). In mehr als 20 Jahren fand sich kein einziger Fall von Diabetes oder Krebs bei diesen Menschen, während die Familien der Laron-Patienten ohne Gen-Defekt die gleiche Diabetes- und Krebs-Sterblichkeitsrate wie die Durchschnittsbevölkerung aufwiesen. Und ich persönlich bin mir sehr sicher, dass es dort keinen einzigen Fall von Alzheimer gibt. Wenn das Wachstumshormon nun vor unseren Zivilisationskrankheiten wie Diabetes und Krebs, und vielleicht sogar vor Alzheimer schützt, sollte man doch möglichst viel davon im Blut haben. Wie schafft man das? Was kann man selbst machen, um vom Wachstumshormon zu profitieren?

Sport. Durch körperliche Bewegung wird über den Hypothalamus die Information zur Wachstumshormonproduktion gegeben. Dadurch lässt sich das Wachstumshormon um den Faktor 5 erhöhen. Heißt um 500 Prozent! Das Wachstumshormon steigt durch moderaten Ausdauersport an, ebenfalls durch kurzes intensives Training. Ausdauertraining über einen langen Zeitraum und sehr intensiv ist nicht gut, das senkt das STH. Hier steigt der Cortisol-Spiegel stark an.

Ausreichend Eiweiß für die Produktion essen. Das Wachstumshormon besteht aus reinem Eiweiß. Aus 191 Aminosäuren.

Proteinshakes, sowohl vor dem Training vor allem aber danach, steigern den STH-Spiegel.

Ein geringer Fettanteil. Je weniger Fett im Körper ist, umso mehr produziert der Körper STH. Ein Fettanteil von über 15 Prozent bei Männern und über 25 Prozent bei Frauen führt zu einer negativen Beeinflussung der STH-Bildung. Und je höher der Fettanteil des Körpers ist, umso schlechter reagiert er auf Zustände, welche die STH-Ausschüttung anregen.

Ein niedriger Blutzuckerspiegel. Wenn er auf 50 Prozent des normalen Wertes absinkt, erhöht sich die STH-Ausschüttung auf das 5-fache. Durch Sport und beim Fasten sinkt allgemein der Blutzuckerspiegel. Optimal sind 16 Stunden Fasten, aber mindestens 12 Stunden. Je länger man fastet, umso mehr STH produziert der Körper.

Vitalstoffe. Fehlt zum Beispiel das Vitamin B6, bildet sich um 50 Prozent weniger Wachstumshormon. Auch wichtig: Kalzium, Magnesium, Kalium und Zink. Außerdem erfordert die Herstellung extrem viel Vitamin C. Deshalb hat die Hirnanhangdrüse von allen Körperteilen die höchste Vitamin C-Konzentration, neben der Nebenniere.

Ausreichend Schlafen. Allgemein gilt, Menschen, die weniger als 6 Stunden am Tag schlafen, haben nach ein bis zwei Wochen schon einen starken Cortisol-Anstieg. Das hat negative Auswirkungen auf das STH. Aber nicht nur die Schlaflänge ist wichtig, sondern vielmehr die Schlafqualität. Das Wachstumshormon wird nur im Tiefschlaf aktiviert.

Oder man spritzt sich das Wachstumshormon. Im Internet ist zu lesen: Ein Leben ohne Hypophyse ist durch die medikamentösen Substitutionstherapien ohne Einschränkungen möglich. Und was soll ich Ihnen sagen, das stimmt so eben nicht. Es sich nur zu spritzen, reicht nicht. Es funktioniert nicht bei jedem. Dem Körper Hormone zuzuführen, ist nicht das Problem. Alle Hormone können heutzutage künstlich ersetzt werden. Sie sind dann im Blut messbar vorhanden. Doch heißt das noch lange nicht, dass sie damit auch ihren gewünschten Zweck erfüllen.

Dass das alles nicht so einfach ist, zeigt sich schon beim Insulin. Denn wenn es so einfach wäre, nur ein fehlendes Hormon auszugleichen, dürfte ja heutzutage kein Mensch mehr an Diabetes Typ-2 sterben. Die Zahlen sehen aber anders aus. Mehr als 100.000 Betroffene sterben jedes Jahr allein in Deutschland an dieser Erkrankung.

Nach dem Verzehr von Kohlenhydraten wird im Körper eines gesunden Menschen das Hormon Insulin ausgeschüttet. Insulin ist für den Transport von Glukose, Aminosäuren und Fetten in das Zellinnere zuständig. Insulin stimuliert die Proteinsynthese und fördert den Muskelaufbau. Insulin ist somit ein anaboles (körperaufbauendes) Hormon. Und durch seine blutzuckersenkende Wirkung ist Insulin ein wichtiger Co-Faktor für die Ausschüttung des Wachstumshormons.

Insulin wirkt, indem es an einen passenden Rezeptor andockt, der sich an der Außenseite der Zelle befindet. Daraufhin weiß die Zelle, was sie zu tun hat. Im Falle des Insulins öffnet sie ihre „Tore" und beginnt damit, Glukose aus dem Blut aufzunehmen. Je mehr Kohlenhydrate gegessen werden, umso mehr Insulin wird in das Blut ausgeschüttet und desto mehr Rezeptoren kann es besetzen. Bei Diabetikern Typ-2 produziert die Bauchspeicheldrüse jedoch bekanntermaßen durch eine ständige Überforderung nicht mehr genügend Insulin, sie ist erschöpft. Deswegen wird es heutzutage künstlich ersetzt. Problem gelöst? Diese Frage ist leicht beantwortet. Nein. Und das heißt wirklich, zwei von drei Menschen mit Diabetes sterben an einer Erkrankung des Herzens oder einem Schlaganfall. Trotz Insulin. Das Risiko, an einer Depression zu erkranken, ist für Menschen mit Diabetes etwa doppelt so hoch wie für Menschen mit gesundem Zuckerstoffwechsel. Pro Jahr werden in Deutschland als Folge des Diabetes etwa 40.000 Beine, Füße oder Zehen amputiert, rund 2.000 Menschen erblinden. Diabetes ist die häufigste Ursache dafür, dass Menschen regelmäßig zur Dialyse müssen.

Künstlich zugeführtes Insulin mag kurzzeitig Hilfe verschaffen, heilen tut es nicht. Es gibt da nämlich ein großes Problem. Bei einem ständigen Überangebot an Kohlenhydraten und Insulin verringern die Körperzellen die Anzahl der Rezeptoren, die das Hormonsignal empfangen können, um die ständige Energiezufuhr zu stoppen. Durch den Abbau der Rezeptoren wird nun immer weniger Glukose in die Zellen transportiert. Es kommt hinzu, dass die bestehenden Insulinrezeptoren der Zellen allmählich ihre Fähigkeit verlieren, auf Insulin zu reagieren. Nennt sich Insulinresistenz. Und im Gehirn? Tatsächlich weiß man, dass bei Diabetes nicht nur Muskelzellen von einer Insulinresistenz betroffen sind, sondern auch Nervenzellen im Gehirn schlechter Zucker verwerten als gewöhnlich. Wenn die grauen Zellen nicht mehr ausreichend mit Energie versorgt werden, kommt es zu Funktionsausfällen und die Gehirnzellen gehen zugrunde. Es ist heute keine Frage mehr, dass Insulinresistenz eine weit verbreitete Ursache für Hirnschädigungen ist, sie trägt massiv zur Entzündung bei, welche vorzeitig das Gehirn degenerieren lässt. Diabetes lässt das Hirn eindeutig schrumpfen. An 600 Diabetes-Patienten wurde die Größe des Gehirns mit der Dauer der Diabeteserkrankung verglichen. Ergebnis: Je länger Patienten diabeteserkrankt waren, je höher der Blutzuckerspiegel, desto kleiner war ihr Gehirn.[116] Die gute Nachricht, Diabetes und ebenso eine Insulinresistenz lassen sich grundsätzlich therapieren und verbessern. Durch eine Ernährungsumstellung und Bewegung kann die Bauchspeicheldrüse wieder ihre Arbeit aufnehmen und ebenso die Insulinresistenz verschwindet. Beispiele dafür gibt es mehr als genug. Damit ist eine Umkehr des Diabetes möglich, selbst wenn man schon seit Jahren unter dieser Krankheit leidet. Tatsächlich wurde Diabetes schon Anfang des letzten Jahrhunderts erfolgreich ohne Tabletten behandelt, durch Einschränkung der Kohlenhydrate. Die Ernährungsempfehlung lautete damals:

75 % Fett, 17 % Eiweiß, 2 % Kohlenhydrate (und 6 % Alkohol).[117]

Dass Diabetes in Einklang mit der Verwendung von Zucker in der Ernährung steht, weiß man wirklich schon sehr lange. Nur war Zucker in der grauen Vorzeit selten und teuer, und dementsprechend gab es 1892 nur zwei Fälle von Diabetes pro 100.000 Menschen. Diejenigen die damals erkrankten, waren wohlhabend und sesshaft.[118] Das änderte sich schnell mit der massenhaften Herstellung von Industriezucker, der Zuckerverbrauch und die Zahl der Erkrankten stieg immer weiter an. Als in den 1920er Jahren Insulin im Labor hergestellt werden konnte, war das erst einmal ein Segen für die Betroffenen, denn man war fortan in der Lage, einen lebensgefährlichen hohen Blutzuckerwert zu senken. Zuckerkranke konnten nun mit Hilfe von Insulinspritzen jahrzehntelang am Leben gehalten werden. In den folgenden Jahrzehnten machte die Insulintherapie dann weitere große Fortschritte, von der einfachen Spritze für Insulininjektionen wurden „Autoinjektoren" bis hin zu Pens und Insulinpumpen entwickelt. Doch man hat dabei das Wichtigste außer Acht gelassen, die Ernährung. Bei der Deutschen Diabetes-Hilfe e.V. ist zu lesen: Für Diabetiker gelten die gleichen Regeln einer gesunden Ernährung wie für Menschen ohne Diabetes: wenig Fett, viel Getreideprodukte. Genau wie bei gesunden Menschen sollten eine gesunde Ernährung und ein aktiver Lebensstil den Konsum von Süßigkeiten begleiten.[119]

Heute ist die Zuckerkrankheit die häufigste Stoffwechselkrankheit in den industrialisierten Ländern. Mittlerweile ist Diabetes Typ-2 (frühere Bezeichnung Altersdiabetes) auch bei Kindern und Jugendlichen keine Seltenheit mehr.

Alle Selbsthilfegruppen betrachte ich mittlerweile sehr skeptisch und speziell unserer Schulmedizin traue ich nicht mehr.

Zucker

Dass Zucker nicht so richtig gesund ist, weiß heutzutage jedes Kind. Dass weißes Mehl aus Kohlenhydraten besteht, die sehr schnell in Zucker umgewandelt werden, ist auch bekannt. Darum sollen wir Vollkornbrot essen. Weil seine Bestandteile den Blutzucker langsamer ansteigen lassen sollen. Bei der Kohlenhydratzufuhr geht es um den sogenannten Glykämischen Index (GI). Lebensmittel mit einem hohen GI wie etwa Weißbrot lassen den Blutzucker sehr schnell ansteigen, dieses bewirkt eine erhöhte Insulinausschüttung und begünstigt die Entwicklung einer Insulinresistenz. Jetzt muss man kein Arzt sein, um sich auszurechnen was passiert, wenn man Lebensmittel mit einem hohen Glykämischen Index zu sich nimmt, und schon eine Insulinresistenz besteht. Der Blutzuckerspiegel steigt massiv über das normale Maß an. Dieses führt zu Schäden an Nieren, Augen oder Füßen, und das Risiko für Herzerkrankungen und Schlaganfall steigt drastisch an.

- Glykämischer Index Weißbrot: 69
- Glykämischer Index Weizenvollkornbrot: 72

Schon 1981 war klar, dass Vollkorn ein schlichter Schwindel ist. 2 Scheiben Vollkornweizenbrot erhöhen den Blutzucker normalerweise um 30 mg% (von 93 auf 123). Übrigens genau so wie reines Weißbrot. Kein Unterschied.

Bei 20 Millionen Deutschen mit Insulinresistenz steigt aber nach 2 Scheiben Vollkornweizenbrot der Zucker nicht um 30 mg%, sondern um 70 bis 120 mg% über den Ausgangswert an. Also z. B. von 90 auf 210. Tödlich. Verletzt die Innenseite der Blutgefäße. 75 Prozent dieser Menschen sterben tatsächlich an Herzinfarkt und Co.[120]

Die aktuelle Ernährungsempfehlung der Deutschen Gesellschaft für Ernährung lautet über 50 Prozent Kohlenhydrate. Wörtlich (Regel 3): Brot, Nudeln, Reis und Mehl. Und diese Empfehlung ändert sich nicht, selbst wenn man an Diabetes erkrankt ist.[121] Für mich vollkommen unverständlich.

Eines sollte man über Ernährungsempfehlungen wissen: Aufnahmeempfehlungen sind auch in hohem Maße politische Entscheidungen. Denn die Empfehlungen müssen ebenfalls der Kaufkraft der Bevölkerung entsprechen, da es letztlich eine Verpflichtung des Staates ist, diesen Bedarf sicherzustellen.

Und nun? Können wir uns jetzt vor Alzheimer schützen, indem wir einen großen Bogen um Pizzerien und Bäckereien machen? Ganz so einfach ist das wohl nicht zu beantworten. Denn nicht jeder Diabetiker wird ja automatisch dement. Außerdem ernähren sich viele von uns ein Leben lang mit Brot, Nudeln, Reis und Co., sind fit im Kopf und werden sogar sehr alt. Ebenso habe ich in meinem Leben wirklich schwer übergewichtige Menschen kennen gelernt, die helle Köpfe waren und unglaublich schnell denken konnten. Einer von ihnen ist 30 Jahre alt, wiegt ca. 150 Kilogramm und trinkt Unmengen von Cola. Er spricht 5 Sprachen. Und speziell von mir kann ich behaupten, dass der Gedächtnisschwund mit Sicherheit nicht einem zu hohen Zuckerkonsum geschuldet sein kann, auch habe ich kein Diabetes. Und trotzdem hatte ich schon als Kind Probleme mit meinem Gedächtnis. Ich hatte wirklich schon zu meiner Schulzeit darauf geachtet, was meine Klassenkammeraden denn so aßen und vor allem wie Nahrung auf mich wirkt. Ich habe da nie etwas herauskristallisieren können, was denn leistungsfähiger oder schlauer machen soll. In jungen Jahren und mit einer regen Hypophyse mag ein hoher Zuckerkonsum durchaus noch keine Probleme bereiten. Mit nachlassender Aktivität aber schon. Und da ist es gut, zu wissen, dass ein hoher Blutzuckerspiegel direkter Gegenspieler vom Wachstumshormon ist.

Neben Sport und Verzicht auf Zucker gibt es übrigens sehr gute Möglichkeiten, den Blutzucker positiv zu beeinflussen. Ausreichend Schlaf und eine hohe Zufuhr von Mineralstoffen können dafür sorgen, dass sich die Insulinempfindlichkeit der Zellen wieder erhöht.

Ein besonders eindrückliches Beispiel ist eine bereits lang zurückliegende Studie aus dem Jahr 1937, die gezeigt hat, dass Diabetespatienten von einer Vitamin-C-Zufuhr profitieren: Die tägliche Einnahme von 300 bis 500 mg Vitamin C konnte die Glukosewerte deutlich verbessern. Forscher von der Universität Wien beobachteten einen Rückgang der Blutzuckerspiegel um rund 30 Prozent, während der tägliche Insulinbedarf um 27 Prozent sank und die Ausscheidung von Glukose über den Urin beinahe vollständig beseitigt werden konnte.[122] Auch Vitamin D wirkt sich positiv auf den Blutzuckerspiegel und die Bauchspeicheldrüsenfunktionen aus. Bei täglicher Einnahme von 1000 IE Vitamin D und 600 mg Kalzium sanken in Studien bei Diabetikern der Blutzuckerspiegel, und ganz wichtig, die Entzündungswerte.[123] Magnesium weitet die Blutgefäße und senkt einen zu hohen Blutdruck. Auch Vitamin B1 (Thiamin) hat eine zentrale Bedeutung für den Kohlenhydrat-Stoffwechsel. Ein Mangel von Vitamin B1 führt – über kurz oder lang – in den Typ 2-Diabetes.[124] Damit der Glukosestoffwechsel und die Insulinrezeptoren der Zellen ordentlich funktionieren, sind Vitamine der B-Gruppe unerlässlich, denn sie ermöglichen die Umwandlung der Zuckermoleküle in für die Zellen nutzbare Bioenergie. Bekannt ist auch, dass ein niedriger L-Argininspiegel im Blut in Zusammenhang mit Diabetes steht. Es zeigte sich, dass kleinere Mengen dieser Aminosäure intravenös verabreicht, zu einer verbesserten Insulinsensivität bei Diabetes-Typ-2-Patienten führen. Ebenso eine orale L-Arginin-Einnahme von dreimal 3 g am Tag über einen Monat verbesserte die Insulinsensivität bei Patienten mit Diabetes mellitus Typ 2.[125] Arginin verbessert den Zuckerstoffwechsel bei Diabetikern dramatisch (um 40 Prozent). Dieses wurde bereits 2001 von einer italienischen Forschergruppe bewiesen.[126]

Seit Jahrzehnten ist bekannt, dass Mikronährstoffe vielfältige Aufgaben im Zuckerstoffwechsel übernehmen, und dass durch eine gezielte Anwendung mit Nahrungsergänzungsmitteln ein entgleister Stoffwechsel erfolgreich behandelt werden kann.

All diese Stoffe kann man im Blut messen und gegebenenfalls einen Mangel ausgleichen.

Testosteron

Testosteron steuert die Sexualität und Fruchtbarkeit. Es ist verantwortlich für die Erektion und die Spermienbildung. In der Muskulatur ist es das entscheidende Hormon, das zu einer Zunahme der Muskelmasse und der Muskelkraft führt. Testosteron ist sehr wichtig, und das ein ganzes Leben lang. Es wirkt dem Muskelschwund entgegen; und ein niedriger Testosterongehalt im Blut kann unangenehme Auswirkungen haben: Impotenz, Blutarmut, Knochenschwund und Depressionen können entstehen. Ein niedriger Testosteronspiegel ist mit einer erhöhten Inanspruchnahme von medizinischen Leistungen verbunden und Männer mit niedrigen Konzentrationen des Sexualhormons im Blut sterben eher. Das ist seit 2010 gesichert. In der „Greifswalder Bevölkerungsstudie" (SHIP) hat man rund 2.000 Männer zwischen 20 und 79 Jahren untersucht. Bei 15–20 Prozent der Probanden über 50 Jahren wurde ein erniedrigter Testosteronspiegel (unter 8,7 nmol/l) festgestellt. Tatsächlich hatten diese Männer eine doppelt so hohe Sterberate verglichen mit Männern, die einen normalen Hormonwert aufwiesen.[127] Auch für Alzheimer finden sich Zusammenhänge zwischen wenig Testosteron im Blut und dem Risiko einer Erkrankung. Denn Testosteron ist ebenfalls an der Nervenneubildung beteiligt. Ältere Männer haben ein umso geringeres Risiko, an Alzheimer zu erkranken, je höher ihre natürliche Blutkonzentration an Testosteron ist. Und wenn man es künstlich ersetzt? In Studien führte die Gabe von Testosteron bei älteren Männern zu einem Anstieg ihrer Libido. Dieser positive Effekt ließ jedoch nach mehreren Monaten wieder nach.[128] Ebenso zeigten Studien, dass die künstliche Gabe von Testosteron kein wirksames Mittel gegen Demenz ist. Und wenn ich es nehme, werde ich davon impotent. Ich habe es mehrfach genommen und wieder abgesetzt. Jedes Mal ging mit künstlichem Testosteron bei mir gar nichts mehr. Was läuft bei mir verkehrt? Ich war beim Endokrinologen. Er sagte dazu, wenn dass bei mir so ist, soll ich es halt nicht nehmen. Er erzählte mir dann von Bodybuildern, die durch künstliches Testosteron einen strammen Bizeps und eine Libido ohne Ende bekommen würden. Er sagte mir, von ihnen weiß man aber auch, dass viele von ihnen dadurch zeugungsunfähig werden.

In jeder athletischen Disziplin wird heutzutage gedopt, doch ist es nirgendwo so offensichtlich wie im Kraftsport und daher weniger ein Tabu-Thema als in anderen Bereichen. Beim Testosteron geht es dabei schon mal um Mengen, die 50- bis 500-mal höher sind als Hormone in Medikamenten.

Ein Mann ist dann fruchtbar, wenn seine Hoden eine ausreichende Menge gesunder Spermien produzieren und er diese über eine Ejakulation abgeben kann. Damit die Hoden gesunde Spermien produzieren, muss Testosteron vorhanden sein, da dieses die Bildung von Spermien stimuliert. Das Problem bei der künstlichen Gabe von Testosteron aber ist, dass es die körpereigene Testosteronproduktion hemmt. Das heißt, wenn ein Mann künstliches Testosteron nimmt, registriert das Gehirn einen höheren Hormonspiegel im Blut, und signalisiert den Hoden, die eigene Produktion herunterzufahren. Im Hypothalamus sitzen Rezeptoren, die ständig den Gehalt an Testosteron und anderen Hormonen im Blut messen. Sinkt der natürliche Testosteronspiegel, wird das vom Hypothalamus registriert, woraufhin er das Hormon GnRH ausschüttet. Der GnRH-Wert wird dann in der Hypophyse registriert. Ist er hoch genug, schüttet die Hypophyse daraufhin zwei Hormone aus, LH und FSH. Die entsprechenden Rezeptoren hierfür sitzen beim Mann hauptsächlich in den Hoden. Kommen dort genug LH und FSH an, wird die Produktion von Testosteron und damit die Spermienbildung angekurbelt. Dieser Kreislauf wird so lange fortgeführt, bis im Hypothalamus mit dem Blut wieder genügend Testosteron ankommt und daraufhin die Produktion gedrosselt wird. Führt man jedoch von außen Testosteron zu, kommt im Hypothalamus das Signal an, dass der Testosteronspiegel zu hoch beziehungsweise hoch genug ist. Dadurch kommt es dann zu einem negativen Feedbackmechanismus. Die Folge kann sein, dass die Hoden selbst kein Testosteron mehr produzieren. Soweit die Informationen, die ich überall finden konnte. Ich habe ein Buch über das Hormonsystem für Biowissenschaftler gelesen, dort steht der Regelkreis auch nicht anders beschrieben. Die Hypophysenhormone LH und FSH stimulieren also das Testosteron, was anschließend zur Spermienbildung führt. Ich will jetzt nicht alles Wissen auf den Kopf stellen und sagen, dass das so nicht stimmt, aber ich kann sagen, dass es zumindest nur die halbe Wahrheit ist. Mein natürlicher Testosteronwert war unterdurchschnittlich. Als ich ihn mit künstlichem Testosteron normalisieren wollte, ging bei mir gar nichts mehr. Mein Hausarzt meinte dazu: „Bei manchen Männern ist das so." Ich habe bei meiner Krankenkasse angerufen und um ein Gespräch mit einem Urologen gebeten. Dieser Urologe sagte zu mir, er weiß ebenfalls nicht, woher das kommt, allerdings hätten die bei sich im Haus eine tolle Psychologin, ob die sich mal bei mir melden dürfte. Die Psychologin wollte dann von mir wissen, ob ich finanzielle, berufliche oder familiäre Probleme habe. Ich sagte: „Nein." Worauf sie fragend antwortete: „Was soll ich dann mit Ihnen besprechen?" Ich habe im Bekanntenkreis herumgefragt, ob jemand Erfahrungen mit Testosteron gemacht hat. Dabei habe ich von einem 30-jährigen Mann gehört, der sich große Mengen spritzen soll. Nur durch Hören habe ich erfahren, dass er dadurch einen enormen Kraftzuwachs bekommen haben soll. So weit stimmen die Informationen überein, die man auch im Internet finden kann. Ein über 60-jähriger Tennisfreund von mir hatte dieses Hormon auf Anraten seines Arztes genommen, weil er auf der Suche nach etwas Leistungssteigerndem war. Er verspürte durch das Testosteron keine Wirkung, obwohl er mindestens 3-mal in der Woche auf dem Tennisplatz stand, um zu trainieren. Es wirkt also bei jedem anders. Ist finde dieses sehr bemerkenswert.

Aus Befragungen ist bekannt, dass die Häufigkeit von Sex mit zunehmendem Alter abnimmt. Das ist ein schleichender Prozess, den das normale Altern so mit sich bringt. Allgemein soll die Produktion des Geschlechtshormons so ab dem 25. bis 30.

Lebensjahr sinken. Die Ursache für die verminderte Produktion im Alter liegt dabei übrigens nicht in der verminderten Leis-
tungsbereitschaft der Hoden, sondern in der geringeren Aktivität der Hirnanhangdrüse. Denn das wichtigste Geschlechtsorgan
ist unser Gehirn. Dort sitzt die Schaltzentrale unseres Hormon-
systems. Die von der Hypophyse ausgeschütteten Hormone regen Drüsen im Körper zur eigenständigen Hormonproduktion
an und von dort aus wird ebenso die Freisetzung der Hormone
aus den Körperdrüsen und Organen veranlasst. Was das praktisch bedeutet, kann ich Ihnen sagen. Ich habe mir einmal mehrere Milligramm vom Wachstumshormon gespritzt. Gleich am
nächsten Tag hatte ich dadurch eine unglaubliche Menge an Ejakulat. Und als ich mir das Wachstumshormon spritzte und Sport
machte, bin ich durch die Gabe von Testosteron erstaunlicherweise auch nicht mehr impotent geworden. Und auf dem Laufband bekam ich durch das Testosteron sofort einen starken Kraftzuwachs. Sofort heißt: wirklich sofort beim Laufen. Das war so
ein tolles Gefühl, ich wollte gar nicht mehr aufhören zu laufen.
Das heißt, wer eine optimale Ausschüttung der Hormone Testosteron, Östrogen und Co. hat, der wird in der Regel ebenso
keine Probleme mit seinem Wachstumshormonwert haben. Und
hier kann man den Unterschied zwischen chronologischem und
gefühltem Alter sehr gut sehen. In einer Studie wurde nachgewiesen, dass der Sexualtrieb nicht vom tatsächlichen Alter abhängig ist, sondern vom gefühlten Alter. Nehmen Sie einmal
das Wachstumshormon, dann verstehen Sie, warum sich einige
Schauspieler in Hollywood mit 50 noch so fühlen wie Teenager.
Und eines möchte ich noch erwähnen. Kein Arzt hat mich je gefragt, wie es denn ohne Testosteron mit meiner Libido aussah.
Anscheinend gibt es dort nur 2 Zustände, geht oder geht nicht.
Ich glaube, wer Testosteron nimmt und davon impotent wird,
hatte schon vorher ein Problem damit.

Cortisol

Stress wirkt auf das Gehirn. Durch Stress-Hormone werden Aufmerksamkeit, Entscheidungsschnelligkeit und Gedächtnisleistung verbessert. Jeden Morgen werden die Hormone Noradrenalin und Adrenalin in einem schnellen Ausbruch freigesetzt. Darauf folgt die Freisetzung von Cortisol. Cortisol erhöht den Blutdruck und bringt die Leber- und Muskelzellen dazu, gespeicherten Zucker (Glykogen) freizusetzen. Das alles macht uns wach und lässt uns besser denken. Somit können wir dann leistungsfähig den Tag beginnen. Cortisol wird täglich etwa sieben- bis zehnmal freigesetzt. Wie wichtig Cortisol ist, sieht man daran, dass wir ohne Cortisolausschüttung binnen weniger Tage sterben. Vielleicht haben Sie schon einmal davon gehört, dass Kaffee dem Gedächtnisschwund entgegenwirken soll. Auch die Alzheimer-Gesellschaft hat auf der Suche nach Heilmitteln 2012 ein Projekt unterstützt: „Mit Super-Koffein gegen die Alzheimer-Krankheit." Kaffee wirkt unter anderem, indem Koffein die Produktion von Acetylcholin stimuliert und die Nebennierenrinden mehr Cortisol ausschütten. Ein regelmäßiger Koffeinkonsum kann das Stresshormon im Blut mehr als verdoppeln. Von da her mag es gut möglich sein, dass Kaffee im Anfangsstadium der Alzheimer-Erkrankung positiv auf das Gedächtnis wirkt, heilen tut es mit Sicherheit nicht. Denn Cortisol ist der stärkste Vertreter der katabolen (abbauenden) Hormone und Cortisol ist ein erbitterter Gegenspieler des Wachstumshormons, es hemmt ganz klar die Wachstumshormonsekretion. Richtig problematisch wird es, wenn die Cortisolwerte dauerhaft erhöht sind. Bei Tieren, die unter Dauerstress gesetzt wurden oder denen man Cortison dauerhaft zugeführt hat, konnte man beobachten, dass Nervenzellen überstimuliert werden und frühzeitig altern. Auch wurde so die Bildung von neuen Nervenzellen im Gehirn negativ beeinflusst. Es kam bei ihnen zu Konzentrationsschwierigkeiten und Gedächtnisverlust.[129] Ganz wichtig: Zu viel Cortisol greift das Gehirn an. Es sterben Gehirnzellen ab oder verkleinern sich. Und es sterben nicht nur Zellen ab, neue Gehirnzellen werden zudem langsamer und weniger gebildet. Darum ist ein geringer Cortisol-Spiegel am Abend und in der ersten Nachthälfte Voraussetzung für einen tiefen und erholsamen Schlaf. Die wohl effektivsten Wege, um dieses zu erlangen, sind leichtes körperliches Ausdauertraining und Meditation. Sport und Meditation senken messbar den Cortisol-Spiegel. Allein durch Meditation lassen sich Gehirnzellen nachweislich wiederaufbauen. Und weil bei Stress immer gerne davon gesprochen wird, dass es ja ebenso den positiven Stress gibt, auch er wirkt sich negativ auf die grauen Zellen aus. Denn selbst dann, wenn man sich bei einer Tätigkeit, die einem Spaß macht, völlig verausgabt, erlebt das Gehirn Stress. Und dieser lässt die grauen Zellen genauso schrumpfen wie negativer Stress.[130] Wenn jemand einen Alzheimer-Patienten als Angehörigen pflegt, ist seine eigene Wahrscheinlichkeit, Alzheimer zu bekommen, 6-fach erhöht.

Was bei Dauerstress im Körper geschieht, beschreibt Mariko Sakai sehr gut in dem Buch „Körpertemperatur und Gesundheit“. Das erste Organ, das in unserem Körper Stress registriert, ist das Gehirn. Die Informationen über psychischen oder körperlichen Stress werden durch die Nervenbahnen des gesamten Körpers zum Gehirn geleitet. Dort wird diese Information im Hypothalamus als Stress registriert. Der Hypothalamus schickt daraufhin einen Befehl an die Hypophyse. Nachdem die Hypophyse diesen Befehl empfangen hat, gibt sie ihrerseits einen Auftrag an die Nebennieren, Cortisol abzusondern. So wird die Sekretion von Cortisol erhöht, wenn man unter Stress steht, während die Cortisolwerte sich normalisieren, wenn der Stress abnimmt. Bemerkenswert bei diesem Prozess ist, dass die Nebennieren dem Hypothalamus und der Hypophyse ein Feedback beziehungsweise einen Zustandsbericht übermitteln. Wenn nun der Stresszustand zu lange andauert und fortwährend Cortisol produziert werden muss, kommt es zu einer Überlastung der Nebennieren. Diese wird an Hypothalamus und Hypophyse gemeldet, worauf der Hypothalamus der Hypophyse den Befehl gibt: „Lass ihnen ein bisschen Ruhe, wenn sie zu viel arbeiten müssen.“ Hält der

Stress weiter an, erschöpft sich ebenfalls die insulinproduzierende Bauchspeicheldrüse und die Körpertemperatur sinkt.[131] Und dass bei Dauerstress die Libido leidet, ist auch bekannt.

Eigene Erfahrungen

Menschen mit mangelnder Bildung haben ein erhöhtes Risiko, an Alzheimer zu erkranken. Wenn wir bei Alzheimer von Gedächtnisproblemen sprechen, so kann ich sagen, dass diese bei mir schon von Kindesbeinen an bestehen. Schon zu meiner Schulzeit hatte ich Probleme mit dem Lernen. In der 7. Klasse war es dann richtig schlimm. Ich konnte dem Unterricht nicht folgen und auch Informationen vom Vortag nicht abrufen. Daraufhin habe ich nichts mehr für die Schule gemacht. Ich sagte mir damals, wozu soll ich lernen, ich kann es mir ja doch nicht merken. Irgendwann war ich so frustriert, dass ich einen ganzen Winter lang gar nicht mehr zur Schule gegangen bin. Das war aber nicht immer so. Erstaunlicherweise fiel mir in den ersten drei Schuljahren das Lernen sogar leicht. Es war sogar so, dass ich zu dieser Zeit derjenige war, der Nachhilfe gab. Heute weiß ich genau, warum das so war. Ich war auf einer kleinen Schule und in den Pausen wurden dort freiwillige sportliche Aktivitäten angeboten. Ich war immer dabei. Als ich schließlich in der 4. Klasse die Schule wechselte, gab es so etwas nicht mehr. Das war ebenso die Zeit, als ich aus dem Sportverein ausgetreten bin. Ich bekam damals oft starke Kopfschmerzen, unter anderem nach dem Training. Massive Gedächtnisprobleme bekam ich dann wie gesagt als 13-jähriger. Das passt vielleicht genau in die Zeit, als ein paar Häuser weiter von uns eine neue Familie einzog. Ihr Sohn war in meinem Alter und war ziemlich „cool". Er rauchte schon. Mit ihm hatte ich mich damals angefreundet. Ich kann mich wirklich nicht daran erinnern, dass ich mit ihm mal sportlich aktiv wurde. Bewegung ist gerade für Menschen mit einer schwachen Hypophyse unglaublich wichtig. Und ausreichend Schlaf. Bevor in der 5. Klasse der Englischunterricht losging, hatte ich in den Sommerferien schon Vokabeln gelernt. Es fiel mir damals wirklich leicht, und ich habe es auch gerne gemacht. Damit hatte ich Anfang des Schuljahres gegenüber meinen Klassenkameraden dann erst einmal einen Vorteil. Das ist natürlich ein schönes Gefühl, wenn man sieht, wie die anderen sich schwer tun. Doch nach und nach war ich dann derjenige, der Probleme nicht nur im Englischunterricht bekam.

In meinem ganzen Leben gab es immer Phasen, in denen ich alles gut mitbekommen habe und dann wieder Zeiten, wo einfach nichts ging. Genauso war es mit meiner körperlichen Kraft und Ausdauer. Und ich wusste nie, warum das so ist. Meine Mutter ist mit mir als Kind von Arzt zu Arzt gelaufen, nicht wegen Lernschwierigkeiten, sondern weil meine Wirbelsäule immer wie Feuer gebrannt hat, ich starke Kopfschmerzen hatte, nachts oft Nasenbluten bekam und ich mich ständig übergeben musste. Außerdem hatte ich Sehstörungen. Ich bekam eine Brille, die ich anschließend aber nicht mehr brauchte. Genau wie mit allem anderen konnte ich in meiner Kindheit mal gut sehen und dann wieder nicht. Darüber hinaus bekam ich ständig blaue Lippen. Ich musste darauf eine Zeit lang meine Körpertemperatur messen, die war allerdings normal. Bis zu meiner Konfirmation war ich immer der Kleinste in der Schule. Meine Wirbelsäule ist krumm gewachsen, jedoch bin ich nicht kleinwüchsig. Erklären kann ich mir meine normale Körpergröße im Nachhinein vielleicht damit, dass ich mir irgendwann eine Tischtennisplatte gekauft hatte, an der ich exzessiv spielte. Meine schulische Bildung sind der Realschulabschluss und die Höhere Handelsschule. Meine Ausbildung zum Bürokaufmann habe ich abgebrochen. (Ich saß ja den ganzen Tag am Schreibtisch und bewegte mich nicht.) Ins Berufsleben bin ich schließlich eingestiegen als Montagehelfer in einer Fabrik. Ich musste dort im Stehen nach dem Takt einer Maschine arbeiten. Diese Arbeit fiel mir richtig schwer. Nachts habe ich mich damals nass geschwitzt im Bett hin- und hergewälzt. Ich habe mir dann eine andere Beschäftigung gesucht: Ich wurde Auslieferungsfahrer. Auch diese Arbeit war nichts für mich. Ich musste dabei ständig rechts ranfahren, um zu schlafen. Als Autopfleger habe ich dann mit Anfang 20 eine Arbeit gefunden, die ich machen konnte. Bei dieser Arbeit musste ich mich den ganzen Tag bewegen, was erst einmal gut für mich war. Aber mit meiner Gedächtnisleistung war es zu dieser Zeit trotzdem nicht weit her. Wenn ich etwas las, musste ich mich schon sehr konzentrieren, um es überhaupt aufnehmen zu können, und das Erlesene ging zudem schnell wieder verloren. Als ich einmal auf Montage war, las ich ein dickes Buch über die Deutsche Geschichte. Ich hätte es mir eigentlich sparen können, denn alles, was ich dort las, konnte ich mir nur ein oder zwei Seiten lang merken. Noch etwas möchte ich erwähnen. Ich war als 20-jähriger schon zeitweise zittrig. Es war mir peinlich, weil meine Arbeitskollegen mich morgens beim Frühstück darauf aufmerksam machten.

Wir hören von Experten ständig, dass wir geistig aktiv sein sollen, um dem Gedächtnisschwund entgegenzuwirken. Kreuzworträtsel sollen wir lösen, am besten eine Fremdsprache erlernen. Wer Freude dabei empfindet, soll es machen. Ich kann hier nur die Empfehlung aussprechen, sich zu bewegen, in einen Sportverein zu gehen, Tennis zu spielen oder zu joggen. Täglich, ausgeschlafen und morgens vor dem Frühstück. Um das besser zu verstehen, möchte ich Ihnen von einem schönen Teil meines Lebens erzählen. Die Firma, für die ich damals als Autopfleger arbeitete, stellte den Betrieb nach und nach von Angestellten auf Subunternehmer um. (Ich war damals wohl mit der Letzte, den sie dafür gewinnen konnten.) 23 Jahre jung war ich damals und wusste, wenn als Selbständiger mal keine Arbeit da ist, gibt es auch kein Geld. Also wollte ich für schlechte Zeiten vorsorgen. Ich ließ die Mittagspause ausfallen, hatte mich nicht mehr in der Kantine satt gegessen, dafür im Stehen nur einen Joghurt und einen Quark verzehrt. Auch meine zwei Scheiben Brot zum Frühstück hatte ich nicht nach dem Aufstehen gegessen, sondern erst nach anderthalb Stunden Bewegung. Und weil ich was schaffen wollte, hatte ich einen Zahn zugelegt. Da ist etwas mit mir passiert, was man wohl als Runners-High bezeichnen kann. Kann man keinem so richtig erklären, der es nicht selbst erlebt hat. Die Arbeit ging auf einmal ganz leicht, wie von selbst, und ich hatte zudem gute Laune dabei. Außerdem war ich nie krank. Zu dieser Zeit kamen dann meine Körperbehaarung und Bartwuchs erst richtig in Gang und ich bekam damals Pickel auf dem Rücken, wie man es von testosteronbeladenen Bodybuildern kennt. Ich will jetzt nicht von Sexsucht sprechen, aber das hieß wirklich, mein sexuelles Verlangen war enorm. Positiver Effekt war noch, ich konnte auf einmal schnell denken. Nahrungsverzicht und Bewegung sind superwirksame Methoden, um das Wachstumshormon zu erhöhen und damit die Produktion anderer Hormone. Was ich dabei erwähnen sollte, weil es unglaublich wichtig ist, ich selbst hatte mir keinen Stress gemacht. Es lief finanziell gut und ich stand alleine in der Waschhalle. Ich konnte also nach eigenem Takt arbeiten. Das ging ca. 5 Jahre gut. Und dann kam die Kraftlosigkeit. Erst gar nicht bei der Arbeit, sondern in meiner Freizeit. So saß ich mit meiner Frau im Restaurant und verstand die Welt nicht. Ich sah dort alte und auch dicke Männer, die große Portionen an fettigem Essen in sich reinschaufelten, dabei Alkohol tranken und vor Energie nur so strotzten. Ich war jung, hatte kein Übergewicht, rauchte nicht, aß kein Fastfood, keine Süssigkeiten, trank in der Woche keinen Alkohol und saß kraftlos vorm Tisch und konnte den Gesprächen nicht richtig folgen. (Zu dieser Zeit wurde ebenfalls meine Verdauung träge.) Erholt hatte ich mich da aber noch im Urlaub. Ich hatte erst einmal tagelang nur auf der Liege gelegen. Meine Frau sagte damals zu mir: „Das ist doch nicht normal, dass ein Mensch so lange schlafen kann." Es stellte sich dabei oft eine Gefühlsleere bei mir ein oder ich bekam schwere Depressionen. Doch nach einiger Zeit der Erholung bin ich dann joggen gegangen und ich war wieder hergestellt. Ich bekam gute Laune, sah anders aus und ich verspürte sogar Tatendrang. Im Alltag verging das allerdings schnell wieder. Ich kam sehr schnell zurück auf den alten Level. Das kennt jeder. Ich hatte damals Glück und bekam einen großen Auftrag.

Ich stellte Mitarbeiter ein und musste selbst nicht mehr im vollem Umfang tätig werden. Bewegt hatte ich mich damals trotzdem noch den ganzen Tag, nur nicht mehr so intensiv. Weil ich immer kaputt war, bin ich dann abends kraftlos joggen gegangen, ich bekam davon Herzschmerzen. Fahrradfahren fiel mir ebenso schwer, außerdem wurden meine Beine davon steif. Ich habe es schließlich mit autogenem Training versucht, es half nicht. Bei der Volkshochschule habe ich dann auch mal einen Kurs belegt, weil ich dachte, ich mache etwas falsch. Im Keller hatte ich mir einen Sandsack aufgehängt. Ich verspürte eine unerträgliche Unruhe in mir, ich wollte mich daran schnell auspowern. Das Problem war, ich hatte gar nicht die Kraft, um darauf zu boxen. Mir ging es jedenfalls ständig richtig dreckig und die Ärzte können nicht feststellen, warum das so ist. Ich dachte wirklich teilweise, ich sei ein Hypochonder. Ich dachte damals wirklich, dieser miese Zustand, in dem ich mich befand, ist für einen 30-Jährigen normal. Weil es mit meiner Verdauung nicht so recht wollte, habe ich oftmals tagsüber bewusst gar nichts gegessen. Und tatsächlich kam so manchmal Kraft in meinen Körper. Das funktionierte aber nicht immer. Ich habe dann ein paar Mal nachmittags nüchtern einen Kaffee mit Zucker getrunken und ebenfalls setzte dieses einige Male Energie bei mir frei. Allerdings trotz aller Versuche, die ich so machte, baute ich immer mehr ab. Nicht jeder Mensch ist eben gleich belastbar. Als 30-Jähriger war ein ganz normaler 8-Stunden-Tag einfach zu viel für mich. Was bei mir noch dazu kam, der Schlaf reichte einfach nie aus.

Ich fing irgendwann an, in Buchläden zu gehen. In den Regalen wimmelt es ja nur so von Weisheiten und Ratschlägen von Experten. Was habe ich nicht alles gelesen über positives Denken, richtige Atmung, Entspannungstechniken oder Ernährung. Wissen Sie, was mir damals geholfen hat? Alkohol. Ich habe abends ein oder zwei Flaschen Bier getrunken und dadurch kam Ruhe in meinen Körper. (Ich bin damals nicht zum Trinker geworden, weil Alkohol halt nur kurzzeitig hilft.) Jedenfalls ging es immer weiter bergab mit mir. Auch im Urlaub trat keine Erholung mehr ein. Ich lag nur noch im Schatten (ohne zu schlafen) und konnte nicht einmal mehr joggen gehen. Und als ich nach einem Urlaub wieder zuhause angekommen war, ging ich eine ganze Weile nicht vor die Tür, weil ich Angst hatte, gefragt zu werden, wo ich denn gewesen bin. Ich hatte Bedenken, es nicht abrufen zu können. Eines möchte ich noch erwähnen. Es geht bei weitem nicht nur um Kraftlosigkeit oder Konzentrationsschwäche. Genau wie den Runners-High kann man diesen Zustand nicht vermitteln. Geht nicht. Aber glauben Sie mir, er ist alles andere als lebenswert. Um einen ungefähren Eindruck zu erhalten, wie solche Leute durch den Tag gehen, möchte ich ein Erlebnis erzählen. Ich verlegte im Sommer (natürlich völlig kraftlos und benebelt im Kopf) eine Rasenmähkante um einen Baum. Unter diesem Baum war ein Mückenschwarm. Ich wurde ständig gestochen. Was ist darauf die normalste Reaktion? Man geht erst mal unter dem Baum weg. Ich nicht, ich habe weitergemacht. Was ich damit sagen will, man kann nicht einmal mehr normal reagieren, geschweige denn artikulieren. Es geht nicht! Alle Körperfunktionen sind beeinträchtigt. Und ich meine wirklich alle. Die Haut an meinem Körper war damals 2 Nummern zu groß und mir ist unter anderem die Sch… am Bein runter gelaufen. Dann kam auch das, was kommen muss, wenn man den Durchblick verliert, ich verlor 2001 mit 37 Jahren den Auftrag, ich musste Mitarbeiter entlassen und bei mir ging überhaupt nichts mehr. Ich lag nur noch auf dem Sofa und bin so gut wie nicht mehr aus dem Haus gegangen. Aus eigenem Antrieb habe ich gar nichts mehr gemacht. Meine geistige Situation verschlechterte sich dabei zusehends. Das ist ein Zustand der Hilflosigkeit, bei dem ich im Nachhinein sagen muss, dass ich großes Glück hatte, wieder aus diesem Loch rauszukommen. Ohne familiären Halt wäre es mir damals wohl nicht gelungen. Ich lag schon in den Jahren davor in meiner Freizeit nur auf dem Sofa, es sei denn, mich rief jemand an, um Tennisspielen zu gehen. Jetzt lag ich nur noch rum und wartete, dass irgendetwas passiert, damit es mir besser geht. Es passierte aber nichts. Irgendwann (nach wirklich langer Zeit) konnte ich mich dann überwinden und ich bin joggen gegangen. Richtig erholt habe ich mich dadurch nicht, aber es hat mir wirklich geholfen, ich konnte wieder einigermaßen am normalen Leben teilnehmen. Was sollte ich jetzt machen? Ich war 40 Jahre alt und Autos zu waschen traute ich mir nicht mehr zu? Ich habe bald nach Möglichkeiten gesucht, um wieder Geld zu verdienen. 2006 habe ich einen Pizzabringdienst übernommen. Als ich vor dem Kauf in dem Laden stand und nur den Leuten bei der Arbeit zugesehen hatte, wurde mir davon schlagartig schwindelig. Ich fragte mich damals, wie ich das denn schaffen sollte. Ich sagte mir schließlich, irgendwie muss es einfach gehen. Ich war dann auch täglich von 17-23 Uhr im Laden. Klar denken konnte ich dabei nicht, außerdem arbeitete ich selbst nicht mit. Es lief trotzdem gut, Umsatz und Gewinn stiegen stetig an. (Das ging natürlich nur, weil ich wirklich großes Glück mit den Mitarbeitern hatte). Erstaunlicherweise war ich darauf für eine Zeitlang ein ganz normaler Mensch, sogar Einkaufen war möglich. Was war passiert? Meine letzte Mahlzeit nahm ich so um 18 Uhr zu mir. Ich trank keinen Alkohol und im Laden war es immer warm. Weil es mit den Mitarbeitern und ebenso finanziell gut lief, hatte ich keinen Stress und ich ging morgens ausgeschlafen ein paar Mal die Woche Tennis spielen. Das war 's auch schon. Und dann machte ich den Fehler und fing an mitzuarbeiten. Es fiel mir erst einmal überhaupt nicht schwer, ganz im Gegenteil, es machte mir sogar Spaß. So Ende 2006 ging es allerdings mit einem Mal wieder richtig heftig los, ich wusste gar nicht, wie mir geschah. Was da im Körper abgeht, kann man nicht beschreiben. Selbst Zeitunglesen war auf einmal nicht mehr möglich, nicht einen Satz konnte ich richtig lesen und beim Ansehen der Nachrichten im Fernseher kriegte ich höllische Angst. Meine ganze Motorik funktionierte auf einmal nicht mehr richtig. Ich bewegte mich gefühlt wie ein 90-jähriger Mann, ganz langsam, ganz steif. Wenn sich Lichtverhältnisse änderten, bekam ich Schmerzen hinter den Augen und ich war extrem kälteempfindlich. Damals konnte ich z.B. nur noch Getränke mit Zimmertemperatur zu mir nehmen, ohne davon Zahnschmerzen zu bekommen. Wenn nur das Telefon klingelte, verursachte dieses Geräusch Schmerzen bei mir, die durch meinen ganzen Körper gingen. Ich redete sehr wenig, weil es sehr anstrengend für mich war und zudem eine unbeschreibliche Leere in meinem Kopf herrschte. Ich konnte die einfachsten Sachen aus meinem Gedächtnis nicht abrufen. Es fehlten ganze Passagen aus meinem Leben. Ich wusste nicht, wann was passiert war, und konnte Bekannte nicht mit ihrem Namen ansprechen. Wenn meine Gesprächspartner langsam mit mir sprachen, konnte ich noch kurzzeitig etwas aufnehmen, sprachen sie schnell, war ich sofort überfordert. Ich sagte eigentlich nur noch etwas, wenn ich angesprochen wurde, aber auch dann nur das Nötigste und in kurzer Form. An manchen Tagen konnte ich nicht einen einzigen Satz formulieren. Einkaufen war für mich eine Qual. Je nach Tagesform reichte es manchmal schon, dass ich durch die Eingangstür ging, und mir wurde schlagartig schwindelig. Es ist mehrfach vorgekommen, dass ich etwas aus dem Regal genommen hatte, was ich gar nicht kaufen wollte. Ich legte es auf das Band vor der Kasse und bezahlte es. Zuhause angekommen, merkte ich erst, dass es etwas war, was ich überhaupt nicht brauchte. Abends vor dem Fernseher konnte ich den Handlungen von Filmen nicht folgen, ich guckte mir nur die Bilder an. Morgens die Tageszeitung zu lesen, war für mich nicht möglich und wenn meine Frau sich mit unseren Kindern am Frühstückstisch unterhielt, hörte ich manchmal nur, dass gesprochen wurde, ich konnte die Worte einfach nicht richtig verstehen. Zeitweise war mein Zustand so unerträglich, dass ich aus meinem Körper rauswollte. Meine äußere Erscheinung spiegelte meinen Zustand dann wohl auch wider, meine Frau sagte damals zu mir, dass ich irgendwie alt aussehen würde. Damals ist etwas wirklich Erstaunliches mit mir passiert.

Im Frühling 2007 bin ich wie so oft in meinem Leben joggen gegangen. Ich bin damals vor dem Frühstück losgelaufen, weil ich nach dem Essen keine Kraft mehr dazu aufbringen konnte. Außerdem bin ich nach dem Aufwachen nicht gleich aufgestanden. Ich machte den Fernseher an, guckte eine kurze Zeit und schlief davon dann wieder ein. Das habe ich so lange gemacht, bis mir meine Augenlieder nicht mehr zufielen. Gegessen hatte ich nach dem joggen einen Joghurt mit Obst. Mittags habe ich dann wieder geschlafen und bin auf 17 Uhr in meinen Pizzabringdienst gefahren. Schon nach kurzer Zeit traten Veränderungen an mir auf. Mir fiel im Spiegel auf, dass sich mein Hautbild positiv verändert hatte, ich sah irgendwie anders aus. Ich nahm bald Nahrungsergänzungsmittel wie Vitamin C, B-Vitamine und Zink aus der Drogerie zu mir. Eines Morgens saß ich am Frühstückstisch (vollkommen benebelt im Kopf) und durch meinen Körper ging ein Gefühl, als ob meine Nerven gestreichelt wurden. Von Woche zu Woche ging es mir damals besser. Auf einmal fing ich beim Joggen an leicht zu atmen (ich wusste zu dem Zeitpunkt nicht, dass ich schlecht Luft kriegte) und beim Einkaufen wurde mir nicht mehr schwindelig. Ich wäre da am liebsten auf die Straße gelaufen und hätte laut gerufen: „Leute, nehmt Vitamine." Auch gab es immer wieder Momente, in denen ich einigermaßen klar denken konnte. Ich habe schließlich sehr extrem gelebt. Ich atmete bewusst tief und langsam, ließ alles um mich herum geschehen und ich mähte nicht einmal mehr meinen Rasen im Garten, um mich zu schonen. Wenn ich nachmittags in meinen Laden gefahren bin, dann nur mit dem Gedanken im Kopf, dort „gesunde" Lebensmittel zu mir zu nehmen. (Ich arbeitete selbst nicht mit.) Da ich nicht kochen kann, bestand diese Ernährung aus rohem Gemüse, Salat und Thunfisch. Sonntags aß ich noch Hähnchenbrust. In eine Wasserflasche presste ich eine Zitrone und löste eine Tablette mit Kalzium auf, in eine zweite Wasserflasche eine Zitrone und Magnesium. Abends trank ich Tee (ungesüßt) und verzichtete komplett auf Alkohol. Meine Hämorrhoiden verschwanden und ich sah von Woche zu Woche besser aus. Es gab zwar immer wieder Tage, an denen es nicht so toll lief, aber insgesamt verbesserte sich meine Situation. Irgendwann habe ich angefangen, Eiweißpulver zu nehmen. Ich fing dann auf einmal an zu weinen, einfach so, ohne Grund. Das blieb einige Zeit und hörte schließlich wieder auf. Das Verrückte dabei war, dieses Weinen fehlte mir anschließend richtig. Mein Haarausfall und Falten im Gesicht verschwanden, ich bekam eine straffe Gesichtshaut. Ich sah im Spiegel einfach jünger aus. Ich fühlte mich zu dem Zeitpunkt richtig gut. Ich lag nachts im Bett und bekam Schlafstörungen, doch ich fühlte mich gut dabei. Ich konnte es damals gar nicht abwarten, dass es morgens wurde und ich joggen gehen konnte. Diese Veränderungen an mir hörten einfach nicht auf. Ich höre ständig Musik, hauptsächlich 80er-Jahre und Kuschelrock. Mit einem Mal ging ein Schub durch meinen Körper und ich wollte schnelle Musik hören, am liebsten wäre ich da in einen Tanzschuppen gegangen. Das ging dann so weit, dass ich mich eines Tages sogar richtig jung gefühlt habe. So unglaublich es sich anhört, es ist wirklich so passiert. Ich saß bei mir im Geschäft und ich fühlte mich auf einmal wie ein Teenager, und das mit 43 Jahren. Das fühlte sich natürlich erst einmal unglaublich toll an, können Sie vielleicht nachvollziehen. Aber wissen Sie, was das ebenfalls bedeutete? Alle meine Bekannten, Tennisfreunde und meine Frau waren für mich gefühlt auf einmal alte Leute. Haben Sie eine Ahnung, was da mit mir geschehen ist? Ich wusste es damals absolut nicht, obwohl ich schon allerlei Bücher über Vitamine und Hormone gelesen hatte.

Dass dieser Zustand aber nicht lange anhalten wird, hatte ich damals schon vermutet. Schon allein, dass es mir gut geht, konnte einfach nicht sein. Ein Mitarbeiter von mir hatte dann gekündigt und ich musste selbst mitarbeiten. Schon am ersten Tag war ich total überfordert. Als erstes ist mein Gesicht eingefallen. Ich bin an diesen einen Tag optisch bestimmt um 20 Jahre gealtert. Nach Feierabend habe ich darauf aus Frust einen Burger gegessen und eine Flasche Bier getrunken. Am nächsten Morgen bin ich auch nicht joggen gegangen, ich war einfach zu kraftlos dafür. Ich kämpfte mich wie im Delirium eine kurze Zeit durch, bis ich Ersatz fand. Als ich selbst nicht mehr mitarbeiten musste, konnte ich mich wieder auf meine Befindlichkeit konzentrieren. Ich stand morgens auf und es fiel mir schwer, auf den Beinen zu stehen. Im Spiegel sah ich scheiße aus und ich bekam schlecht Luft. Eines war noch erstaunlich, ich konnte nicht joggen gehen, es ging einfach nicht.

Ich wollte loslaufen, meine Beine hatten hingegen nicht mitgemacht. Ich bin damals ein Stück gegangen und habe es schließlich wieder versucht, es ging tagelang wirklich nicht. Nur die Schlafstörungen sind mir damals geblieben. Ich habe dann überlegt, was ich machen soll. Bei den Ärzten der Schulmedizin war ich schon gewesen und meine Besserung erlebte ich, als ich Vitaminpillen und Eiweißpulver genommen hatte. Dass ich diese Dinge nahm, hatte ich mir damals nicht selbst ausgedacht. Ich hatte schon allerlei Bücher über die Wichtigkeit von eben diesen Dingen gelesen. Was lag also näher, als zu einem Spezialisten auf diesem Gebiet zu gehen? Ich suchte im Internet nach einem Anti-Aging-Arzt. Der erste Arzt war eine Frau. Sie fragte mich, ob ich extrem viel abgenommen hätte, weil meine Haut im Gesicht so schlaff herunterhängen würde. Das war nicht der Fall, in meinem ganzen Leben war ich niemals übergewichtig. Bei einer Körpergröße von 1,78 m wog ich nie über 76 Kilogramm. (Zu dem Zeitpunkt wog ich 67 Kilogramm.) Sie sagte zu mir (ohne mich zu befragen), dass mein Wachstumshormon wohl ziemlich tief ist, weil ich beruflich sehr angespannt sei und zu viel Kaffee trinken würde. Sie meinte, dass sie das mit Cremes allein bei mir nicht mehr hinbekommen würde. Da ich keine Spritzen wollte, bin ich schließlich zu einem anderen Arzt gegangen. Jetzt muss ich erst einmal erwähnen, dass meine Vorstellungen von einem Anti-Aging-Arzt damals die waren, dass er einfach jung aussehen muss. Es war bei dem zweiten Arzt nicht so. Es war ein älterer Herr, der aber einen fitten Eindruck auf mich machte. Beim ersten Kontakt fragte er mich, was ich denn unter Anti-Aging verstehen würde. Manche Patienten würden mit den Vorstellungen in seine Praxis kommen, nach einer Behandlung bei ihm dann ewig zu leben. So etwas könnte er mir nicht anbieten. Ewiges Leben wollte ich nicht von ihm, mein Wunsch war einfach der, wieder dorthin zu gelangen, wo ich noch vor einiger Zeit war. Das war im Oktober 2007. Ich erzählte ihm unter größten Anstrengungen von meinen Problemen. (Dieser Arzt war der Einzige, der sich jemals nach meiner Ernährung erkundigte.) Es wurde mir schließlich Blut entnommen und mein Körper wurde gescannt. Ich bekam diesen Bericht:

Im Vordergrund des Wunsches für die Anti-Aging-Beratung steht bei Abwesenheit von Schmerzen insbesondere das Gefühl unzureichender Vitalität und Antriebsschwäche. Vom Hausarzt wurde bereits eine Depression mit Johanneskraut anbehandelt, aber nicht konsequent durchgeführt. Unsere Untersuchung bestand aus der Durchführung einer Ganzkörper-Dexa-Untersuchung und aus einer Laboruntersuchung inklusive Erläuterung. Ich möchte hier noch einmal Folgendes zusammenfassen: Die Bestimmung der Freien Radikale ergab einen Wert von 214 Einheiten nach Prof. Carratelli. Hiermit liegt ein Normalbereich vor und es kann angenommen werden, dass unter der bereits von Ihnen seit längerer Zeit durchgeführten Therapie mit Vitalstoffen eine gute Beeinflussung eingetreten ist und jetzt ein niedriger Wert von Freien Radikalen vorliegt. Zu diesem Bereich ist eine weitere spezielle Vitalstoffversorgung wohl nicht erforderlich. Die bisherige Vitalstoffversorgung ist demgemäß ausreichend und kann weiter fortgesetzt werden. Die Ganzkörper-Messung mit Bestimmung des Fettwertes der Gesamtkörpermasse und des Perzentilwertes im Vergleich zur Gesamtbevölkerung ergab, dass 96 Prozent der Bevölkerung über mehr Körperfett verfügen als Sie, bei relativ hoher Muskelmasse und hohen Knochendichtewerten als Hinweis für einen stabilen Knochen. Diese Messwerte beinhalten ein gutes Ergebnis, hier kann eine Verbesserung mit medizinischen Maßnahmen oder mit sportlichen Änderungen eines Trainingsplans wohl nicht erzielt werden. Die Laboruntersuchung ergab ein unauffälliges Differentialblutbild. Die Untersuchung des Blutzuckers und des sogenannten HBA1C-Wertes zeigte eine gute Stoffwechsellage an, ohne Hinweise für Glykierungs-, also spezielle, dem Alter vorauseilende Alterungsprozesse. Die Untersuchung der speziellen Gefäßparameter ergab mit einem normalen Homocystein-Wert und einem normalen Wert von Lipoprotein A sowie einem sehr niedrigen normalen CRP-Wert völlig normale Verhältnisse. Dies bedeutet, dass Ihr Gefäßsystem nicht gefährdet ist und spezielle Maßnahmen zur Besserung der Gefäßsituation zurzeit nicht erforderlich sind. Eine etwas vereinfachte Faustformel lautet: Der Mensch ist so alt, wie seine Gefäße sind. Sie haben von den körperlichen Voraussetzungen her eine ausgesprochen gute Risikosituation für Ihre Gefäße. Auch die Untersuchung der Schilddrüsenhormone ergab keinen Hinweis für eine Hypo- oder Hyperthyreose als Hinweis für Zittrigkeit oder unzureichendes körperliches Wohlbefinden. Im Labor fanden sich jedoch noch Auffälligkeiten für das Testosteron sowie den DHEA-Wert. Es wurde ausführlich erläutert, über welche Regelkreise der Testosteron-Wert beeinflusst werden kann und ebenso der DHEA-Wert. Insbesondere Stressfaktoren, die über lange Zeit gewirkt haben, aber auch Schlafstörungen können sich sehr negativ im Sinne eines sogenannten komplexen Androgenmangels äußern. Im hier durchgeführten gemeinsamen Gespräch entstand der Eindruck, dass eine lavierte Depression durchaus möglich ist, und eine Wahrscheinlichkeit hierfür wird von mir mit einer Prozentzahl von ca. 80-90 Prozent eingeschätzt. Eine lavierte Depression wird als solche vom Patienten in aller Regel gedanklich abgelehnt. Wir haben über die Bedeutung kurz gesprochen und möchten uns zunächst der medikamentösen Therapie der unterdurchschnittlichen DHEA- und Testosteronwerte zuwenden und die Möglichkeiten einer problemlosen Therapie der Durchschlafstörungen nutzen. Zur positiven Beeinflussung des Gesamtbeschwerdebildes haben wir Ihnen empfohlen, an Medikamenten ab sofort zu nehmen:

1. DHEA: 50 mg, 1 Tablette morgens zum Frühstück.
2. Melatonin: 1 Tablette am Abend beim Zubettgehen.

Die Diagnose lautet:

- Durchschlafstörungen
- Verdacht auf lavierte Depression
- Verdacht auf leichten komplexen Androgenmangel im Rahmen einer lavierten Depression

Für den weiteren Verlauf ist geplant, dass Sie über ca. 6-8 Wochen die Medikation durchführen, dann zur Kontrolluntersuchung erscheinen. Wir werden eine erneute Laboruntersuchung durchführen und die Veränderung der Laborwerte besprechen und von Ihrem Befinden das weitere Vorgehen abhängig machen.

Meine gemessenen Hormonwerte waren wie folgt:

- FT4 (freies Thyroxin) (LIA)   1.23 ng/dl 0.80–1.70
- FT3 (freies Trijodthy.) (LIA)   3.90 ng/l   2.00–4.20
- TSH basal   (LIA)   zu wenig Material

- Testosteron, gesamt   (LIA)   553.9 ng/dl 300–1400
- DHEA-S   (LIA)   95 µg/dl 95–530

Dieser Arzt sagte mir noch, dass er früher Vorträge über DHEA gehalten hätte. Nach einiger Zeit der Einnahme würden positive Veränderungen an mir wellenförmig erscheinen, bis sie sich eingependelt hätten. (Das kannte ich ja schon.) Zum CRP-Wert möchte ich noch erwähnen, dass es hierbei um Entzündungen geht. Wer in mittleren Jahren hohe Werte des Entzündungsmarkers CRP (C-reaktives Protein) aufweist, hat Jahre später auch ein erhöhtes Alzheimer-Risiko.

Das Melatonin ist ja unser Schlafhormon. Ich nahm es eine Zeitlang, bemerkte aber keine Wirkung, die Schlafstörungen blieben. Am ersten Tag, als ich DHEA einnahm, hatte ich das Gefühl, ich würde Farben intensiver sehen. Das ging allerdings schnell wieder weg. Was sich jedoch noch bei mir tat, ich bekam Unterleibsschmerzen. Ich rief bei dem Arzt an und berichtete ihm von den Schmerzen. Er meinte, das wäre kein Problem, wir geben noch Testosteron dazu und dann klappt das wieder. Mit den beiden Hormonen im Blut konnte ich hingegen einfach nicht mehr stillsitzen. Ich bin umhergelaufen wie ein Hamster, dem man das Laufrad weggenommen hat. Ich habe daraufhin alles abgesetzt. Anschließend bekam ich ein Antidepressivum (Citalopram) von ihm verschrieben, das ich 3 Monate nahm. Ich sagte dem Arzt vor der Einnahme: „Ich glaube nicht, dass ich unter einer Depression leide. Ich hatte so etwas schon, ich weiß, was das ist, das hier ist meiner Meinung nach etwas anderes.“ – „Doch“, meinte er, „das ist so etwas. Nehmen Sie diese Tablette ruhig und Sie werden sehen, die Sonne wird wieder scheinen.“ Ich nahm diese Tablette drei Monate. Sie raubte mir die letzten Kräfte. Ich konnte während dieser Zeit noch schlechter auf den Beinen stehen. Ich habe damals einen Bekannten getroffen, der zu mir sagte: „Junge, du siehst schlecht aus, geh mal zum Arzt.“ Dass ich in diesen 3 Monaten nicht joggen konnte, brauche ich eigentlich nicht erwähnen.

Dieser Arzt hatte mir ja das Hormonsystem in groben Zügen erklärt. Jetzt verstand ich nicht alles, weil es mir schwerfiel, mich zu konzentrieren, und ich mir beim Zuhören immer Auszeiten nahm. Aber dass das Wachstumshormon das Masterhormon ist, bekam ich mit. Ich bat ihn darum, es einmal bei mir zu messen. Mein Wert war extrem niedrig. Er sagte mir dazu, dass er vom Wachstumshormon keine Ahnung hätte. Er fragte mich bei dem Gespräch allerdings, ob ich frieren würde? Ich antwortete: „Nein.“ Dann erwähnte er noch, dass er schon Leute gesehen hätte, denen die Knochen aus dem Körper gewachsen wären, weil sie dieses Hormon genommen hätten. Vielleicht würde ich selber irgendwann in den oberen Bereich kommen. Er könne mir jetzt nicht mehr weiterhelfen und würde mich gerne an einen Neurologen überweisen.

Die Neurologin fragte mich, was mein akutes Problem sei? Ich antwortete ihr, dass ich schwere Beine habe, schwer atme und nachts nicht durchschlafe. (Ich wusste zu dem Zeitpunkt wirklich noch nicht, dass es bei mir auch um den geistigen Abbau geht.) Sie verschrieb mir daraufhin ein anderes Antidepressivum. Auch ihr sagte ich, dass ich wohl nicht unter einer Depression leiden würde. Sie sagte dazu, dass es sich bei mir nicht um eine richtige Depression handeln würde, mein Serotoninspiegel wäre einfach unten. Das könnte man messen, das müsste ich aber selbst bezahlen. Ihr Vorschlag war, diese Pille einfach mal zu nehmen, um dann zu sehen, was passiert. Ich bräuchte sie dieses Mal zudem nicht über einen so langen Zeitraum zu schlucken. Diese Pille nahm ich 4 Wochen lang. Das gleiche Spiel wieder, ich konnte wieder kaum auf den Beinen stehen und es trat ebenso keine Besserung ein. Ich bekam dann von ihr noch andere Antidepressiva verschrieben, die mir nicht halfen. Mir ließen damals die Hormone keine Ruhe. Besonders der extrem niedrige Wert vom Wachstumshormon beschäftigte mich. Ich habe mich immer schon gefragt, warum es nicht in der Schulmedizin gerade bei der älteren Generation zum Einsatz kommt, wenn es doch leistungssteigernd wirkt. Mein Wert lag bei 0,22 µg. In der Schulmedizin lagen Werte von 0, also gar nichts, bis 10 µg in meiner Altersklasse im Normalbereich. 0,22 µg waren also verfügbar, um meinen gesamten Stoffwechsel aufrechtzuerhalten. Da gab es Menschen in meinem Alter, die hatten 10 µg im Blut, also fast das 50-fache. Heißt, 5000 Prozent mehr. Ich wusste vom Wachstumshormon damals schon, dass es als Anti-Aging-Mittel genutzt wird, traute der Sache jedoch nicht so richtig. Aber vom Radsport wusste ich, dass es wirkt. Diese Sportler spritzen sich dieses Hormon, um dann die Berge hochzufahren, ohne zu ermüden. Und das am nächsten Tag gleich wieder. Ich nahm den Bericht vom Anti-Aging-Arzt und bin damit zu einem Endokrinologen (Hormonarzt) gegangen. Der begrüßte mich mit den Worten: „Mit Ihren Hormonen ist alles in Ordnung. Was ist denn Ihr Problem?" Das war für mich wie ein Schlag ins Gesicht. Ich kriegte daraufhin erst einmal eine Schnappatmung. Ich erwähne das, weil mir so etwas vorher in meinem ganzen Leben nicht passiert war. Ich kriegte keine Luft und es hat zunächst eine Weile gedauert, bis ich reden konnte. Ich sagte ihm schließlich, dass mein Problem damit angefangen hat, dass ich früher immer samstags extrem zitterig war. So etwas zu erwähnen ist wohl nicht sonderlich wichtig, aber es ist mir in dem Moment nichts anderes eingefallen. Er wusste dann sofort, dass es sich bei mir um eine Angststörung handelt. Das wäre bei mir ein klassischer Fall, sagte er. Sein Rat war, dass ich mir einen guten Neurologen suchen sollte. Er hat mich nicht untersucht.

Weil ich mit den Antidepressiva der Pharmaindustrie keine Besserung erlebt hatte, sagte die Neurologin zu mir: „Keine Experimente mehr, ab zur Kur." Wer so eine Kur mal verschrieben bekommen hat, der weiß, dass der erste Antrag von der Krankenkasse erst einmal abgelehnt wird. Jetzt muss man begründen, warum man denn unbedingt diese Kur braucht. Machen Sie das mal, wenn Sie total kraftlos sind, komplett benebelt im Kopf und sich nicht konzentrieren können.

Ich ging damals zu dieser Kur mit gemischten Gefühlen. Ich dachte zum einen, dass ich dort auf Leute treffe, die mein Problem teilen, und ich wollte mich dann mit denen austauschen. Schwindel ist etwas ganz Normales, jeder kennt so etwas. Kraftlosigkeit, wie will man das definieren? Wenn man noch nicht das Rentenalter erreicht hat, wird das im normalen Leben als Charakterschwäche ausgelegt. Gefühlsleere, über so etwas kann man mit keinem reden. Bei meiner Mutter habe ich diese Art von Leere in ihren letzten Lebensjahren gesehen. Sie hat auf Familienfeiern nur noch wortlos dagesessen und mich angelächelt. An normalen Tagen hat sie stundenlang vorm Fenster gestanden und mit einem leeren Gesichtsausdruck auf die Straße geguckt. Ich hatte aber auch ehrlich gesagt Angst vor der Psychotherapie, weil ich gelesen hatte, die Psychotherapie hilft durch einen Blick in die Seele des Menschen. Ich hatte die Befürchtung, dass dort vielleicht irgendwelche dunkle Seiten aus meinem Inneren ans Licht kommen würden. Das mag sich seltsam anhören, was ich allerdings für psychische Veränderungen in dieser Zeit erlebt habe, war hammerhart. Eines weiß ich jetzt jedoch sicher, dass Gedanken und Gefühle elektrische und chemische Abläufe sind, dass nicht nur äußere Einflüsse auf die Psyche wirken und dass das Gehirn nicht nur Glukose braucht, um zu funktionieren.

Die Psychotherapeutin wollte damals von mir wissen, ob ich denn selbst etwas gegen meine Probleme unternehmen würde. Ich sagte ihr, dass ich Sport machen würde, weil es mir danach besser geht. Ob das denn immer helfen würde, wollte Sie wissen. Ich musste die Frage mit „nein" beantworten. Auf der Suche nach meinem Problem kam sie dann zum Entschluss, dass etwas Schlimmes mit mir in meiner Kindheit passiert sein muss. Was genau sollte ich selbst herausfinden, aber es müsste schon etwas Lebensbedrohliches gewesen sein. Sie hat mir dann davon erzählt, dass z.B. Menschen, die schlimme Sachen in einem Krieg miterlebt haben, diese Erlebnisse innerlich verdrängen würden. Irgendwann, das kann nach Jahrzehnten sein, kommt dieses Erlebte wieder ins Unterbewusstsein. Sie hätte diesen Leuten helfen können, indem Sie mit bestimmten Vorgehensweisen sie aus dieser Situation herausgeholt hätte.

Langer Rede, kurzer Sinn, die Psychotherapie hat mir nicht geholfen. Das Abschlussgespräch lief darauf hinaus, dass ich weiter Psychotherapie in Anspruch nehmen sollte. Am besten wäre es, wenn ich einen neuen Antrag bei der Krankenkasse stellen würde und wiederkäme.

Die Neurologin fragte mich dann, wie es mir geht, ob die Kur mir geholfen hätte. Ich antwortete ihr, dass sich bei mir nichts gebessert hätte. Worauf sie lautstark äußerte: „Sie wollen sich ja nicht helfen lassen. Solche Fälle habe ich viele gehabt." Ich habe sie noch gefragt, ob mein Problem vielleicht hormonell bedingt sein könnte. Sie überlegte und antwortete: „Nein". Das war im Januar 2009. Ich bin anschließend nicht mehr zu der Neurologin gegangen und habe keine Psychotherapie in Anspruch genommen. Ich nahm wieder allerlei Nahrungsergänzungsmittel, dieses Mal höher dosiert, größere Mengen Eiweißpulver, bin morgens wieder joggen gegangen und habe abends progressive Muskelentspannung gemacht. Beim letzten Mal hatte es ca. 5 Monate gedauert, bis es mir richtig gut ging, ich wollte, dass es diesmal schneller geht. Ich suchte im Internet nach dem Wachstumshormon und stieß dabei auf Isotropin, was ich dann abends zusätzlich einnahm. Nach der ersten Einnahme bekam ich morgens leichte Kopfschmerzen und mein Spiegelbild sah besser aus. Diese Wirkungen hielten aber nur für einen Tag. Anfang März war ich auf einer Feier und trank dort das erste Mal seit Silvester Alkohol. Ich bekam dort einen heftigen melancholischen Anfall, so etwas war mir vorher in meinem ganzen Leben auch noch nie passiert. Etwas später konnte ich einigermaßen klar denken und nach dem Sport sogar Gespräche selbst aktiv mitgestalten. Ich fühlte mich gut und kriegte zudem wieder eine straffere Gesichtshaut. Ein Erlebnis war noch interessant: Ich war in meinem Laden und musste mitarbeiten, weil es einen Abend sehr stressig zuging. Es machte mir nichts aus. Nach Feierabend schloss ich dann die Ladentür ab und bemerkte, dass ich sofort ruhig wurde. Mein Stresslevel war schlagartig runtergefahren. Zu diesem Zeitpunkt war für meine Verhältnisse eigentlich wieder alles in Ordnung. Ich hatte aber Bedenken, dass die ganze Situation erneut kippt. Ich habe das in meinem Leben zu oft erlebt und ich wusste nie den Grund dafür. Und ich wusste zu dem Zeitpunkt auch nicht mehr so richtig, wer ich überhaupt war. Dieses Auf und Ab der Gefühle kann keiner verstehen, der es selbst nicht erlebt hat.

Dieses Isotropin wurde damals im Internet als Wachstumshormon angepriesen. Es bestand hauptsächlich aus Aminosäuren. Nun besteht das menschliche Wachstumshormon aus 191 Aminosäuren, die dort allerdings nicht drin waren. Hinzu kam, dass es eine Art Brausepulver war, das ich mit Flüssigkeit trinken musste. Das Wachstumshormon muss aber gespritzt werden, weil es oral eingenommen durch die Magensäure zerstört wird. Da ich der Meinung war, dass es mir geholfen hat, und ich wissen wollte, warum, habe ich bei meiner Krankenkasse angerufen und nachgefragt. Dort sagte man mir, wenn ich das Gefühl hätte, dass es mir damit besser geht, könnte ich es ruhig nehmen. Schulmedizinisch wäre es hingegen nicht begründbar. Isotropin bestand unter anderem aus den Aminosäuren Glutamin, Arginin, Lysin, Glycin, Leucin, Tyrosin und Gamma-Aminobuttersäure (GABA). Was ich damals noch nicht wusste, einige Aminosäuren wirken positiv auf die Freisetzung vom Wachstumshormon. Speziell die Kombination von Arginin und L-Lysin war einer der ersten natürlichen Stimulatoren der STH-Sekretion mit wissenschaftlich erwiesener Wirkung. Eine Studie zur Freisetzung von STH durch Stimulation mit Lysin und Arginin wurde schon 1981 von dem italienischen Forscher A. Isidori und seinen Kollegen an der Universität Rom durchgeführt.[132] Und darum ging es. Mit Aminosäuren lässt sich das Wachstumshormon um den Faktor 2 bis 4,5 erhöhen. Was ein Mehr an Wachstumshormon bedeutet, zeigt eine Studie aus dem Jahr 2005. Gesunde Personen nahmen 10 Tage lang 3 g Lysin und 3 g Arginin ein, danach mussten sie eine Rede halten. Diese Personengruppe litt deutlich weniger unter Stressreaktionen und Angst als Personen, die diese Aminosäuren nicht eingenommen hatten.[133] Heißt, man wird selbstbewusster. Kann ich nur bestätigen.

Ich suchte darauf nach einem Arzt, der sich mit dem Wachstumshormon auskennt. Im Internet stieß ich auf einen Privatarzt, der angab, Spezialist auf diesem Gebiet zu sein. Beim ersten Gespräch sagte er zu mir, dass meine Probleme praktisch Standard für ihn seien. Mit der Atmung wüsste er jetzt noch nicht genau Bescheid, aber das würde er alles hinkriegen, könnte nur etwas dauern. (Wohlgemerkt, zu dem Zeitpunkt ging es mir gut.) Ich bekam einen Termin zur Blutentnahme. Seine Diagnose war, dass ich einen Pilz im Magen habe und unter Vitalstoffmangel leide. Von den Vitaminen fehlten mir B6, B12 und Vitamin C, von den Mineralstoffen Zink. Aufgrund der gestörten Stoffwechsellage waren mein Immunsystem und mein Hormonsystem leicht entgleist, hierbei besonders betroffen die Sexualhormone und das Wachstumshormon. Auch mit meinem Fettstoffwechsel, Kohlenhydratstoffwechsel und besonders dem Eiweißstoffwechsel sah es bei dieser Untersuchung nicht gut aus. Ich sollte mich dann einen Monat lang wie die Japaner ernähren. Das hieß in diesem Fall, Fisch und Reis, aber kein Obst. Auch bekam ich ein Mittel, um mein Magen-Darm-System zu stärken (ich glaube, es hieß Lactobat). Ich nahm dann kein Isotropin mehr und ging morgens ebenfalls nicht joggen. Dafür nahm ich Vitamine und Mineralstoffe in Pulverform zu mir und bekam Infusionen. Ich nahm diese mit den Worten des Arztes zu mir: „Sagen Sie mir hinterher, wie Sie sich fühlen." Nach einigen Infusionen (von denen ich nicht weiß, was drin war), fühlte ich mich eines Abends wie im Rausch. Außerdem bekam ich eine straffe

Gesichtshaut. Am nächsten Morgen sah ich wieder wie vorher aus und bekam richtig starke Unterleibs- und Herzschmerzen. Mir wurde erneut schwindelig, ich war wieder kraftlos und total benebelt im Kopf. Mir wurde darauf Blut entnommen. Die Diagnose war diesmal, dass mein Hormonsystem wieder intakt ist.

Bei diesem Arzt wurde bei mir unter anderem noch getestet, ob mein Körper mit Schwermetallen und speziell mit Amalgam überbelastet ist, oder ob ich unter einer Lebensmittelallergie leide. Alles traf nicht zu. Dieser Arzt meinte schließlich, er würde mir gerne Testosteron verschreiben. Ich sagte ihm, dass ich schon Erfahrungen damit gemacht habe und es mir nicht geholfen hat. Er meinte dazu, dass mit DHEA und Testosteron zusammen ja noch eins draufgesetzt wurde. Ich sollte jetzt nur Testosteron nehmen. Ich nahm es und wurde davon impotent. Als ich dem Arzt davon berichtete, fragte er mich, ob ich schon einmal etwas von Viagra gehört hätte? Ich habe damals kein Viagra genommen, ich habe das Testosteron abgesetzt. Ich sagte diesem Arzt dann, dass ich noch einmal zu einem Endokrinologen gehen möchte. Er meinte dazu, dass ich die Hormone auch bei ihm genauer untersuchen lassen könnte. Er hätte sein Handwerk bei dem führenden Spezialisten auf diesem Gebiet erlernt. Dieses Mal wurden die Werte durch Blutentnahme und zusätzlich durch einen 24-Stunden-Urin-Test gemessen. Als das Ergebnis da war, sagte er zornig zu mir: „Ich kann mir bei Ihnen gar nicht vorstellen, dass Sie so etwas haben." Er zeigte dabei mit seinem Finger auf meinen Bauch. Er wollte dann von mir wissen, ob ich daneben gepinkelt hätte. Auf diese Frage habe ich ihm keine Antwort gegeben. Ich fragte ihn aber, ob er das Wachstumshormon mit untersucht hätte. „Nein", sagte er, „das machen wir dann beim nächsten Mal." (Auf der Rechnung vom Labor stand, dass das Wachstumshormon mit untersucht wurde.) Seine „gesicherte Diagnose" war anschließend, dass ich eine Schilddrüsenunterfunktion habe. „Die Schilddrüse wurde schon mehrfach bei mir untersucht", sagte ich ihm, „die ist in Ordnung." Ich nahm trotzdem Euthyrox und bekam eine Tabelle, in der ich meine Körpertemperatur eintragen sollte. Messen sollte ich meine Körpertemperatur morgens vor dem Aufstehen. Sie lag damals bei 35,4 Grad.

(Unser Wärmehaushalt wird hormonell gesteuert und die Schilddrüse spielt dabei eine wichtige Rolle. Wann und in welcher Menge die Schilddrüse die eingespeicherten Hormone dem Körper zur Verfügung stellt, wird dabei vom Hypothalamus und der Hypophyse gesteuert. Dabei wird die Hormonproduktion der Schilddrüse über die bekannten Rückkopplungsmechanismen reguliert. Ist in diesem Regelkreis etwas gestört, kommt es unweigerlich zu einer Unterfunktion und die Körpertemperatur fällt ab. Eine Schilddrüsenunterfunktion kann zu Depressionen führen bis hin zu Gedächtnisstörungen.)

Meine Körpertemperatur ist während der Einnahmezeit von Euthyrox nicht angestiegen. Einzig lange im Bett zu liegen, hat mir damals zu einer leichten Erhöhung meiner Körpertemperatur verholfen. Als sich durch das Schilddrüsenhormon bei mir auch keine Besserung einstellte, habe ich noch zusätzlich Hydrocortison verschrieben bekommen. Begründet wurde die Einnahme von Cortison damit, dass sich meine Nebennieren vielleicht eine kleine Auszeit genommen hätten und sie mit der zusätzlichen Gabe angeregt werden sollen, selbst wieder ausreichend Hormone zu produzieren. Mit beiden Hormonen im Blut war es für mich unerträglich. Ein Gefühl der Anspannung war in mir, ich hätte durch Wände gehen können. Ich habe dann das Euthyrox eigenständig abgesetzt und nur noch Cortison genommen. Nach einiger Zeit der Einnahme bekam ich abends Nasenbluten, immer so gegen 22 Uhr. (Alle Hormone bekam ich von diesem Arzt auf Kassenrezept verschrieben.)

Meinem Hausarzt sagte ich schließlich, dass meine ganzen Hormone anscheinend im Keller liegen würden. Seine Aussage dazu war, dass manche Menschen ganz gut mit niedrigen Hormonwerten leben würden. Diese Aussage hat mich sehr beschäftigt. Hormone machen uns leistungsfähig, je mehr, desto leistungsfähiger. Und ausreichend Hormone sorgen dafür, dass wir wieder regenerieren. Das sieht man sehr gut an Personen, die mit wenig Schlaf auskommen. Jeder kennt solche Menschen. Sie sind belastbarer als der Durchschnittsmensch und in der Regel auch fitter im Kopf. (Selbst ohne Sport!) Und die Menschen, die angeblich sehr gut mit niedrigen Werten leben sollen? Was soll ich Ihnen sagen, diese Leute wissen es gar nicht. Wenn eine hormonproduzierende Drüse schlagartig ihre Produktion runterfährt, das merkt man. Wenn man sein ganzes Leben lang aber hormonell schwach aufgestellt ist? Man kennt es doch nicht anders.

Weil ich das Vertrauen in den Privatarzt verloren hatte, unter anderem, weil er bei einer Untersuchung auf einmal mit einem Magneten an meinem Kopf herumfuchtelte, versuchte ich es noch einmal bei einem Endokrinologen. Dort stieß ich wieder auf Ablehnung. Dieser Arzt wollte mich ebenso nicht untersuchen. Alles, was ich ihm erzählte, war für ihn nicht aussagekräftig. Cortison ist ja ein Stresshormon, ich fühlte mich damit überhaupt nicht gut, aber es puscht und so gab ich an diesem Tag nicht auf. Erst, als ich dem Arzt sagte, dass eine Tochter von mir Skoliose hat, dass ich eine Schwester habe, die unter COPD leidet, die andere immer einschläft und dass meine Mutter Alzheimer hatte, bekam ich von ihm einen Termin zur Untersuchung. Es wurde dann ein Funktionstest der Nebennieren gemacht. „Damit ist alles in Ordnung", sagte er anschließend am Telefon zu mir. Das Cortison könnte ich sofort absetzen. Das Wachstumshormon hätte er bei mir gleich mit untersucht, sagte er, damit wäre ebenfalls alles in Ordnung. Ich bin dann zu meinem Hausarzt. Ich bin zu ihm rein und habe ihn direkt gefragt: „Kann es sein, dass ich eine gestörte Hypophyse habe?" Ohne zu überlegen, antwortete er mit: „Ja." Er wollte mich daraufhin zu einem Endokrinologen überweisen. Ich sagte ihm, dass ich dort schon war. „Dann schicken wir Sie mal in die Röhre zur Untersuchung", sagte er. Er meinte noch, (wohl zu seiner Entschuldigung), dass Leute, die so etwas hätten, von selbst kommen würden. (So ein Scheiß. Wer kennt das Wort Hypophyse?) Die Untersuchung in der Röhre sollte herausfinden, ob ein Tumor auf die Hypophyse drückt. Es war nicht so, also gab es keine weiteren Untersuchungen. Mein Hausarzt sagte dazu, dass das Ergebnis doch beruhigend sei und mit einem niedrigen Wachstumshormonwert wäre mein Krebsrisiko zudem sehr gering. Abschließend sagte er, wenn ich noch Fragen zu diesem Thema hätte, könnte ich sie ihm jederzeit stellen.

Ich ging daraufhin zu meiner Krankenkasse. Es gibt dort eine Anlaufstelle für Behandlungsfehler. Ich war damals wirklich noch so naiv, zu glauben, dass man bei mir etwas übersehen hat, weil ich vor allem ja nicht übergewichtig war. Ich wollte dort einen Funktionstest der Hypophyse beantragen. Denn so etwas gibt es! Kann man im Internet nachlesen. Das Prinzip: Die Hirnanhangdrüse wird dazu angeregt, Hormone auszuschütten. Schafft sie dies nicht, liegt ein Hormonmangel vor. So einfach ist das. Denn die Hypophyse ist eine Drüse, die Hormone produziert, mehr nicht! Bei meiner Krankenkasse wurde mir dann gesagt, dass das Thema Wachstumshormon nicht erforscht sei, sonst würde es ja die ganzen Parkinsonerkrankten nicht geben. Diese Frau dort sagte mir aber auch zum Ende des Gespräches: „Sie werden sehen, dass Sie sich nur selbst helfen können." Das liest sich bis hierher sicherlich so, dass ich sehr aktiv war und es mir so schlecht wohl nicht gegangen sein konnte. Glauben Sie mir, es war nicht so. Das ist alles in einem langen Zeitraum geschehen. Zum Beispiel den Kontakt mit der Krankenkasse habe ich immer wieder aufgeschoben. Ich war vollkommen kraftlos und konnte mich ja nicht klar ausdrücken. Doch was sollte ich machen? Irgendwann habe ich mich überwunden und dann einfach dort angerufen. Und noch eines möchte ich erwähnen: Stellen Sie sich den Gedächtnisschwund nicht so vor, dass man munter durchs Leben hüpft und dann von einem auf den anderen Tag die Krankheit Alzheimer ausbricht und man dement ist. Der Gedächtnisschwund ist im Normalfall immer ein schleichender Prozess, der sich im ganzen Körper bemerkbar macht und den man selbst sehr wohl mitbekommt. Auch Auguste Deter hatte bis kurz vor ihrem Tod immer wieder klare Momente und musste ihren eigenen Verfall hilflos mit ansehen. „Ich habe mich sozusagen selbst verloren“, antwortete sie ihrem Arzt mehrmals auf seine Fragen. Bei meiner Mutter habe ich es so erlebt, dass erst einmal ihr Garten jedes Jahr kleiner wurde, weil die Arbeit ihr immer schwerer fiel. Sie sagte mal zu mir, dass ihr alle Knochen wehtun würden, wenn sie aus dem Garten kommt, aber sie würde sich trotzdem besser fühlen. Irgendwann ging es allerdings gar nicht mehr. Erst viel später ging ebenso geistig nichts mehr und sie wusste unter anderem nicht mehr, wer ich bin.

Beim folgenden Termin beim „Hormonspezialisten“ habe ich ihn nach dem Wachstumshormon gefragt. Ich wollte von ihm vor allem wissen, ob ich es mir überhaupt leisten kann. Er meinte, es kommt darauf an, was ich will. Er sagte, dass alle Hormone ein bisschen helfen, das Wachstumshormon jedoch wäre Vollgas. Er schlug mir 1 mg vor. Damals konnte ich mit Mengenangaben noch nichts anfangen, ich wollte einfach nur den Preis wissen. Daraufhin sagte er zu mir, dass in meinem Fall 0,1 mg ausreichen würden. Er stellte mir ein Privatrezept aus. Das war im Sommer 2010. Anschließend spritzte ich mir drei Monate lang 0,1 mg STH. Ich wollte natürlich ganz genau wissen, wie dieses Wachstumshormon auf mich wirkt. Ich habe diese drei Monate ganz genau auf Veränderungen an mir geachtet. Ich bin morgens joggen gegangen und habe mich ansonsten geschont. Ich arbeitete nicht mit. In diesen drei Monaten bemerkte ich nichts. Kurz vor dem Termin beim Arzt habe ich dann noch Isotropin genommen. Am nächsten Morgen verspürte ich ein leichtes Ziehen im Kopf. Ich wusste nicht, ist das jetzt gut, schlecht oder sagt das überhaupt etwas aus? Beim Arzttermin sprach ich dann an, dass das Wachstumshormon bei mir nicht wirkt, aber anscheinend das Isotropin. Der „Hormonspezialist“ wollte von mir wissen, an welcher Stelle im Kopf ich denn etwas bemerken würde und wo ich denn dieses Isotropin her hätte. Er meinte dazu, dass er es kennen würde, und dass man mit diesem Mittel in den Anfangszeiten herumexperimentiert hätte. Aber er wusste auch, dass man

mit dieser Substanz den Wachstumshormonspiegel nur geringfügig anheben kann. Zu der Dosierung vom Wachstumshormon
sagte er, dass die Menge von 0,1 mg nur zum Einschleichen gedacht wäre. (Drei Monate?) Ich sollte jedenfalls auf 0,2 mg erhöhen und nach einem Monat wiederkommen. Ohne ein Ergebnis
abzuwarten, bekam ich mit der Rechnung gleich die Diagnose
gestellt: gesichert, klimakterische Erkrankung. Heißt übersetzt,
ich befand mich in den Wechseljahren. Ich spritzte dann 0,2 mg
vom STH, ging morgens joggen und nahm Isotropin. Auch mit
dieser Dosis merkte ich erst einmal nichts. So nach 2 Wochen
stellte sich hingegen eine heftige Gefühlsleere bei mir ein. Ich
war schon drauf und dran, es deswegen nicht mehr zu nehmen.
Ein paar Tage später stand ich auf dem Tennisplatz und mir fiel
auf, dass die Bälle auf dem Nachbarplatz in fließenden Bewegungen an mir vorbeiflogen. Ich stand regungslos da und guckte den Bällen nach. Mir wurde nicht schwindelig und ich hätte mich da vielleicht auch freuen sollen, allerdings kam einfach
kein Gefühl in mir auf. Wieder ein paar Tage später stand ich
morgens auf, hatte auf einmal eine straffe Gesichtshaut, fühlte
mich richtig gut und zudem jünger. Ich habe mich dann bewusst
„ungesund" ernährt und abends Schokolade gegessen und 3 Bier
getrunken, um zu sehen, was passiert. Am ersten Morgen nichts,
am zweiten Morgen auch nichts, aber am dritten Tag. Ich bin
morgens aufgestanden und mein Gesicht war wieder eingefallen,
doch es ging mir zumindest da noch gut. Beim Arzttermin sagte
ich dann, dass es mir jetzt besser gehen würde. Der Arzt lachte
und meinte: „Das kann ich mir bei Ihnen vorstellen."

Ein starkes Erlebnis hatte ich schließlich etwas später im Urlaub.
Jetzt muss ich erst einmal erwähnen, dass Reisen für mich immer schon unglaublich anstrengend waren. Schon längere Auto-
fahrten reichen bei mir normalerweise aus, dass ich nicht mehr
zu gebrauchen bin. Dieser Urlaub war mit meiner Frau auf Sri
Lanka. Wir haben dort in der Anlage zufällig Bekannte aus unserer Stadt getroffen. Mit ihnen haben wir abends zusammenge-
sessen und Alkohol getrunken. Ich habe mit dem Mix aus STH

und Bier wirklich tagelang nur geschlafen. Auch abends beim Bier saß ich nur teilnahmslos da. Dann habe ich eines Nachmittags Tennis gespielt (total kraftlos und benebelt im Kopf) und ich war danach wie gewandelt. Ich fühlte mich schlagartig gut, redete auf einmal und verstand alles ganz normal. Außerdem bekam ich eine straffe Gesichtshaut. Diese Wirkungen hielten bei mir allerdings nur für diesen einen Tag. Einmal habe ich das Wachstumshormon dann auch mal von dem Privatarzt auf Kassenrezept bekommen. Irgendwann sagte er ohne Begründung zu mir: „Sie kriegen es von mir." Beim darauffolgenden Telefontermin fragte er mich, wo er denn bei der Suche nach meinem Problem ansetzen sollte, ob es bei mir vielleicht genetisch bedingt sei? „Ja", antwortete ich, „ich glaube schon." Ich erzählte ihm, dass eine Schwester von mir an COPD erkrankt ist, meine andere Schwester immer einschläft, dass meine Tochter Skoliose hat und dass meine Mutter erst Parkinson, dann Alzheimer hatte. Von da an bekam ich das STH nicht mehr auf Kassenrezept. Er sagte darauf beim persönlichen Gespräch zu mir, dass er es mir versehentlich auf Kassenrezept verschrieben hätte, denn dieses Hormon würde nur bei kleinwüchsigen Kindern und Erwachsenen mit einem Gehirntumor von der Krankenkasse bezahlt. (Was so nicht stimmt. Ist ein Wachstumshormonmangel diagnostiziert, muss die Therapie sehr wohl von der Krankenkasse bezahlt werden.)

Es ging auf den Winter zu und meine Lage verschlechterte sich wieder. Dieser Arzt meinte dazu, dass mein Grundumsatz zu niedrig wäre und man bei niedrigen Temperaturen mehr vom Wachstumshormon bräuchte. Er sagte: „Wir müssen Sie irgendwie auf eine Körpertemperatur von 36,4 Grad bekommen." Ich sollte auf 0,4 mg erhöhen. Jetzt ist das Wachstumshormon recht teuer und aus Kostengründen habe ich anschließend auf das Isotropin verzichtet. Auch bin ich morgens nicht mehr joggen gegangen, weil ich von der Wichtigkeit von Bewegung damals einfach noch nichts wusste. Mit 0,4 mg Wachstumshormon und ohne Isotropin war es schließlich bei mir so, dass meine Zunge wie ausgetrocknet war und meine Lippen aufplatzten. Zudem fühlte ich mich nicht gut dabei. Als ich dem Arzt von den Nebenwirkungen berichtete und ihm sagte, dass ich das Wachstumshormon wohl ohne Isotropin nicht vertragen würde, sollte ich drei Monate gar nichts mehr nehmen und mich wieder bei ihm melden. Nach einiger Zeit ist dann über Nacht die Kraft aus meinem Körper entwichen. Von jetzt auf gleich. Ich stand eines Morgens auf und war wieder vollkommen benebelt im Kopf. Ich kriegte erneut alles nur schemenhaft mit und bewegte mich ganz steif und langsam. Hinzu kam, dass ich nach einer Reise richtig heftige Weltuntergangsgedanken bekam. Ich nahm dann wieder das Wachstumshormon und Isotropin, bin morgens wieder joggen gegangen und es ging wieder aufwärts mit mir. Meinem Hausarzt erzählte ich davon, dass ich jetzt das Wachstumshormon nehme und es mir dadurch auch besser gehen würde. „Was dieser Arzt Ihnen auf Privatrezept verschreibt, ist seine Sache", meinte er ganz entsetzt, „auf Krankenkassenrezept kriegen Sie es jedenfalls nicht." Das war 2011.

Die Depression

Bei einer Demenz ist bekannt, dass Nervenzellen im Gehirn und auch die Verbindungen zwischen ihnen zugrunde gehen. Doch nach über 100 Jahren Alzheimer kennt die Schulmedizin weder die Auslöser der Erkrankung noch die genauen Mechanismen, zudem steht eine wirksame ursächliche Therapie nicht zur Verfügung. Erstaunlicherweise würden trotzdem 85 Prozent der Deutschen bei Gedächtnisproblemen zum Arzt gehen. Das ist das Ergebnis einer repräsentativen Umfrage anlässlich des Welt-Alzheimer-Tags am 21. September 2018.

Fangen wir mit der Untersuchung an. Ich weiß nicht mehr, ob ich schon 30 Jahre alt war, als ich meinem Hausarzt sagte, dass ich

immer kaputt bin und nach dem Essen sei es besonders schlimm.
Seine Vermutung war damals, dass ich unter Eisenmangel leide, was sich nicht bestätigte. Dann sagte ich ihm unter anderem,
dass ich schreckhaft sei, ich Nierenschmerzen und Herzschmerzen habe und mir ständig schwindelig wird. Gefunden wurde bei mir nichts. Ich war darauf beim Psychiater wegen hefti-
ger Konzentrationsprobleme. Der Psychiater stülpte mir damals
ein Netz über meinen Kopf und maß meine Gehirnströme. Er
meinte, es wäre alles toll durchblutet, er wisse nicht, woher die
Gedächtnisstörungen bei mir herkommen. Das war 's. Bis heute
hat sich daran nichts geändert. Seit über 100 Jahren gibt es keine
brauchbaren Erkenntnisse. Als ich einen großen Auftrag verloren habe, bin ich schließlich in ein tiefes Loch gefallen. Da weiß
die Schulmedizin Bescheid, Diagnose: Depression.

Eine Depression ist eine schwere seelische Erkrankung. Die Depression trifft Menschen, bei denen es unausweichlich scheint:
unglückliche Kindheit, Beziehungsprobleme, Verlust des Arbeits-
platzes, Stress. Und sie trifft andere. Statistisch gesehen, steigt die
Gefahr, an einer Depression zu erkranken, mit jedem Lebensjahr an, da besonders ältere Menschen betroffen sind. Symptome:
Auffallend ist die Verbindung von Antriebsmangel, Müdigkeit
am Tage und nächtlicher Unruhe. Depressive Menschen leiden
häufig unter Schlafstörungen. Dazu treten kennzeichnende Symptome wie tiefe Niedergeschlagenheit, Gefühlsleere, Konzentra-
tions- und Leistungsstörungen, sozialer Rückzug auf. Ebenso zeigen sich vielfach körperliche Beschwerden, wie Kopfschmerzen,
Schwindelgefühle, Magen-Darm-Probleme, Atembeschwerden,
Herzbeklemmung beziehungsweise Herzrhythmusstörungen,
Schweißausbrüche. Bei bestimmten Depressionsformen sind innere Unruhe und Getriebenheit oder rastlose Aktivität Ausdruck
der seelischen Störung. Bei der Altersdepression stehen besonders
die körperlichen Probleme im Vordergrund. Bei etwa 80 Prozent der Betroffenen sind die vordergründigen Anzeichen einer
Depression eher körperlicher Natur und erst später werden die
psychischen Veränderungen deutlicher.

Depression und Demenz sind ja erst einmal zwei unterschiedliche Diagnosen und sie werden auch unterschiedlich behandelt. Doch wussten Sie, dass Depression und Demenz Hand in Hand gehen? Wer im fortgeschrittenen Alter unter Depressionen leidet, verdoppelt sein Risiko für Alzheimer. Liegt zudem in der Krankengeschichte eine Depressionserkrankung in jüngeren Jahren vor, verdreifacht sich das Demenz-Risiko sogar. Erstaunlicherweise unterscheiden sich die Symptome dieser beiden Erkrankungen gar nicht groß. Depressive Menschen sind kraft- und energielos, genau wie Alzheimer-Betroffene. Und bei einer Depression sind ebenfalls häufig die Denkabläufe blockiert, die Konzentrationsfähigkeit ist herabgesetzt und es können deutliche Gedächtnisstörungen auftreten. Schwere Depressionen können das Gedächtnis so stark beeinträchtigen, dass die Folgen wie eine Demenz erscheinen. Von da her ist es für einen Arzt erst einmal gar nicht so einfach, zwischen einer Depression und Demenz zu unterscheiden. Auch gibt es keine Untersuchung und keinen spezifischen Labortest, mit denen sich eine Depressions- oder eine Alzheimer-Diagnose eindeutig stellen lässt. Darüber hinaus zeigen Alzheimer-Patienten schon Gedächtnisschwächen, bevor die Krankheit diagnostiziert wird oder bevor Nervenzellen in ihrem Gehirn zu sterben beginnen. Wie soll der behandelnde Arzt jetzt bestimmen, ob sein Patient eine „normale altersbedingte Gedächtnisschwäche" zeigt, ob er unter einer Depression leidet oder ob er sich im frühen Stadium der Alzheimer-Krankheit befindet? Um einigermaßen Klarheit zu bekommen, gibt es dafür heutzutage den Test zur Früherkennung von Demenzen mit Depressionsabgrenzung (TFDD). In diesem Test müssen Wortlisten wiederholt und Anweisungen zum Ausführen bestimmter Bewegungen befolgt werden. Und je danach, wie weit die „Verblödung" jetzt fortgeschritten ist, leidet man entweder an einer Depression oder an Alzheimer. In der Regel sieht es wohl so aus, dass der behandelnde Arzt bei jüngeren Patienten mit Gedächtnisstörungen erst einmal von einer Depression ausgeht. So liest man auch immer wieder Meldungen von Demenzfällen, wo fälschlicherweise erst die Diagnose Depression gestellt wurde.

In Spiegel Online war zu lesen: „Rohra war einmal Simultandolmetscherin. Doch dann fingen die Aussetzer an. Ein Wort, das plötzlich fehlte, ganze Sätze auf Französisch, die keinen Sinn mehr ergaben. Erst stellte der Arzt einen Burnout fest, später Demenz. Da war sie 54 Jahre alt.“

Wir lesen und hören ja immer, dass die Medizin der letzten hundert Jahre dramatische Fortschritte erzielt hat und sich Depressionen, im Gegensatz zur Demenz, heutzutage in aller Regel gut behandeln lassen. Doch wie sah es mit den Anfängen aus? Wie wurden früher depressive Menschen therapiert? In der grauen Vorzeit wurden diese Menschen erst einmal gar nicht behandelt. In der Medizin gab es keinen Bereich, der sich um psychisch Erkrankte kümmerte. Wenn sich die Familien nicht der Betroffenen annahmen, wurden vor dem 19. Jahrhundert „Verrückte“ in öffentliche Narren- oder Tollhäuser eingesperrt, häufig wurden Geisteskranke auch in Armenhäusern und Gefängnissen untergebracht. Die ersten Versuche Depressionen mit Medikamenten in den Griff zu bekommen, wurden gegen Ende des 18. Jahrhunderts gemacht. 1764 begann Friedrich Engelken sen. mit der systematischen Anwendung von Opium bei psychiatrischen Patienten (melancholisch Erkrankten). Sein Enkel und Nachfolger Friedrich Engelken jun. entwickelte die Opium-Kur weiter und veröffentlichte 1844 und 1851 Fachaufsätze über diese Therapie. Der Behandlungserfolg der Opium-Kur führte durch individuelle Dosisanpassungen zum Erfolg. Dass Opium Abhängigkeit erzeugt, war damals schon allgemein bekannt, jedoch hatte bereits 1851 Engelken geschrieben, dass das Opium „in der Hand eines umsichtigen, gewissenhaften Arztes“ keinen Schaden anrichtet.[134] Ebenso wurde Kokain im 19. Jahrhundert medizinisch gegen Depressionen verordnet. Unter anderen bemerkte Sigmund Freud in einem Selbstversuch, dass Kokain Depressionen aufhellen kann und sich damit die Konzentrationsfähigkeit verbessern lässt. 1898 wurde ein neues chemisch hergestelltes Medikament beim Reichspatentamt registriert: Heroin. Es wurde vor Markteinführung getestet – an Werksangehörigen und an Kindern.[135] Dieses „Wundermittel“

wirkte scheinbar gegen fast jedes Übel. In der Psychiatrie wurde es an Irrsinnige und Idioten verabreicht, aber auch gegen Demenz und Unruhezustände wurde es eingesetzt. So richtig Erfolg versprechend waren die damaligen Medikamente aber nicht, denn noch zu Beginn des ersten Weltkriegs vegetierte die Masse an psychisch Erkrankten in großen Anstalten. Die Diagnose lautete oft dementia praecox. Was so viel bedeutet wie vorzeitige Demenz, also frühzeitiger geistiger Abbau. In den 30er Jahren wurden dann Behandlungsmethoden wie der Elektroschock oder der Insulinschock entwickelt. Die Nazis vollzogen dann die Vernichtung sogenannten „unwerten Lebens". Auch in den ersten Jahren nach dem Zweiten Weltkrieg ließ die deutsche Psychiatrie ihre Kranken noch als nutzlose Esser verhungern.

Der Siegesszug der Antidepressiva

In den 1950er Jahren machten Ärzte merkwürdige Beobachtungen an ihren Tuberkulosepatienten, nachdem sie ein Medikament namens Iproniazid schluckten. Diese schwer Erkrankten waren mitunter ungewöhnlich fröhlich und tanzten auf einmal durch die Flure der Krankenhäuser, trotz ihres Leidens. Diese rein zufällige Entdeckung führte dazu, dieses Tuberkulosemittel an depressiven Patienten zu testen. Iproniazid wurde 1958 als Antidepressivum zugelassen, es war das erste vermarktete Antidepressivum überhaupt. Durch Iproniazid wurden die Pegel mehrerer Botenstoffe im Gehirn erhöht, darunter Noradrenalin, Dopamin und Serotonin. 1959 nannte die New York Times diese Pillen zum ersten Mal Antidepressiva. Aber Iproniazid hatte schwerste Nebenwirkungen. Schon 1961 wurde es wieder vom Markt genommen.[136,137]

Der Schweizer Psychiater Roland Kuhn gilt als „Vater der Antidepressiva". Nach dem Abschluss zum Doktor der Medizin begann er 1937 in Berns psychiatrischer Anstalt Waldau als Assistenzarzt zu arbeiten. Dort wurden psychisch gestörte Patienten unter anderem durch „Schlafkuren" behandelt, was nichts anderes heißt, dass sie durch Stromschläge narkotisiert und so in Tiefschlaf versetzt wurden.

1939 wechselte Kuhn und wurde Oberarzt an der Kranken- und Irrenanstalt Münsterlingen. Dort machte er erfolglose Versuche mit alternativen Wirkstoffen zur Opium-Kur. Der Pariser Psychiater Jean Delay entdeckte durch Zufall, dass ein Mittel, welches zur Narkosevorbereitung eingesetzt wurde, eine antipsychiotische Wirkung erzeugte. Kuhn testete dieses Medikament an psychisch Erkrankten, welches dann ab Mitte der fünfziger Jahre als Neuroleptikum auf der ganzen Welt eingesetzt wurde.

Es folgte Imipramin, Kuhns große Entdeckung, das heute noch als Tofranil auf dem Markt ist und für die Therapie aller Formen von depressiven Erkrankungen zugelassen ist. Imipramin wirkt, indem es die Konzentrationen der Neurotransmitter Serotonin und Noradrenalin im Gehirn erhöht.[138] Ab 1954 testete Roland Kuhn die neue Substanz an Kranken aller Diagnosen. Bei Depressiven war er von der Wirkung begeistert. Zeitgleich wurde die Substanz in zehn Schweizer Kliniken getestet. Keine einzige konnte die antidepressive Wirkung bestätigen. Das hinderte Kuhn aber nicht daran weiterzumachen. Um als Entdecker des ersten Antidepressivums der Welt in die Geschichtsbücher einzugehen, wurde er kreativ und erfand einfach die dazugehörige Krankheit, bei der Imipramin sofort wirken sollte, er nannte sie die „vitale Depression". Drei Viertel bis vier Fünftel dieser Kranken genäsen durch Imipramin vollständig, behauptete er. Den Heilerfolg beschrieb er folgendermaßen: „Die Wirkung … auf depressive Zustände tritt bei bestimmten Fällen schlagartig nach einer Behandlung von 2–3 Tagen ein und ist dann gleich voll ausgeprägt, so daß man sagen muss die ganze Depression sei verschwunden."[139] Auf dem 2. Internationalen Kongress für Psychiatrie in Zürich schwärmte er: „Mit dem September 1957 beginnt für die Geschichtsschreibung über die Behandlung depressiv Erkrankter ein neues Kapitel."[140] Über Nebenwirkungen wie Schwindel, Schweißausbrüche, Gefühllosigkeit an Extremitäten oder Herzklopfen sprach Kuhn nur selten. Den Grund für den Selbstmord einer Patientin sah er in der abnehmenden Wirkung des Medikaments.[141],[142]

In Deutschland sind Antidepressiva seit 1958 verfügbar. Diese Medikamente zeigten keinen Einfluss auf die stationäre Behandlung depressiver Patienten. Weder verkürzte sich der Klinikaufenthalt bei den Patienten, noch waren sie vor dem erneuten Ausbruch einer Depression geschützt wenn sie nach der Entlassung die neuen Medikamente weiter einnahmen. Eine umfangreiche Studie wurde im Jahr 1969 im Auftrag des National Institute of Mental Health (NIMH) durchgeführt. Dabei handelte es sich um eine Meta-Analyse mit 2000 Artikeln über antidepressive Wirkstoffe. Ergebnis war, dass die Unterschiede zwischen der Wirksamkeit von Antidepressiva und einer Placebo-Medikation nicht beeindruckend waren.[143] Diese Stoffe wurden damals, 10 Jahre nach ihrer Einführung, auch so gut wie gar nicht mehr verschrieben. Das heißt, sie sind damals gescheitert.

Die 60er und 70er Jahre waren schließlich das Zeitalter für Valium. Valium sorgt im Gehirn dafür, dass Erregungszustände nicht mehr übertragen werden, es wirkt somit beruhigend und angstlösend auf die Psyche. Jahrelang gehörte Valium zu den am meisten verschriebenen Medikament der Welt. Doch dann häuften sich Horrorgeschichten von Süchtigen. Der gute Ruf von Valium begann zu bröckeln.[144]

Zu Beginn der 1970er Jahre entstanden innerhalb der Psychiatrie schließlich eine ganze Reihe von Hypothesen für psychische Störungen. So wurde ein Dopaminmangel im Gehirn verantwortlich gemacht für die Schizophrenie, und ein Serotoninmangel sollte eine Depression hervorrufen. Diese Annahmen über Hirnstoffwechselstörungen übernahm die pharmazeutische Industrie als gesichertes Wissen, denn so ließ sich die Verschreibung von Psychopharmaka als zweckmäßig begründen.[145] Und so wie das Waschmittel aus der Werbung, das seit 60 Jahren jeweils weißer wäscht als sein Vorgänger, erfinden sich ebenso Tabletten gegen Depressionen immer wieder neu.

Ende der achtziger Jahre kam der Durchbruch der Antidepressiva, der sogenannten SSRI: Die Pharmafirma Eli Lilly entwickelte Prozac. Prozac war das erste in Deutschland zugelassene SSRI-Antidepressivum, das bei uns seit 1990 unter dem Handelsnamen Fluctin erhältlich ist. Es wirkt, indem es den Serotonin-Spiegel im Gehirn erhöht. Im Bereich Psychiatrie belegte Prozac im Jahr 2013 Platz eins in der Liste der innovativsten Medikamente der vergangenen 25 Jahre. Es gibt ganze Bücher über dieses Wundermittel. Dieses Medikament wurde weltweit zum ersten pharmazeutischen Blockbuster, dass heißt, es erzielte in einem Jahr einen Umsatz von mehr als einer Milliarde US-Dollar. Dieses war unter anderem geschehen, weil die Marketingexperten von Eli Lilly auch gesunde Menschen ansprachen. Mit dieser Pille würden sich die Menschen „besser als gut" fühlen, war ihre Botschaft. Doch dieser Erfolg stellte sich nicht sofort ein.

Die Entwicklung dieser Substanz erfolgte bereits 1971, zu einer Zeit als es noch keine moderne Gehirnforschung gab. Es wurde erst gegen Übergewicht und Essstörungen eingesetzt. Ohne Erfolg. Als Antipsychotikum versagte es ebenfalls. Selbst als Antidepressivum wurde es damals schon getestet, was nicht funktionierte. In den 90er Jahren sollte sich dann alles ändern.

In Schweden und in Deutschland wurden im Jahr 1984 Studien an depressiv Erkrankten durchgeführt. John Virapen, ehemaliger Geschäftsführer von Eli Lilly Schweden, sagte vor seinem Tod, dass er für die Zulassung von Prozac Wissenschaftler und Behörden in Schweden bestochen hatte. Und bei uns? Mitte der 80er Jahre versagten die Beamten der deutschen Zulassungsbehörde Prozac beziehungsweise Fluctin zweimal die Zulassung. Das damalige Bundesgesundheitsamt hielt dieses Medikament für vollkommen ungeeignet zur Behandlung von Depressionen. Auch 1988 sah die Deutsche Behörde erhebliche Sicherheitsmängel und die Zulassung wurde ein zweites Mal verweigert.

- In 46 deutschen Studien wurde Fluctin an 1427 depressiv Erkrankten getestet.
- Wegen starker Nebenwirkungen, die bei bis zu 90 Prozent der Patienten auftraten, wurden 25 Studien nicht abgeschlossen.
- 16 Studienteilnehmer versuchten sich das Leben zu nehmen.
- 2 mit Erfolg.

Trotz dieser negativen Ergebnisse erhielt Fluctin im Januar 1990 in Deutschland die Zulassung zur Behandlung von depressiven Patienten. Wie konnte das geschehen? In Deutschland braucht man einen Hauptgutachter, der eine Empfehlung ausspricht, und anschließend wird mehrheitlich per Abstimmung über die Zulassung entschieden. Um die Kommissionsmitglieder zu überzeugen, wurde vom Pharmakonzern ein „action plan" ausgearbeitet. Als erstes sah dieser Plan vor, mit neuen, positiven Studien aufzuwarten. Professor Otto Benkert, Direktor der Psychiatrischen Klinik der Universität Mainz, veröffentlichte 1989 dafür seine Ergebnisse: „Fluctin scheint ein segensreiches Antidepressivum zu sein (…) mit nur wenigen Nebenwirkungen von untergeordneter Schwere."[146] Eine weitere Maßnahme sah vor, sich mit den wichtigsten Meinungsführern zu treffen. Interne Memos von Eli Lilly belegen, dass ein Kommissionsmitglied, Hartmut Lode, offenbar als Informant für den Pharmakonzern arbeitete. Auf die Frage, ob er Geld von Eli Lilly angenommen hat, antwortete er: „Kein Kommentar." Ein anderer Name fällt besonders auf. Professor Hans Jürgen Möller von der Universität München. Er war Gutachter und zuständig für die Berichterstattung. Seine Meinung war enorm wichtig für den Ausgang der Abstimmung. Um neutral zu sein, durfte er laut Geschäftsordnung des Bundesgesundheitsamts keinen Kontakt zum Antragsteller haben, was er ignorierte. Ebenso erhielten er oder sein Institut Geld von Eli Lilly.[147],[148],[149]

Mit der Zulassung von Fluctin begann bei uns der Siegeszug der modernen Antidepressiva – der sogenannten selektiven Serotonin-Wiederaufnahmehemmer (SSRI). Andere Hersteller folgten mit Paxil, Zoloft, Sertralin oder Citalopram. SSRI haben bis heute einen festen Platz in der Behandlung von Depressionen.

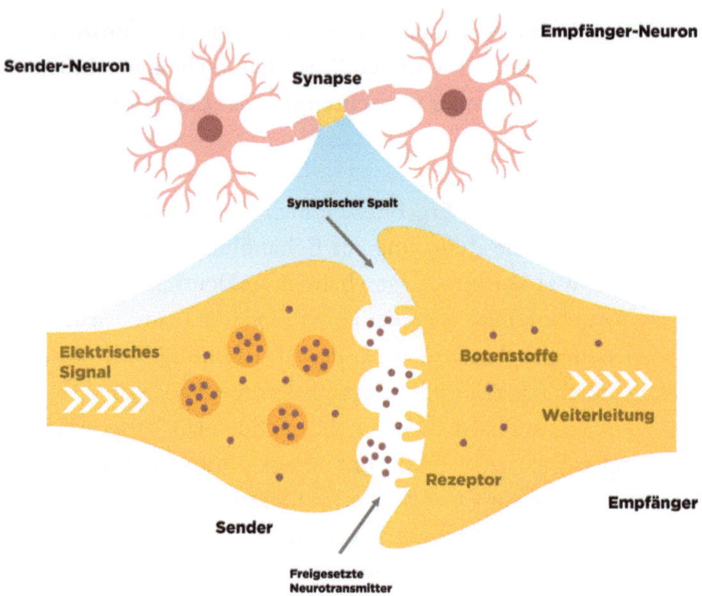

So wirken Anti-Depressiva

Sobald eine Nervenzelle einen Reiz registriert, sendet sie chemische Botenstoffe ab, die Neurotransmitter. Diese heißen zum Beispiel Dopamin, Serotonin oder GABA. Diese docken sich an die Rezeptoren der gegenüberliegenden Zelle, auch Empfängerzelle genannt, an. Anschließend gelangen die Neurotransmitter wieder in die Ursprungszelle zurück. Das Antidepressivum (SSRI) verhindert die Wiederaufnahme des Serotonins. Dadurch bleibt es länger im synaptischen Spalt und erregt die Empfängerzelle über einen längeren Zeitraum.

Diese Funktion gab der Gruppe der selektiven Serotoninwiederaufnahmehemmer ihren Namen. Antidepressiva sorgen somit für eine höhere Verfügbarkeit von Serotonin im Gehirn, welches ebenfalls als Glückshormon bezeichnet wird. Aus dieser Wirkung schließt die Schulmedizin, Depressionen seien das Produkt eines chemischen Ungleichgewichts im Gehirn. Darin ähneln sie übrigens der Partydroge Ecstasy. Beide Substanzen greifen in den Stoffwechsel von Serotonin ein, nur in unterschiedlichem Ausmaß. Das Ergebnis ist jedoch vergleichbar.

Stephen Hyman, ein bekannter Neurowissenschaftler und früherer Direktor des National Institute of Mental Health (Nationales Institut für seelische Gesundheit), veröffentlichte bereits 1996 was bei der chronischen Anwendung von SSRI-Antidepressiva noch im Gehirn geschieht. Er fand heraus, dass das Gehirn auf die chemische Manipulation der Psychopharmaka reagiert, indem es seine normalen Funktionen verändert. Die blockierende Wirkung der Serotonin-Wiederaufnahme versucht es auszugleichen, indem es die Anzahl der Rezeptoren reduziert. Dadurch kommt es zu einer anormal niedrigen Anzahl von Serotonin-Rezeptoren und zu einem verringerten Serotonin-Ausstoß. Das heißt, es entsteht eine verminderte Serotoninwirkung im Gehirn. Genau die Medikamente, die zur Stabilisierung psychischer Störungen verschrieben werden, machen also aus einem gesunden ein krankes Gehirn.[150] SSRI-Antidepressiva können zu schweren psychischen Folgeerkrankungen wie Manien, Psychosen bis hin zu Suizidgedanken und Selbstmord führen. Das ist keine Verschwörungstheorie, diese Nebenwirkungen stehen in den dazugehörigen Beipackzetteln.

Antidepressiva verändern die Gehirnchemie, was bei einigen Patienten bedeuten kann, dass sie dadurch entspannen. Bei anderen kann die Wirkung aber durchaus eine schwere Depression auslösen und in einigen Fällen kann es zu Wutanfällen und sogar zum Massenmord kommen. Es wurde eine Studie über Schießereien an amerikanischen Schulen durchgeführt. Dabei zeigte sich, dass in den meisten Fällen der Schütze unter dem Einfluss von Psychopharmaka stand, oder gerade dabei war sie wieder abzusetzen. „In mehreren Fällen, bei denen die Schuldigen nicht getötet wurden oder sich selbst umbrachten, deuten Berichte darauf hin, dass sie sich nicht einmal daran erinnerten, auf ihre Klassenkammeraden geschossen oder ihre Großeltern erstochen zu haben.“[151] Mittlerweile gibt es eine ganze Palette an antidepressiven Medikamenten. NDRIs z.B. sind Noradrenalin-Dopamin-Wiederaufnahmehemmer. Sie wirken genau wie Kokain. Beide verhindern die Wiederaufnahme der Botenstoffe Noradrenalin und Dopamin.

Depressive Menschen brauchen also Medikamente, um einen Mangel an Botenstoffen zu beheben. Um das chemische Ungleichgewicht im Gehirn wieder in Ordnung zu bringen. Antidepressiva konzentrieren sich also auf ein so genanntes chemisches Ungleichgewicht im Gehirn. Wussten Sie, dass es keine Labortests, Punktionen, Röntgenbilder oder was auch immer gibt, um dieses Ungleichgewicht zu prüfen?[152]

Seit 1987 kann die Serotoninkonzentration im Gehirn exakt bestimmt werden. Das hat man dann bei gesunden und bei depressiven Patienten gemacht. Dabei stellte sich heraus, dass ein gemessener Serotoninwert nicht aussagekräftig ist. Ob Menschen nun depressiv oder nicht waren, konnte anhand einer Messung nicht bestimmt werden, da der Serotoninwert mal hoch und mal niedrig war, unabhängig davon ob die Leute nun depressiv oder gesund waren. Erstaunlicherweise gab es sogar depressive Patienten die höhere Serotoninwerte aufwiesen als gesunde Vergleichspersonen. Man hat vor und während einer Behandlung mit Antidepressiva gemessen. Als depressiven Menschen mit einem niedrigen Serotoninwert Antidepressiva verabreicht wurden, stieg ihr Serotoninwert an. Doch ein Anstieg von Serotonin beendete bei diesen Menschen nicht ihre Depression. Es wurden ebenso Studien durchgeführt, die zeigten, dass ein Absenken von Serotonin bei gesunden Menschen keine Depression auslöst. Und bei unbehandelten depressiven Patienten verschlimmerte ein Absenken von Serotonin nicht ihre Depression. Die Wissenschaft hat alles versucht, Laborwerte zu finden, mit denen man eine Depression messen kann. Man hat bis heute keine gefunden. Weder ein niedriger Serotoninwert noch ein niedriger Noradrenalin- oder Dopaminwert können eine Depression auslösen. Kein Psychiater misst vor der Behandlung den Serotoninspiegel.[153]

Die häufigsten Nebenwirkungen von Antidepressiva sind Müdigkeit, Gewichtszunahme und Potenzstörungen. Bereits seit mehr als 20 Jahren ist bekannt, dass die häufigste Wirkung von serotoninsteigernden Antidepressiva bei Menschen die Erzeugung von sexuellen Funktionsstörungen ist. Die sexuellen Störungen, die Antidepressiva verursachen, treten viel zuverlässiger auf als eine antidepressive Wirkung. Sie treten bei über 60 Prozent der Betroffenen ein.[154] Und in neuen Studien ist bekannt geworden, dass Antidepressiva bei Frauen in oder nach den Wechseljahren zu einem verstärkten Knochenabbau führen.[155] Wie wirkt sich dieses Wissen auf den Verkauf und die Akzeptanz von Antidepressiva aus? Vier Millionen Menschen in Deutschland werden mit Antidepressiva behandelt. Tendenz steigend. Da stellt sich die Frage: Warum diese Verkaufszahlen? Warum dieser unaufhaltsame Aufstieg der Mittel in die Spitzengruppe der weltweit am meisten verkauften Medikamente? Denn tatsächlich benötigt man kein Antidepressivum, um die Serotoninkonzentration im Gehirn zu erhöhen. Serotonin ist ein Botenstoff, der im Körper aus Tryptophan hergestellt wird. Einer essentiellen Aminosäure. Ganz einfach! Die Tryptophankonzentration im Gehirn bestimmt darüber, wie viel vom Glückshormon Serotonin gebildet werden kann. Und damit sich Tryptophan in Serotonin umwandeln kann, braucht es genügend Vitamine und Mineralien. Tryptophan wurde schon 1901 entdeckt. Bereits in den 50er Jahren wurde die Tryptophan-Wirkung bei Depressiven getestet. Patienten mit leichten und mäßigen Depressionen konnten damit ohne Nebenwirkungen behandelt werden. Vor allem in den 1970er und 1980er Jahren wurde dann 5-Hydroxytryptophan (5-HTP) in Deutschland offiziell als Mittel gegen Depressionen eingesetzt. 5-HTP ist ein Zwischenprodukt aus Tryptophan, aus dem dann Serotonin synthetisiert wird. Nach der Einführung der Selektiven Serotonin-Wiederaufnahmehemmer wurde es jedoch schließlich vom Markt genommen. Und für Dopamin ist der Ausgangsstoff die essentielle Aminosäure Phenylalanin, die in einem mehrstufigen Prozess zu L-Tyrosin, L-DOPA, Dopamin und im weiteren Verlauf zu Noradrenalin und Adrenalin umgewandelt werden kann. Sind viel Phenylalanin und Tyrosin vorhanden, können mit Hilfe von Vitamin C und Magnesium auch viel Dopamin und Noradrenalin hergestellt werden. In der Wissenschaft wurde die Wirksamkeit von Tyrosin und Phenylalanin bereits in den 80er Jahren gut untersucht und galt als ebenso wirksam wie eine medikamentöse Therapie. Neurotransmitter entstehen aus unserer Nahrung. Rohmaterial, Ausgangsmaterial für diese Synthesen sind Nahrungsstoffe. In erster Linie Aminosäuren. Wenn das Gehirn zu wenig davon erhält, bekommt man Probleme mit den Neurotransmittern. Und wenn die Zellmembranen in einem schlechten Zustand sind, weil ihnen z.B. Omega-3-Fettsäuren fehlen, können die Neurotransmitter nicht zu den Nervenzellen gelangen.

Wenn ihr Arzt nun der Meinung ist, dass eine Depression aus einem Serotonin- oder Dopaminmangel entsteht, müsste er doch um Gewissheit zu bekommen, erst einmal messen. Und wenn er gewissenhaft ist, sollte er doch nach Möglichkeit ein Mittel verschreiben welches nebenwirkungsfrei ist und nicht abhängig macht. Passiert aber alles nicht. Fakt ist, Ärzte wissen einfach nicht, was einem fehlt.

Depressionen sind für die Pharmaindustrie ein Milliardengeschäft. Doch, bevor ein Medikament auf den Markt kommt, muss es erst einmal getestet werden. Die Medikamententests bis zur Zulassung werden dabei bezahlt und geleitet von den Herstellerfirmen selbst. Und dann passiert dass, was passieren muss. Positive

Studien werden veröffentlicht, während Studien die keine Wirkung, oder vielleicht sogar unerwünschte Wirkungen aufzeigen, später oder niemals veröffentlicht werden. Das ist allgemein bekannt. Auch werden ganze Studienergebnisse geschönt oder sogar komplett gefälscht. Es ist wirklich erschreckend. Und wenn es ums Geld geht, gibt es scheinbar keine Skrupel.

„Im Jahr 2001 veröffentlichte GlaxoSmithKline eine Studie mit Kindern und Jugendlichen, die Studie 329. In dem Bericht stand, Paxil (Seroxat) sei wirksam und habe minimale Nebenwirkungen. […] Sie wurde bis 2010 nicht weniger als 184-mal zitiert, was beachtlich ist. Die Studie war jedoch ein Schwindel. Das wissen wir, weil der Generalstaatsanwalt des Staates New York die Firma 2004 wegen wiederholter und hartnäckiger Verbrauchertäuschung verklagte und ihr vorwarf, sie habe die Nebenwirkungen von Paxil verschleiert. Daraufhin musste die Firma ihre Archive öffnen, um einen Vergleich zu erwirken.

Das Unternehmen belog seine Verkäufer, als es ihnen versicherte, die Studie 329 habe eine „ERSTAUNLICHE Wirksamkeit und Sicherheit" nachgewiesen, obwohl es in internen Dokumenten einräumte, dass die Studie keinen Wirksamkeitsnachweis erbracht habe. Bei allen acht im Prüfplan genannten Wirksamkeitsparametern lieferte die Studie keinen Beweis für eine Wirksamkeit, aber es gab Beweise für Nebenwirkungen.

Noch schlimmer waren die Fälschungen hinsichtlich der Nebenwirkungen. Der nicht veröffentlichte interne Studienabschlussbericht, der während des Prozesses ans Licht kam, zeigte, dass mindestens acht Kinder, die mit Paxil behandelt wurden, und ein Kind in der Placebogruppe sich das Leben nahmen. „Schlussfolgerungen: Paroxetin wird im Allgemeinen gut vertragen und ist bei schweren Depressionen bei Jugendlichen wirksam." […] Ein internes Dokument zeigte, dass die Firma genau wusste, was sie tat: „Es wäre geschäftlich inakzeptabel, bekannt zu machen, dass die Wirksamkeit nicht nachgewiesen ist, denn dies würde dem Ruf von Paroxetin schaden."

Die skrupellose Vermarktung verlief erfolgreich. Von 1998 bis 2001 wurden jährlich fünf Millionen Rezepte für Paxil und Zoloft für Kinder und Jugendliche ausgestellt. Wir dürfen nicht vergessen, dass sich hinter diesen Zahlen echte Tragödien und echte Menschen verbergen, die für die schamlosen Lügen, Betrügereien und Verbrechen der Pharmaunternehmen mit ihrem Leben bezahlten:

Matt Miller war unglücklich. Die Familie war in ein neues Stadtviertel gezogen, und er musste eine neue Schule besuchen. Man hatte ihn sozusagen in unbekanntem Gelände ausgesetzt, wo er sich nicht auf seine alten Freunde, mit denen er aufgewachsen war, verlassen konnte. In diesem Sommer verschrieb der Arzt ihm Zoloft … und sagte ihm, er solle in einer Woche wieder in die Praxis kommen. Sonntagabends, nachdem er seine siebte Tablette geschluckt hatte, kletterte Matt in seinen Kleiderschrank, wo sich ein Haken befand, der etwas höher war als er selbst groß. Matt erhängte sich, wobei er die Füße anheben und oben behalten musste, bis er das Bewusstsein verlor. Er war erst dreizehn Jahre alt.

Jeremy Lown, ein Teenager, litt am Tourette-Syndrom. Um seine unwillkürlichen Tics und verbalen Ausbrüche zu behandeln, verschrieb sein Neurologe ihm Prozac. Drei Wochen später erhängte sich Jeremy im Wald hinter seinem Haus.

Candace, ein zwölfjähriges Mädchen, bekam Zoloft, weil sie an Angstzuständen litt. Sie war ein fröhliches Kind, das nie depressiv gewesen war und nie an Suizid gedacht hatte. Nach vier Tagen erhängte sie sich.“[156]

„Nie gelang es den Herstellern, Ergebnisse zu präsentieren, in denen es medikamentös behandelten Jugendlichen besser ging, als den nicht behandelten. Die einzige Ausnahme bildet der Wirkstoff Fluoxetin. Fluoxetin erhielt als einziges Antidepressivum auf Basis der sogenannten TADS-Studie auf europäischer Ebene im Jahr 2006 eine Erlaubnis für die Behandlung von depressiven Heranwachsenden.

Doch auch in diesem Fall hatten die Verantwortlichen die Ergebnisse gefälscht. Das kam im Jahr 2009 heraus, als einer der Autoren umfangreichere Daten über Nebenwirkungen präsentierte. Im Jahr 2015 wurde die deutlich erhöhte Suizidalität in der TADS-Studie in einer umfangreichen Arbeit erneut dargestellt. Die Europäische Arzneimittelbehörde hat darauf nicht reagiert. Sie erlaubt weiterhin eine Behandlung von Teenagern mit Fluoxetin."[157]

ADHS

Die größte Fantasie beim Ersinnen neuer Krankheiten legen zweifellos Psychiater an den Tag. Eine dieser Erkrankungen nennt sich ADHS. ADHS (Aufmerksamkeitsdefizit-Hyperaktivitätsstörung) wird im Volksmund auch Zappelphilipp-Syndrom genannt. Menschen mit ADHS sind oft hibbelig und hyperaktiv. ADHS lässt sich bisher nicht heilen, sondern nur behandeln. Natürlich mit Tabletten. Zum Einsatz kommen Medikamente, welche die Botenstoffe im Gehirn beeinflussen.

2012 ging durch die Medien, dass ADHS ein Paradebeispiel für eine fabrizierte Erkrankung ist. Zu der Erkenntnis kam erstaunlicherweise der Erfinder dieser Krankheit selbst. Kurz vor seinem Tod gestand der Kinder- und Jugendpsychiater Leon Eisenberg, dass er in den 60er Jahren genau diese Krankheit erfunden hat. Dank ihm werden Kinder und Jugendliche, die in der Schule durch unruhiges, impulsives Verhalten auffallen, mit dem Etikett ADHS für krank erklärt. Behandelt werden sie mit Ritalin. Ritalin hemmt die Wiederaufnahme der Neurotransmitter Dopamin und Noradrenalin. Es wirkt anregend, unterdrückt

Müdigkeit und steigert kurzfristig die körperliche Leistungsfähigkeit. Von seiner Wirkungsweise ist es zu vergleichen mit Kokain.
Von Kokain weiß man, dass es abhängig macht. Und Ritalin?

1993 wurden in Deutschland 34 Kilogramm Ritalin verschrieben, im Jahr 2011 schon 1760 Kilogramm. Bei ADHS ist es nach
jahrzehntelanger Forschung nicht gelungen, einen sogenannten
Biomarker zu identifizieren. Die Kinder sind also – organisch
betrachtet – völlig gesund.

2004 wurde in Deutschland das Institut für Qualität und Wirtschaftlichkeit im Gesundheitswesen gegründet, kurz IQWiG.
Dieses Institut soll den Nutzen neuer Arzneimittel bewerten.
Von den IQWiG-Urteilen hängt es maßgeblich ab, ob Medikamente oder Leistungen von den Kassen gezahlt werden. Doch
die Berichte des IQWiG gefielen den Pharmaunternehmen häufig nicht. Unter anderem erlitt der Pharmariese Pfizer mit einem
Medikament gegen Depressionen Schiffbruch. Dass Betroffene
von dem Wirkstoff Reboxetin profitierten, sei wissenschaftlich
nicht nachgewiesen, lautete das IQWiG-Urteil.[158] Erster Leiter
des Institutes war Peter Sawicki: „Ich bin kein Pharma-Gegner.
Ich weiß, dass ihr Geld verdienen müsst, aber tut das bitte nicht
mit Medikamenten, die gegebenenfalls schädlich sind und tut es
nicht auf Kosten der Solidargemeinschaft." In einem Geschäft,
in dem es um Milliarden geht, war Sawicki der große Spielver-
derber. 2010 musste er seinen Chefposten räumen.[159]

Im Jahr 2008 veröffentlichte Professor Irving Kirsch eine Me-
taanalyse über neuere Antidepressiva aus der Klasse der Serotonin-Wiederaufnahmehemmer (SSRI) und Serotonin-Noradrenalin-Wiederaufnahmehemmer (SNRI). Kirsch wertete sowohl
publizierte als auch unveröffentlichte Daten aus. Ergebnis: Auf
der Hamiltonskala, die insgesamt 53 Punkte umfasst, beträgt der
Unterschied zwischen einer Placebo- und einer Antidepressivum-
wirkung gerade einmal 2 Punkte. Dieser Unterschied ist klinisch
bedeutungslos.[160] Heißt für mich, Antidepressiva sind das Geld

nicht wert. Und trotzdem schlucken wir diese Pillen. Warum? Weil wir gelernt haben, dass Medikamente das Rückgrad unserer Medizin sind. Speziell in meinem Fall kann ich nur sagen, dass ich mich einfach blind auf das Wissen der Ärzte verlassen habe.

Mindestens 80 Prozent aller Menschen mit Depressionen leiden unter Schlaflosigkeit. Weitere 15 Prozent aller Menschen mit Depressionen leiden an einem krankhaft gesteigerten Schlafbedürfnis. Bereits 1969 konnte gezeigt werden, dass die Sekretion von Wachstumshormon im Schlaf, eng verbunden ist mit dem Tiefschlaf (Sassin et al., 1969). Schon 1988 war bekannt, dass bei 90 Prozent der Depressiven der REM-Schlaf gestört und die wichtige Tiefschlafphase verringert ist. Und bei Depressiven fand sich eine stark verminderte Wachstumshormonsekretion (Steiger u. Holzboer 1988).[161] Übrigens genau wie bei vielen Senioren. Mit den Lebensjahren nehmen allgemein die Tiefschlafphasen und die Ausschüttung vom Wachstumshormon ab. Dass die Sekretion des Wachstumshormons im Alter nachlässt und sie bei Depressiven deutlich reduziert ist, weiß man wirklich schon sehr lange. Ebenso ist schon lange bekannt, dass die Sekretion nach Besserung einer akuten depressiven Phase nicht ansteigt. Das Wachstumshormon bleibt unverändert niedrig (Steiger et., 1989). Da verwundert es auch nicht, dass andersherum, junge gesunde Menschen mit einer erhöhten Sekretion des Wachstumshormons, vor dem späteren Auftreten einer depressiven Erkrankung geschützt sind (Coplan et al., 2000).[162,163]

Körperliche Aktivität und ausreichend Schlaf lassen das Wachstumshormon ansteigen und sind somit für Erwachsene eine effektive Methode, um sich vor einer Depression zu schützen. Auch von Kindern, die körperlich inaktiv sind, weiß man ja, dass sie vielfach mit depressiven Symptomen zu kämpfen haben. Weil ich die Wirkung vom Wachstumshormon (in Kombination mit Bewegung) auf die Stimmung und den Schlaf selbst erlebt habe, glaube ich es, wenn ich lese, dass schon verhältnismäßig wenig Sport ausreicht, um sich wirksam vor Depressionen zu schützen und dass viele Menschen mit depressiven Verstimmungen es geschafft haben, allein durch Lauftraining wieder aus ihrem Tief zu kommen. Frage: Weiß das Ihr Arzt? Verschreibt er bei Schlafstörungen, Konzentrationsschwierigkeiten oder Depression erst einmal Sport? Ich glaube eher nicht. Oder wie sonst ist es zu erklären, dass sich bei uns die Zahl der Kinder und Jugendlichen unter 15 Jahren, die aufgrund einer Depression vollstationär im Krankenhaus behandelt wurden, von 2000 bis 2015 verzehnfacht hat.[164] Eine Untersuchung in England zeigte, dass sich zwischen 1992 und 2005 die Medikation von atypischen Neuroleptika bei Kindern verdoppelte. Der größte Anstieg fand im Alter zwischen 7 und 12 Jahren statt.[165] Das ist Schulmedizin.

Und weshalb verschreiben Psychiater Antidepressiva? Hier kommt ein wenig Licht ins Dunkel. Aus einem SPIEGEL-Artikel von 2003: „Finanzielle Verbindungen gerade zwischen Psychiatern und Pharma-Firmen sind in Deutschland gang und gäbe. Die Deutsche Gesellschaft für Psychiatrie, Psychotherapie und Nervenheilkunde (DGPPN) beispielsweise lässt sich von Unternehmen wie AstraZeneca, Aventis Pharma Deutschland, Lilly, Novartis Pharma und Organon unterstützen."[166] Und dabei geht es nicht um wenig Geld. So sponsern Arzneimittelhersteller den Jahreskongress der DGPPN in Berlin schon mal mit etwa einer Million Euro. Aber auch die Psychiater selbst gehen nicht leer aus. Wie der Spiegel 2011 berichtete, haben von 37 Entscheidungsträgern der Kliniken für Psychiatrie an deutschen Universitätskliniken fast alle finanzielle Zuwendungen von Pharmafirmen angenommen. So hatte z. B. Psychiater Hans-Jürgen Möller von der Universität München neben seinen Verpflichtungen als Klinikdirektor noch Zeit, gleich 13 verschiedenen Pharmafirmen als Berater oder Redner zu dienen. Oder Peter Falkai. Schon als junger Assistent begann er damit, persönliche Honorare aus der Industrie anzunehmen. 2010 war Falkai Firmen wie AstraZeneca, Bristol-Myers Squibb, Eli Lilly, Janssen-Cilag, Lundbeck und Pfizer zu Diensten – zusätzlich zu seinem Job als Universitäts-Professor. Die Kontakte haben Falkai nicht geschadet. Ganz im Gegenteil, 2011 wurde er sogar Präsident der DGPPN, eines Verbands mit mehr als 5500 Mitgliedern.[167]

In Amerika können sich Patienten über mögliche Abhängigkeiten ihrer Ärzte zu den Pharmakonzernen informieren. Unternehmen sind dort gesetzlich verpflichtet, ihre Zahlungen an Ärzte und Krankenhäuser offenzulegen. Auf der Internetseite Dollars for Docs haben Journalisten Zahlungen von 17 verschiedenen Pharmafirmen zusammengefasst. Insgesamt geht es um 4 Milliarden Dollar. Darunter gibt es wahre Spitzenverdiener. So bezog ein Psychiater aus Nashville allein für Beratung und Vorträge bis zu einer Million Dollar pro Jahr. In Deutschland müssen Pharmafirmen ihre Geldflüsse an Ärzte nicht veröffentlichen.[168]

Mit welchen Symptomen leidet man heutzutage überhaupt an einer Depression? Zu den Symptomen gehören: Kraftlosigkeit, Muskelverspannungen, Schlafstörungen, Konzentrationsprobleme, Zittern, Schweißausbrüche, Herzschmerzen, Schwindel, Magen-Darm-Probleme, Atembeschwerden, Kopfschmerzen, Mundtrockenheit, Beklemmungsgefühl, innere Unruhe, Gelenkschmerzen, Muskelschmerzen, Verlust des sexuellen Interesses, Erschöpfung, Übelkeit, Steifigkeit der Glieder, Wetterfühligkeit, Schwellungsgefühl an Händen, Füßen und Gesicht, Schreckhaftigkeit, ständige Ängste, Panikattacken, erhöhte Geräusch-, Licht- und Kälteempfindlichkeit, Nierenschmerzen, Unterleibsschmerzen, vermehrte Venenzeichen, Haarausfall, Krämpfe in der Beinmuskulatur, Schluckbeschwerden, Kloßgefühl im Hals, Zahnschmerzen, Schmerzen in der Kaumuskulatur, Störungen des Gehörsinns, Sehstörungen, Tinnitus, Reizbarkeit, Stimmungsschwankungen, Wortfindungsstörungen, Schmerzen im Wirbelsäulenbereich, wechselnde Schmerzbereiche, z. B. an einem Tag rechte Hand und linker Fuß, am folgenden Tag linker Arm und rechtes Bein, Menstruationsbeschwerden, vorzeitiger Samenerguss, Beschwerden in den Wechseljahren, Inkontinenz, Alkoholismus, Essstörungen. All diese Beschwerden werden laut Schulmedizin ausgelöst durch eine „seelische Erkrankung" und werden behandelt mit Antidepressiva. Im Jahr 1901 wurden in Deutschland erstmals Kranke in den Anstalten kategorisiert. Man fand damals sieben unterschiedliche Diagnosen. Im Katalog der amerikanischen Veteran's Administration waren nach dem Zweiten Weltkrieg 26 Störungen notiert. 1957 gab es schon 106 psychische Erkrankungen, die behandlungsbedürftig waren. Heute gibt es um die 400 seelischen Krankheiten, die ein Arzt diagnostizieren und folglich abrechnen kann. Und so unterschiedlich die Symptome bei Depressionen auch sind, eines haben sie gemeinsam: Sie werden an Neurotransmittern festgemacht. An Serotonin, Noradrenalin und Dopamin.

Eine oft gestellte Diagnose, wenn nicht sogar die häufigste psychische Erkrankung, ist wohl die Angststörung. Eine Angststörung ist eine schwere Erkrankung und Angsterkrankungen sind häufig. Die Erkenntnis um eine generalisierte Angststörung verdanken wir Dresdner Forschern. Sie fanden heraus, dass 5,3 Prozent aller Bürger unter dieser Krankheit leiden. Wie fanden sie dieses heraus? Durch eine Umfrage, durchgeführt in Hausarztpraxen. Dort erhielten 20.000 Patienten Fragebögen, in denen sie Angaben zu ihrem Befinden, ihrer Ängste und Sorgen machen sollten. Gesponsert wurde diese Aktion von der pharmazeutischen Firma Wyeth. Das passende Medikament zu dieser Krankheit hatten sie gleich mit im Gepäck, Venlafaxin. Venlafaxin ist ein selektiver Serotonin-Noradrenalin-Wiederaufnahmehemmer.[169]

Der Name Andreas Lubitz ist ihnen sicherlich noch bekannt. Am 24. März 2015 steuerte Co-Pilot Andreas Lubitz eine Germanwings-Maschine mit 149 Menschen an Bord gegen eine Felswand in den französischen Alpen. Heute weiß man, dass Lubitz' größte Sorge offenbar war, blind zu werden. Wie der Stern 2016 berichtete, schickte Lubitz zwei Wochen vor dem Todesflug noch eine letzte E-Mail an seinen Therapeuten. In dieser Mail beschrieb er, dass der Hauptgrund für seinen Stress seine Augenprobleme seien.

„Dadurch, dass ich Angst habe, weiter blind zu werden, und die Fixierung auf die Augen weiter besteht, kreisen die Gedanken ständig darum und der Stress erhöht sich, wodurch ich mich nicht mehr dauerhaft zum Schlafen runterfahren kann." Alles drehe sich um die Augen, da ihm die Problematik ständig „vor Augen" geführt werde. „Weiß erscheint nicht mehr als weiß und die Beleuchtung muss schon gut sein, um einigermaßen sehen zu können", schrieb Lubitz. […]

Lubitz setzte zudem zu, dass es für das immer schlechtere Sehen keine originär körperliche Ursache zu geben schien, wie ihm die Uniklinik Düsseldorf bestätigte. „Laut der Uniklinik liegen keine Befunde vor, die mein verändertes Sehen organisch erklären können", schrieb Lubitz. Dennoch habe sich sein Sehvermögen weiter verschlechtert.

Seit zwei Wochen nehme er nun schon das Antidepressivum Mirtazapin – da sich bei 15 Milligramm keine Wirkung eingestellt habe, nehme er nun die doppelte Dosis. Das half allerdings offenbar wenig: „Mit der höheren Dosis bin ich eher unruhiger und habe manchmal auch etwas Panik in Bezug auf die Augen." Ebenso das Schlafen habe sich nicht verbessert und es gebe weiterhin Nächte, in denen er gar nicht schlafe. […]

„Ich halte weiter an der Augenproblematik fest und sage ganz klar ‚Wenn die Augen nicht wären, wäre alles gut.' Eigentlich gibt es keinen Grund sowas jetzt zu haben." […]

Gegen Ende der Mail fragt Lubitz seinen Arzt nach möglichen weiteren Behandlungsmöglichkeiten. Man habe ja über einen Psychologen gesprochen, aber mit einem tiefenpsychologischen Ansatz fühlte sich Lubitz unwohl und missverstanden. „Natürlich lassen sich im letzten Jahr Auslöser finden, die aufgearbeitet werden können, aber ich bräuchte dringend Hilfe dabei Schlaf zu finden, den Stress zu reduzieren und für den Moment mit den Augen umgehen zu können." Ob er nicht ein anderes Mittel nehmen könne, um zur Ruhe zu kommen?"[170]

Lubitz war vor seiner Tat bei 41 verschiedenen Ärzten.[171] Im Abschlussbericht der französischen Behörden war zu lesen, dass Lubitz Mirtazapin eingenommen und die Dosis 14 Tage vor der Tat verdoppelt hatte. Gleichzeitig verschrieb ihm derselbe Psychiater acht Tage vor dem Absturz Escitalopram. Aus der Haaranalyse ging hervor, dass Lubitz diese Antidepressiva eingenommen hatte.

Seit 2007 ist bekannt, dass jeder fünfte Flugzeugabsturz in Zusammenhang mit einer SSRI-Medikation steht.[172] In den USA dürfen Piloten keine kommerziellen oder privaten Flugzeuge fliegen, wenn sie Antidepressiva einnehmen.

Worum geht es in diesem System? Um Hilfe? Bekannt ist, dass Patienten, die mit Antidepressiva behandelt werden, häufig einen sozialen Abstieg erleben. Das zeigen Studien, die über einen langen Zeitraum gehen. Psychische Erkrankungen sind in Deutschland mit 43 Prozent der häufigste Grund für Frühverrentungen. Jeder 12. Patient entwickelt unter Antidepressiva Selbstmordgedanken. Entwickelt heißt wirklich, er hat sie vorher noch nicht einmal gehabt. Schon 1984 hat man bei der Zulassungsstudie für Prozac selbstmordgefährdete Menschen ausgeschlossen. Trotzdem haben 16 Leute versucht sich umzubringen. 2 mit Erfolg.[173],[174] Wie können wir weiter daran glauben, dass diese Medikamente heilen?

Eine Schwester von mir leidet unter COPD. Das ist eine Lungenerkrankung, die bis heute nicht heilbar ist. Nicht nur beim Treppensteigen muss sie ständig stehen bleiben, auch sonst geht sie sehr langsam, wenn sie sich denn überhaupt in der Lage fühlt, aus dem Haus zu gehen. 2017 sollte bei ihr eine Operation an einem Halswirbel vorgenommen werden. Sie hatte davor eine höllische Angst, weil eine zurückliegende OP an der Bandscheibe bei ihr schwerwiegende Behinderungen an einem Arm hervorgerufen hatte. Dann ist zudem noch ihr Hund verstorben, was einfach zu viel für sie war. Sie ist nervlich zusammengebrochen. Was macht man in so einem Fall? Man sucht Hilfe beim Arzt. Und wie sieht die aus? Behandelt wird mit Sertralin, Olanzapin und Mirtazapin. Sertralin und Mirtazapin sind Antidepressiva. Olanzapin ist ein Neuroleptika. Die Treppe kommt sie immer noch nicht in einem Stück hoch, aber sie hat sehr schnell sichtbar an Gewicht zugelegt. Ich habe den behandelnden Arzt gefragt, ob es eine Option wäre, mit Aminosäuren die Neurotransmitter im Gehirn anzuheben? Er wich der Frage aus. Weil sich niemals eine Besserung bei meiner Schwester einstellte, wurde ihr unter anderem gesagt, dass es sich bei ihr um eine angehende Demenz handeln würde, aber auch, dass sie sich nicht so anstellen solle. Was aber viel schlimmer ist, nachdem die Unruhezustände für sie unerträglich wurden, hat sie auf Anweisung des Arztes die Dosis erhöht. Daraufhin hat sie versucht sich das Leben zu nehmen. Glauben Sie, dass irgendein Arzt im Nachhinein geäußert hätte, dass dieser Selbstmordversuch vielleicht durch die Tabletten hervorgerufen wurde? Meine Schwester ist halt psychisch krank und neuerdings auch noch selbstmordgefährdet. Ihren Kindern wurde mittlerweile geraten sich um einen Platz in einer Pflegeeinrichtung zu kümmern. Zu der weiteren Medikation wurde gesagt, sie müsse Antidepressiva ihr ganzes Leben einnehmen. Unter anderem, weil es problematisch werden könnte, wenn sie diese Tabletten absetzen würde.

Drogen

Eines ist mir bei der Wirkung von Antidepressiva aufgefallen. Sie machen impotent. Jetzt schaffen andere Medikamente das ebenfalls, wie zum Beispiel Statine. Bei Statinen (Cholesterinsenker) ist diese Wirkung für mich klar nachzuvollziehen. Ohne Cholesterin kein Testosteron. Aber Antidepressiva? Sie beeinflussen den Serotonin- oder Dopaminhaushalt. Ich konnte bei beiden

Neurotransmittern keine direkte Wirkung auf die Sexualität finden. Aber ich habe gelesen, dass Serotonin wie auch Dopamin stimulierend auf das Wachstumshormon wirken, dass erhöhte Konzentrationen von Neurotransmittern eine erhöhte Ausschüttung vom Wachstumshormon hervorrufen. Zu den spezifischen, an der Ausschüttung von STH beteiligten Transmittern gehören Dopamin, Serotonin und Acetylcholin.[175]

Serotoninwiederaufnahmehemmer sollen ja antriebssteigernd wirken, genau wie Kokain. Kokain wirkt leistungssteigernd und ist ebenso als Sex-Droge bekannt. Es blockiert die Wiederaufnahme der Neurotransmitter Dopamin, Noradrenalin und Serotonin und verstärkt dadurch die Wirkung dieser Botenstoffe bis auf das Dreißig- bis Vierzigfache der üblichen Menge. Hierdurch kommt es dann zu einer massiven Stimulation des zentralen Nervensystems. Die zeitlich begrenzten Wirkungen sind erhöhte körperliche Belastbarkeit, gesteigerte Aufmerksamkeit, Anstieg der Körpertemperatur, vermindertes Schlafbedürfnis, euphorische Stimmung und zudem eine erhöhte Libido. Wenn die euphorische Phase abklingt, können hingegen schon nach einer einmaligen Einnahme ängstlich paranoide Stimmungen auftreten. Niedergeschlagenheit, Antriebslosigkeit, Müdigkeit, Erschöpfung bis hin zu Angstzuständen, Schuldgefühlen, Selbstvorwürfen und Suizidgedanken. Bei dauerhaftem Kokainkonsum sind schließlich nachhaltige Persönlichkeitsveränderungen zu beobachten, wie Angststörungen, Reizbarkeit, innere Unruhe, Schlafstörungen, sexuelles Desinteresse und Impotenz. Und dieses kann ich mir nur dadurch erklären, dass Drogen massiv auf die Hypophyse einwirken. Sie locken das Wachstumshormon bis zur Erschöpfung. Grundsätzlich gilt jedenfalls: Stimulanzien wie Kokain oder Ecstasy führen dem Körper keine Energie zu, sondern nötigen ihn, seine Energiereserven auszubeuten. Was eine illegale Droge oder ein Medikament ist, wird bei uns vom Gesetzgeber und der Arzneimittelzulassungsbehörde entschieden.

Alkohol

Jetzt habe ich keine Erfahrungen mit Kokain gemacht, jedoch mit Alkohol. Studien und Weisheiten über diese Droge gibt es viele, für jeden Geschmack ist was dabei. Weintrinker leben länger als Nichttrinker. Biertrinker leben nicht ganz so lange wie Weintrinker, allerdings immer noch länger als Abstinenzler.

Oder aber, schon mäßiger Alkoholkonsum verkürzt die Lebenserwartung. Zweifellos ist Alkohol ein Zellgift. Wenig überraschend ist es daher, dass größere Mengen nicht nur die Leber ruinieren, sondern auch das Gehirn schädigen. Wer ihn zu reichlich konsumiert, verdreifacht sein Risiko für eine vaskuläre Demenz. Unter dauerhaftem Alkoholkonsum treten Angststörungen und Depressionen deutlich häufiger auf und Alkohol kann schon bei Menschen ab 40 Symptome einer Altersdemenz hervorrufen.

Mehr als die Hälfte der Demenzkranken, die jünger als 65 Jahre sind, sollen alkoholabhängig sein. Trotzdem schreiben viele Übersichtsarbeiten geringem bis mäßigen Alkoholkonsum eine mögliche positive Wirkung auf das Gedächtnis zu. Außerdem gibt es Untersuchungen, die einem mäßigen Alkoholkonsum bescheinigen, das Risiko für den Gehirnverfall zu senken. Es scheint daher vielleicht eine Frage der Dosis zu sein, ob Alkohol vor Demenz schützt oder die Erkrankung begünstigt. Ich denke dabei an das Dorf Campodimele in Italien. Die Menschen dort werden uralt. Sie leben rund 30 Jahre länger als der Durchschnittsitaliener. Bekanntlich darf bei ihnen das Gläschen Rotwein zum Essen nicht fehlen.

Wie wirkt Alkohol? Genau wie Sport. Nach 20 Minuten joggen erzeugt unser Körper Glückshormone. Er schafft das ebenso nach 5 Bier. Und zwar im Sitzen. Das geschieht, weil Alkoholmoleküle sich an die Rezeptoren im Gehirn binden und die Ausschüttung unserer Hirnbotenstoffe ankurbeln. So werden die anregenden Stresshormone Adrenalin und Cortisol vermehrt ausgeschüttet, aber auch unsere Glückshormone wie Serotonin und Dopamin.

Ich selbst habe es mit Anfang 30 noch geliebt, Sport zu treiben und danach ein Bier zu trinken, weil Alkohol die positive Wirkung von Bewegung bei mir damals noch verstärkte.

Wenn man ein bisschen nach Studien über die Auswirkungen des Alkoholkonsums auf den Hormonhaushalt sucht, findet man, wie bei allem anderen, ganz widersprüchliche Daten. Das fängt schon bei der Verdauung an. Nach Gerichten wie einem Braten oder Käsefondue schwören viele Menschen auf einen Verdauungsschnaps. Ich habe gelesen, dass durch Alkoholeinfluss eine verstärkte Magen- und Darmdurchblutung erkennbar sind, es bilden sich mehr Salzsäure und Verdauungsenzyme. Die Verdauung wird also angeregt. Und dann habe ich gelesen, dass Alkohol die Magenmuskulatur lähmt, er hemmt damit also die Verdauung. Die euphorische, doch ebenso entspannende Wirkung von Alkohol ist ja über 90 Prozent der Deutschen bekannt, darüber braucht man nicht reden. Aber wirkt Alkohol bei jedem Menschen gleich? Bei jungen Männern sieht man doch sehr gut, dass diese sich unter Alkoholeinfluss wie die Gockel im Hühnerstall aufführen. Bei Männern jenseits der 80 sieht man das dann eher selten. Ich persönlich glaube nicht, dass es daran liegt, weil die betagten Herren mit den Jahren an Vernunft zugenommen haben. Ich denke es hat einen anderen Grund. Hormone freizusetzen ist das eine, es müssen allerdings welche auf Vorrat vorhanden sein.

Wie wirkt Alkohol auf das Testosteron? Die meisten Forschungen in den vergangenen 25 Jahren kommen zu dem Ergebnis, dass Alkohol das Testosteron bei Männern hemmt. Langfristig gesehen, glaube ich dieses, kurzfristig nicht. Weil ich die Wirkung von Alkohol als 20-Jähriger anders erlebt habe, kann ich mir dieses allgemein bei einem gesunden jungen Mann einfach nicht vorstellen. Ich habe dann außerdem eine Studie gefunden, in der man gesunden Männern innerhalb von 26 Stunden eine Alkoholmenge von 256 g (das entspricht mehr als einer Flasche Vodka) verabreichte. In dieser Studie war der Testosteronspiegel im Serum während der gesamten Alkoholphase signifikant erhöht.[176] Und wie wirkt Alkohol auf das Wachstumshormon? Alkohol hemmt die Ausschüttung und Alkoholkonsum wirkt sich negativ auf die Schlafqualität aus. Schon wenige Gramm Alkohol genügen, um die Ausschüttung der Hypophysenhormone zu drosseln bzw. ganz zu unterbinden. So ist es fast überall zu lesen. Aber ganz so einfach ist es nicht. Jetzt lassen die Kohlenhydrate im Alkohol den Blutzuckerspiegel erst einmal ansteigen und ein hoher Blutzuckerspiegel hemmt die Ausschüttung vom Wachstumshormon. Soweit stimmt es. Dann sinkt er jedoch wieder stark ab. Alkoholische Getränke verursachen insgesamt ein Absinken des Blutzuckerspiegels. Noch bis zu 12 Stunden nach Alkoholkonsum kann es zu Unterzuckerungen kommen. Das heißt, Alkohol setzt das Wachstumshormon frei. Ich kann das sagen, weil ich unter Alkoholeinfluss fast immer tief und fest geschlafen habe und ich das Wachstumshormon zusammen mit Alkohol genommen habe. Und ich habe mit diesem Mix extrem lange geschlafen. Und beim Sport? Ich habe zusammen mit dem Wachstumshormon eine Flasche Bier vor dem Tennisspielen getrunken, ich war sofort leistungsfähig und habe mich dabei richtig leicht gefühlt, ich wurde gesprächig und habe eine super Laune bekommen.

Ich möchte hier noch zwei Erlebnisse mit Alkohol aufführen, die mir in meinem Leben ohne Wachstumshormon passiert sind. Erst einmal als 20-Jähriger. Ich saß damals schon bei „geselligen Abenden" nur teilnahmslos da. Erst unter Alkoholeinfluss wurde ich gesprächig. Das war meistens samstags. Ich war dann am nächsten Tag nicht mehr zu gebrauchen. Wenn ich konnte, lag ich diese Zeit auch nur auf dem Sofa. Montags und dienstags war ich immer noch kraftlos und mich quälten zudem Schuldgefühle. Mittwochs hatte ich wieder Kraft und fühlte mich gut. Dieses hat sich im Laufe der Jahre schließlich verschoben. Die Erholung trat immer später ein. So ab 30 ging es mir ständig mies (selbst ohne Alkohol). Wenn es richtig heftig war, bin ich öfters zu meinem Bruder gefahren. Wir haben dann immer Musik gehört und dabei Bier getrunken. Mich hat es damals immer erstaunt, dass dadurch nicht nur Ruhe durch meinen Körper ging, sondern dass ich auf einmal Musiktitel und Interpreten aufrufen konnte. Ich konnte durch den Alkoholkonsum wirklich besser denken. Daher kann ich es gut nachvollziehen, dass viele Menschen zum Trinker werden, die ein Problem mit der Hypophyse haben. Weil Alkohol hilft, Hormone freizusetzen. Leider aber nur kurzfristig. Die hormonproduzierenden Drüsen werden mit jedem Schluck Alkohol weiter entleert und bei einer Überdosierung schlägt Alkohol erbarmungslos zu. Was das heißt, kann ich Ihnen sagen. Ich habe als 30-Jähriger mal eine Fahrradtour übers Wochenende mit Übernachtung im Hotel gemacht. Ich saß abends nach der ersten Etappe mit Freunden beim Essen und wir tranken dabei Alkohol. An dem Abend war ich gesprächig und fühlte mich gut. Am nächsten Morgen habe ich die Welt nicht mehr verstanden: Ich war total kraftlos und konnte den Gesprächen nicht mehr folgen. Was dazu kam, die Fahrradtour ging ja weiter. Vielleicht haben Sie schon einmal davon gehört, dass Schlafentzug heute noch als Foltermittel eingesetzt wird. Ich kann Ihnen sagen, was ich anschließend zwei Tage durchlebt habe, beschreibt diesen Zustand sehr gut.

Erst einmal kann ich von mir sagen, dass ich Alkohol nie gut vertragen habe. Ich habe immer schon sehr schnell einen „Filmriss" beim Trinken erlebt und mit den Lebensjahren wurde das Fenster, in dem ich vom Alkohol profitierte, bis es zu den Ausfallerscheinungen kam, immer kleiner. Meine Frau sagte immer zu mir, wenn du selbst sehen könntest, wie du aussiehst, wenn du Alkohol trinkst, würdest du ihn nie wieder trinken. Auch kann ich sagen, dass irgendwann bei mir nur noch eine abbauende Wirkung einsetzte. Das war der Zeitpunkt, als ich mich aus dem gesellschaftlichen Leben ausklinkte. Alkohol setzt Hormone frei, sonst würde kein Mensch dieses Zeug trinken. Es leert die Hormondrüsen und Synapsen, die ja wieder gefüllt werden müssen. Ich habe mich immer schon gefragt, wie andere Menschen es schaffen, Alkohol zu trinken und am nächsten Tag wieder auf den Beinen zu stehen. Und da kann man ganz klar den Unterschied sehen. Ich kenne Personen, die über Jahrzehnte hinweg täglich Alkohol konsumieren und trotzdem noch denken können. Dann versteht man die Bedeutung von zu viel. Das Robert Koch-Institut hat 2010 veröffentlicht, dass Männer zwischen 30 und 64 Jahren aus den oberen Bildungsgruppen häufiger Risikokonsumenten sind als Männer der unteren Bildungsgruppen. Für Frauen zeigt sich dieser Zusammenhang statistisch signifikant in allen Altersgruppen ab 30 Jahren.

„Intelligenz" säuft – und verträgt das wohl auch langfristig.

Depressionen werden an Neurotransmittern festgemacht. An Serotonin, Noradrenalin und Dopamin. Bei den neurodegenerativen Erkrankungen kommen außerdem noch andere Neurotransmitter mit ins Spiel.

Parkinson und Alzheimer-Medikamente

Neben Alzheimer gehört Morbus Parkinson zu den häufigsten Krankheiten des Nervensystems. Es sind vorwiegend Menschen im höheren Lebensalter betroffen. Im Jahr 1817 beschrieb der englische Arzt und Apotheker James Parkinson in seiner Abhandlung „Über die Schüttellähmung" erstmals die Hauptsymptome der später nach ihm benannten Erkrankung. Die typischen motorischen Symptome wie fortschreitende Bewegungsstörungen und das Zittern der Hände lassen sich in der Regel erst spät beobachten. Parkinson-Frühsymptome sind:

Schlafstörung, Geruchssinn ist vermindert oder fällt komplett aus, Schmerzen in Muskeln und Gelenken, Verstopfung, Sehstörungen, Depressionen, Müdigkeit, Abgeschlagenheit, verlangsamte Bewegungen, steife Muskeln, Sprachprobleme und Impotenz. Betroffene tun sich schwer, etwas zu schreiben, ihren Mantel zuzuknöpfen oder ihre Zähne zu putzen. Viele Patienten bekommen

Probleme beim Denken und werden dement. Ungefähr ein Drittel der Patienten entwickelt im Krankheitsverlauf eine Demenz. Einigen Untersuchungen zufolge ist das Demenz-Risiko bei Parkinson sogar noch höher (bis zu 80 Prozent). Heilen lässt sich Parkinson selbst rund 200 Jahre nach seiner Entdeckung nicht.

Wie wird behandelt? Da die typischen Parkinson-Symptome durch einen Mangel an Dopamin im Gehirn ausgelöst werden, wird entweder der Botenstoff als Medikament zuführt (etwa in Form von L-Dopa) oder aber der Abbau des vorhandenen Dopamins wird unterbunden durch MAO-B-Hemmer oder COMT-Hemmer. Bei der Parkinson-Krankheit geraten laut Schulmedizin durch den Dopaminmangel dann andere wichtige Botenstoffe des Gehirns aus dem Gleichgewicht. So soll es zum Beispiel zu einem Überschuss an Glutamat kommen. Glutamat ist der wichtigste erregende Neurotransmitter im zentralen Nervensystem. Dagegen helfen sogenannte NMDA-Antagonisten (Amantadin, Budipin). Sie blockieren Andockstellen von Glutamat im Gehirn und reduzieren so dessen Wirkung.

Auch bei Alzheimer soll im Gehirn ein Überschuss des Botenstoffs Glutamat vorliegen. Zur medikamentösen Behandlung der Alzheimer-Demenz sind in Deutschland unter anderem die Arzneimittel Axura und Ebixa zugelassen. Beide enthalten den Wirkstoff Memantin. Memantin soll verhindern, dass ein Überschuss des Stoffes Glutamat das Gehirn schädigt. Durch den rezeptorblockierenden Effekt wird die Glutamat-Aktivierung gedämpft. Die S3-Leitlinie der DGPPN und DGN beschreibt Memantin als wirksam auf die Kognition, Alltagsfunktion und den klinischen Gesamteindruck bei Patienten mit moderater bis schwerer Alzheimer-Demenz und eine Behandlung wird empfohlen.

„Das im September 2011 erschiene provokante und lesenswerte Buch der Hamburger Wissenschafts-Journalistin und Diplom-Biologin Cornelia Stolze nennt die dahinterstehende Story „ein Meisterstück in Sachen Arzneimittel-Marketing". […] In den

1960er-Jahren hatte der US-Konzern Eli Lilly den Stoff erstmals synthetisiert und patentiert – als Mittel gegen Diabetes. Doch als das Medikament an Zuckerkranken getestet wurde, blieb die erwünschte Wirkung aus. Lange Zeit schlummerte der Wirkstoff daraufhin ungenutzt in den Wirkstoffdatenbanken von Eli Lilly. Das änderte sich erst, als Merz-Forscher etliche Jahre später in der Datenbank von Eli Lilly auf den Stoff stießen. Das deutsche Unternehmen war damals auf der Suche nach einer wirksamen Substanz zur Parkinson-Behandlung. Tatsächlich gelang es Merz, aus Memantin ein marktfähiges Produkt zu machen: In den 1980er Jahren führte der Arzneimittelhersteller den Wirkstoff unter dem Namen Akatinol Memantine in Deutschland ein. Zugelassen war es durch die deutsche Arzneimittelbehörde gegen leichte bis mittelschwere Hirnleistungsstörungen; eingesetzt wurde es [...] bei Parkinson-Patienten, spastischen Leiden und dem sogenannten hirnorganischen Psychosyndrom.

Doch für Merz war Memantin zunächst eine Enttäuschung. [...] Der Wirkstoff [...] habe bei Parkinson nicht besser gewirkt als das ebenfalls von Merz hergestellte Parkinson-Mittel Amantadinsulfat. Vielleicht aber, dachten die Frankfurter, war der Wirkstoff, der im Gehirn ja irgendetwas bewirkt, für etwas anderes gut. Gemeinsam mit Wissenschaftlern der Universität Göttingen testeten die Merz-Forscher das Mittel bei ähnlichen Krankheiten. Und siehe da: Bei Patienten mit Alzheimer-Demenz schien Akatinol anzuschlagen. Bald bestand das Medikament auch alle von den Behörden geforderten klinischen Prüfungen. Im Mai 2002 wurde es daher offiziell zur Behandlung von Patienten mit mittelschwerer bis schwerer Alzheimer-Krankheit zugelassen. Was darauf folgte, war ein bemerkenswerter Marketing-Coup. Nur wenige Monate später, im August 2002, verschwand das Parkinson-Medikament Akatinol Memantine vom Markt – um kurz darauf unter den Namen Axura und Ebixa mit neuem Beipackzettel und in neuer Verpackung wieder in den Apotheken aufzutauchen. Der Hersteller Merz nutzte die Gelegenheit für eine drastische Preiserhöhung. Als Akatinol kostete das Mittel noch

135,75 Euro. Unter dem Namen Axura oder Ebixa war es jedoch auf einmal nur noch für 236,45 Euro zu haben. Das entspricht einem Zuschlag von 75%."[177]

Die Pharmafirma begründete die Preiserhöhung mit dem Argument, dass durch die neuen Erkenntnisse und Behandlungsmöglichkeiten für die Patienten und ebenso für die Betreuer ein erheblicher Mehrwert geschaffen worden sei.[178]

„Der Preis für Axura sei nun „diesem Mehrwert und dem Indikationsumfeld Alzheimer-Demenz angepasst". […] Die Umwidmung von Akatinol gegen Parkinson in Axura gegen Alzheimer bescherte dem Frankfurter Unternehmen und seinen Partnerfirmen […] allein in den USA Jahresumsätze von mehr als einer Milliarde US-Dollar. Allein 2009 haben der US-Konzern Forest Laboratories und die dänische Pharmafirma Lundbeck, die das Merz-Medikament in den USA unter dem Label Namenda beziehungsweise in Europa unter dem Namen Ebixa in Lizenz vertreiben, 1,3 Milliarden US-Dollar eingenommen."[179]

Und die Wirksamkeit? Auf den Internetseiten des Institutes für Qualität und Wirtschaftlichkeit im Gesundheitswesen (IQWiG) ist zu lesen: „Nutzen von Memantin bei Alzheimer Demenz ist nicht belegt"[180]. „Alltagspraktische Fähigkeiten – wie Zähneputzen, Anziehen oder das Fahren mit Bus oder Straßenbahn – ließen über die Studiendauer bei allen Teilnehmergruppen nach."[181]

Bei Alzheimer sind auch die Neurotransmitter Serotonin und Noradrenalin betroffen. Von ihnen sind zu wenige vorhanden, was sich auf die Stimmung und das Verhalten insgesamt auswirkt. Es entstehen Depressionen, Angst oder Unruhe. Behandelt wird hier mit Antidepressiva. Aber vor allem das Acetylcholin ist defizient. Acetylcholin ist der wichtigste Neurotransmitter im parasympathischen Nervensystem, dem System, das dafür sorgt, dass der Körper in einen Zustand der Ruhe und Erholung gelangen kann. Auch für die Übertragung von Reizen auf die Muskeln wird es benötigt. Lebensnotwendige Funktionen wie Atmung, Herzschlag, Blutdrucksteuerung oder Stoffwechselvorgänge im Allgemeinen funktionieren nur mit Acetylcholin. Darüber hinaus ist Acetylcholin an der Lernleistung, Merkfähigkeit und Erinnerung beteiligt.

Die extrem teuren Cholinesterasehemmer sollen den Krankheitsverlauf bei Alzheimer verlangsamen. Diese Medikamente blockieren im Gehirn ein Enzym, das den Neurotransmitter Acetylcholin abbaut. Von der Pharmaindustrie geleitete Studien zeigten eine moderate Besserung von Kognition und Alltagskompetenz. International ist die Therapie vor allem mit Donepezil etabliert. Die Arzneimittelkommission der deutschen Ärzteschaft und die Deutsche Gesellschaft für Neurologie empfehlen Donepezil als Mittel der ersten Wahl zur Therapie bei Alzheimer.[182]

„Unabhängig voneinander kamen Forscherteams aus Kanada und Hamburg 2004 zu dem Ergebnis, dass die zur Verlangsamung von Alzheimer angepriesenen Cholinesterasehemmer, Medikamente mit dem Wirkstoff Donezepil (Aricept ®), eher noch zur Verschlechterung der Situation führten, gegenüber der Kontrollgruppe von Patienten, die diese Mittel nicht bekamen. Während die vorgebliche Verbesserung in keinem einzigen Falle festgestellt werden konnte, traten bei Patienten, die dieses sog. Antidementiva bekamen, teilweise erhebliche Nebenwirkungen auf. Dr. Thomas Zimmermann, einer der Forscher aus dem Hamburger Team, brachte das Ergebnis auf einer Tagung von Alzheimer Ethik mit der Aussage auf den Punkt: „Meiner Oma würde ich die nicht geben.“ […] Wer jedoch dachte, dass diese Erkenntnis dazu führt, Aricept u. a. von der Liste der empfohlenen und von den Krankenkassen bezahlten Mitteln zu streichen, der erfährt an diesem Beispiel die Macht der Branche. Die Allianz von Pharmaindustrie, Deutsche Alzheimer Gesellschaft (DALZ) und anderen Demenzfachorganen setzten das Ergebnis einfach außer Kraft, indem sie den genannten Studien methodische Mängel unterstellten.“[183]

Die S3-Leitlinie „Demenzen" wurde unter Federführung der Deutschen Gesellschaft für Psychiatrie und Psychotherapie, Psychosomatik und Nervenheilkunde (DGPPN) und der Deutschen Gesellschaft für Neurologie (DGN) mit zentraler Einbindung der Deutschen Alzheimer Gesellschaft e.V.-Selbsthilfe Demenz erstellt. In dieser Leitlinie werden Memantin und ebenso Donepezil positiv erwähnt. Auf Seite 53 steht: „Acetylcholinesterase-Hemmer sind wirksam in Hinsicht auf die Fähigkeit zur Verrichtung von Alltagsaktivitäten, auf die Besserung kognitiver Funktionen und auf den ärztlichen Gesamteindruck bei der leichten bis mittelschweren Alzheimer-Demenz und eine Behandlung wird empfohlen. Es soll die höchste verträgliche Dosis angestrebt werden."[184]

Diese Leitlinie hat eine Länge von 133 Seiten. Das Wachstumshormon wird auf keiner einzigen Seite erwähnt.

Bei Alzheimer geht man davon aus, dass der Botenstoff Acetylcholin defizient ist. Bei Parkinson sieht es übrigens genau andersherum aus. Denn laut Schulmedizin sind durch den Dopaminmangel bei Parkinson andere Nervenbotenstoffe – relativ betrachtet – im Überschuss vorhanden. Das gilt wie schon erwähnt für Glutamat, aber auch für Acetylcholin. Anticholinergika waren die ersten Medikamente, die zur Parkinson-Therapie eingesetzt wurden. Anticholinergika hemmen die Wirkung von Acetylcholin im Gehirn. Anticholinergika werden aber nicht nur bei Parkinson eingesetzt, auch als Antidepressiva werden sie genutzt.

Dann haben US-amerikanische Forscher mal Daten von 3400 Patienten im Alter von 65 oder älter in einem Zeitraum von über 7 Jahren untersucht. Alle Personen zeigten zu Studienbeginn keine Anzeichen einer Demenz. Dabei fanden sie heraus, dass das Auftreten von Demenz wahrscheinlicher war, wenn die Menschen Anticholinergika eingenommen hatten. Ebenso fanden sie heraus, dass kognitive Beeinträchtigungen durch Anticholinergika nicht mehr umkehrbar sind.

Daten von knapp 59.000 Demenzpatienten aus Großbritannien zeigen: Mit steigender Dosis und Einnahmezeit von Anticholinergika nimmt die Zahl an entwickelten Demenzen zu. Patienten, die diese Medikamente über einen Zeitraum von mindestens drei Jahren täglich einnahmen, hatten ein um fast 50 Prozent erhöhtes Demenzrisiko.

Anticholinergika stecken in Tabletten gegen Inkontinenz, in Beruhigungsmitteln, Neuroleptika, Tabletten gegen Übelkeit, Schlafstörungen, Schmerzen oder Allergien. Laut Forscher der Universität Nottingham, die Daten von über 225.500 Patienten auswerteten, könnten aufgrund der häufigen Verordnung dieser Wirkstoffe allein 10,9 Prozent aller Demenzerkrankungen nur durch Anticholinergika verursacht werden.[185]

Eines noch zu der medikamentösen Behandlung mit Antidepressiva. 1988 wurde das Antidepressivum Tianeptin in Frankreich zugelassen. Es wurde als gut wirksam eingestuft. Was erst später bekannt wurde, die Substanz ist ein Serotonin-Wiederaufnahme-Verstärker (SRE). Es senkt also den Serotoninspiegel. Auch heute wird es noch als Medikament gegen Depressionen eingesetzt. Bei uns in Deutschland ist es seit 2012 erhältlich.[186]

Dieses Durcheinander kann und will ich nicht verstehen. Um da den Durchblick zu haben, muss man wohl Schulmediziner sein. Und das Schönste dabei, wenn es denn nicht so traurig wäre, es wird nichts, aber rein gar nichts gemessen. Für mich entsteht hier einfach nur der Eindruck, dass in einen Gehirnstoffwechsel eingegriffen wird, den man gar nicht versteht (verstehen will).

Wenn sie zittrig sind und die Diagnose Parkinson noch nicht gestellt ist, weiß ein Schulmediziner nicht, warum das so ist. Die Diagnose Morbus Parkinson wird erfahrungsgemäß erst gestellt, wenn die Erkrankung bereits in einem fortgeschrittenen Stadium angelangt ist. Zu diesem Zeitpunkt sind dann schon 60 bis 70 Prozent der dopaminhaltigen Nervenzellen im Gehirn abgestorben. Ein Prozess, der wohl nicht mehr rückgängig zu machen ist. Und wenn der Verstand schwindet? Wenn Sie heute zu einem Arzt gehen und ihm sagen, dass Sie sich nichts mehr merken können, weiß er nicht, woher das kommt. Er weiß es nicht! Neurologen oder Psychiater wissen bis heute nicht, dass der Mensch erst einmal ausreichend mit essenziellen Stoffen versorgt sein muss, damit der Gehirnstoffwechsel überhaupt funktioniert. Genauso wenig wissen Sie, dass der Mensch einen perfekten Mechanismus besitzt, um Botenstoffe in einem sogenannten chemischen Gleichgewicht zu halten. Die erbsengroße Hirnanhangdrüse ist innerhalb des endokrinen Systems die übergeordnete Drüse. Sie kontrolliert und reguliert das gesamte Hormonsystem. Die von der Hypophyse ausgeschütteten Hormone regen Drüsen des Körpers zur eigenständigen Hormonproduktion an. Das Wachstumshormon stimuliert die Produktion der Neurotransmitter und es wirkt direkt auf die Bildung der Endorphine, die man allgemein als Glückshormone bezeichnet. Das Wachstumshormon kontrolliert die Synthese fast aller Botenstoffe, mit denen Nervenzellen untereinander und mit Körperzellen kommunizieren.[187],[188] (Und davon gibt es über 100.) Durch die Wirkung des Wachstumshormons werden die Stimmung verbessert, die Gehirnfunktion verstärkt und die Gedächtnisleistung verbessert. Unser Gehirn und unsere Nervenzellen profitieren das ganze Leben lang von einem hohen Pegel des Wachstumshormons. Auch steigert es den Antrieb und die Leistungsfähigkeit. Das Wachstumshormon ist der Motor des Lebens schlechthin. Wie wichtig die Hypophyse ist, sieht man daran, dass ihr Verlust den sicheren Tod bedeutet, denn ohne sie bricht das fein balancierte Gleichgewicht unseres Stoffwechsels zusammen. Vor allem muss man wissen: In sehr vielen Fällen kann eine Unterfunktion sehr gut und erfolgreich behandelt werden! Je früher die richtige Diagnose gestellt wird, umso besser. Wird der Hormonmangel nicht behandelt, sinkt die Lebenserwartung auf jeden Fall stark.

Eigene Erfahrungen 2011–2018

Durch das Wachstumshormon verbessern sich alle Körperfunktionen, die Leistungsfähigkeit steigt, die Regenerationszeit sinkt und es lässt einen besser denken. Glück gehabt, wer im Alter noch einen hohen Level hat. Ich habe gelesen, dass es 90-Jährige geben soll, die noch einen hohen Wachstumshormonspiegel besitzen, genau wie 20-Jährige. Und wenn nicht? Heutzutage kann man es künstlich ersetzen. In den USA ist es sogar frei verkäuflich. Wenn dieses Hormon nun so eine gewaltige Macht hat und wir es uns nur spritzen müssen, warum hält es dann nicht auf Dauer jung? Das habe ich mich als Erstes gefragt, als ich von der hautstraffenden Eigenschaft gelesen habe. In Hollywood sollen sich alternde Schauspieler dieses Hormon schon seit mehr als 20 Jahren spritzen. Aber ich sehe auch an ihnen den körperlichen Verfall. Und wenn es doch maßgeblich auf die Gedächtnisleistung wirkt, warum hilft es nicht bei Demenz? Weil es eben so einfach nicht ist!

Wenn der Tag ausklingt, wir ins Bett gehen und einschlafen, stoppt die Hirnanhangdrüse die Produktion von Tageshormonen und stellt auf Nacht um. Etwa 70 Minuten nach dem Einschlafen pulst sie dann das Wachstumshormon ins Blut. Aus diesem Grund soll man sich dieses Hormon kurz vor dem Schlafengehen spritzen. Es soll somit die natürliche Hormonausschüttung imitiert werden. So wird verfahren. In Studien wird dann abgewartet und geguckt, was passiert. Und dabei kommt man zu ganz unterschiedlichen Ergebnissen. Anti-Aging-Ärzte preisen die verjüngende Wirkung von diesem Hormon an und auf Internetseiten von Privatärzten ist zu lesen, dass auch eine Alzheimer-Demenz verbessert werden kann. In der Apotheken Zeitung habe ich dagegen mehrfach gelesen, dass die verjüngende Wirkung vom Wachstumshormon nicht wissenschaftlich belegt ist. Endokrinologen warnen sogar vor diesem Hormon, zeigen uns die Nebenwirkungen an und speziell bei Alzheimer-Patienten soll es nutzlos sein.

Es werden ständig Studien veröffentlicht, in denen man versucht den Alterungsprozess umzudrehen. Zuletzt 2019 die TRIMM Studie. Daran nahmen 9 Männer zwischen 51 und 65 Jahren teil. Die Studienteilnehmer erhielten ein Jahr lang das Wachstumshormon. Zusätzlich wurden hier noch das Diabetesmittel Metformin, Vitamin D, Zink und DHEA verabreicht. In dieser Studie konnte die genetische Uhr der Teilnehmer durchschnittlich um 2,5 Jahre zurückgesetzt werden. Gemessen wurde dieser Erfolg anhand der wachsenden Thymusdrüse. Nun ist das im Grunde genommen aber nichts Neues. Denn das kennt man schon sehr lange, dass das Wachstumshormon hier genau das macht, was das Wort sagt, es heizt das Wachstum von Zellen an. Und das ist eben schon lange bekannt, dass der Thymus, um den es in dieser Studie ging, darauf reagiert und dann wieder wächst. Interessant für mich an dieser Studie ist allerdings ein Teilnehmer, er entwickelte Ängste. Kommentar der Studienleitung: „Wir sind uns sehr sicher, dass dies andere Gründe hatte."[189]

Ich hatte persönlichen Kontakt mit einem Pharmareferenten von Eli-Lilly. Er sagte erst einmal zu mir, dass ich ein ungewöhnlicher Fall wäre, weil Menschen mit Wachstumshormonmangel eigentlich übergewichtig sind. Er sagte dann zu mir, dass Männer mit nachgewiesenem Wachstumshormonmangel in meinem damaligen Alter, also so um die 40, dieses Hormon wollen. Sie profitieren also davon. Wird ein Wachstumshormonmangel aber bei 70-Jährigen diagnostiziert, ist dem nicht mehr so. Er sagte: „Diese Leute wollen es nicht mehr." Da stellt sich mir die Frage: „Warum denn nicht?"

Der „Hormonspezialist" drückte sich etwas anders aus, er sagte zu mir: „Viele Leute, die es brauchen, vertragen es nicht." Er sagte in einem anderen Gespräch einmal zu mir, dass durch die künstliche Gabe vom Wachstumshormon die körpereigene Ausschüttung ein kleines bisschen in den Keller geht. So gesehen, scheint das erst einmal kein Problem darzustellen, denn jetzt ist es ja künstlich und in identischer Form vorhanden. Doch genau hier liegt der Hund meiner Meinung nach begraben. Mit jedem Lebensjahr lässt bekanntlich die Aktivität der Hypophyse etwas nach. Es geht irgendwann nur noch um Restfunktionen. Die künstliche Gabe vom Wachstumshormon hemmt die körpereigene Freisetzung jetzt ein bisschen. Bei einer regen Hypophyse bemerkt man das vielleicht nicht, doch bei Demenz-Erkrankten stellt die Hypophyse durch das künstlich gespritzte Wachstumshormon dann ihre Aktivität wohl ganz ein. Aber um im Gehirn zu wirken, muss das körpereigene Wachstumshormon aktiviert werden, heißt, die körpereigene Freisetzung muss stimuliert werden. Aus eigener Erfahrung kann ich jedenfalls sagen, es einfach nur zu spritzen, reicht nicht. Im Gegenteil, es kann die Situation sogar noch verschlimmern. Das wusste auch mein „Hormonspezialist". Er sagte zu mir: „Hinterher kann es schlimmer sein als vorher." Und das kann ich nur bestätigen. Zwar hatte ich erst absolut positive Erfahrungen mit diesem Hormon gemacht, doch es half nicht immer. Weil ich damals aber nicht wusste, warum, fing ich damit an, immer größere Mengen zu spritzen. Allerdings baute ich zusehends ab. Und schließlich fing ich – trotz oder gerade wegen des gespritzten Wachstumshormons – wieder an, ganz langsam und steif zu gehen, bekam wieder nichts richtig mit, mir wurde richtig heftig schwindelig und ich bekam sogar Selbstmordgedanken. Ich hätte das Wachstumshormon da vielleicht nicht mehr nehmen sollen, meine größte Angst war damals hingegen, den Verstand komplett zu verlieren. Wie schnell man geistig abbauen kann, ist unglaublich. Schlafen Sie mal ein paar Nächte nicht, dann verstehen Sie es ein bisschen. Falls Sie das Geld aufbringen können und jetzt vielleicht vorhaben, das Wachstumshormon nehmen zu wollen, sollten Sie unbedingt bedenken, dass das injizierte Wachstumshormon die körpereigene Freisetzung hemmt. Dem entgegenwirken konnte ich durch Verzicht auf Zucker und Sport. Im Mai 2011 wusste ich es noch nicht. Ich habe, als es mir so richtig gut ging, das Joggen wieder vernachlässigt und es ging wieder bergab mit mir. Das Fatale dabei ist, dass die nachlassende Wirkung nicht sofort eintritt. Erneut total kraftlos bin ich morgens von 11 Uhr bis 15 Uhr in meinen Laden gefahren und erst nachmittags oder abends joggen gegangen. Doch das hätte ich gleich sein lassen können. Zum einen ist es mir immer unglaublich schwergefallen und es wirkte da auch nicht mehr. Sport ist gut, um das Wachstumshormon freizusetzen, damit das gespritzte STH wirkt, darf allerdings eine begrenzte Zeit wohl nicht überschritten werden. Ich habe gelesen, dass die 191 Aminosäuren, aus denen das Wachstumshormon besteht, nur für einige Stunden im Blutkreislauf zirkulieren. In dieser Zeit muss es wohl aktiviert werden, um im Gehirn zu wirken.

Und noch eines ist wichtig. Ich habe vorm Schlafengehen Isotropin (Aminosäuren) genommen, das die Freisetzung vom Wachstumshormon stimuliert, und mir dabei das Wachstumshormon gespritzt. Bei mir reichte diese Kombination allein nicht aus. Ich musste wirklich morgens Sport machen.

Ich bin dann eine Zeitlang nach Belgien gefahren, weil das Wachstumshormon dort günstiger ist. Jetzt passte die dort gekaufte Monatsration vom Wachstumshormon nicht so richtig in meinen deutschen Pen und beim Einstecken ist ein Teil der Patrone kaputtgegangen, irgendwie funktionierte sie jedoch noch. Was sollte ich jetzt machen? Total benebelt im Kopf, hatte ich mir den ganzen Inhalt der Patrone gespritzt. Das war eine Menge, wie sie wohl zu keiner Zeit im Leben freigesetzt wird. Am nächsten Tag hatte ich dann (ohne Sport zu machen) eine unglaubliche Menge an Ejakulat. Aber in den Beinen oder im Gehirn bemerkte ich gar keine Wirkung. Im Zustand der „geistigen Umnachtung" bin ich außerdem einmal in den Urlaub geflogen. Reisen ist anstrengend, und so saß ich nach der Ankunft abends am Tisch und konnte mich mit den anwesenden Personen nicht unterhalten, es ging einfach nicht. Ich hatte mir am nächsten Nachmittag vor dem Sport eine große Menge STH gespritzt und danach wusste ich, wie wichtig Bewegung für das Gehirn ist. Wie gesagt, das Wachstumshormon wirkt sofort.

Dass ich keinen Zucker essen durfte, wusste ich lange, bevor ich mir das Wachstumshormon spritzte. Er hat mich immer runtergezogen. Der „Hormonspezialist" konnte mir keine Antwort darauf geben, warum Zucker so negativ auf mich wirkt, darum rief ich bei meiner Krankenkasse an. Die Frau am Telefon wollte von mir wissen, ob ich denn übergewichtig bin? Das Gespräch drehte sich anschließend eigentlich nur um Kalorien. Sie meinte, Zucker könne ich ruhig zu mir nehmen. Zu der Zeit, als ich das Wachstumshormon nahm und keinen Sport machte, baute ich sehr schnell ab. Ich bekam dabei extrem heftige Heißhungerattacken auf Süßes. Dieser Zucker wirkte auf mich, als ob mein Körper sich dagegen wehren würde. Es war ein Gefühl in mir, als ob ich in eine Steckdose mit leichtem Strom fasste. Das sah man mir auch an! Und einmal nachmittags hatte ich ein Bier getrunken, ich dachte mein Gehirn löst sich auf. Als ich mir eine große Menge STH vor dem Sport spritzte und sofort die positive Wirkung erleben durfte, habe ich dann morgens Brötchen gegessen, nachmittags Kuchen und sonst Pasta und Pizza. Ich bemerkte nichts Negatives. Ich habe anschließend 1 mg STH abends vor dem Schlafen gespritzt und 1 mg nachmittags vor dem Sport. Zucker hat mir tagelang wirklich nichts ausgemacht. Doch was soll ich sagen, alles eine Frage der Zeit. Mir wurde wieder schwindelig und ich konnte wieder nicht klar denken. Aus Kostengründen habe ich mir das Wachstumshormon schließlich über das Internet bestellt, was in Deutschland verboten ist. Da ich der Meinung war, dass ich große Mengen von diesem Hormon brauche, (und das ein Leben lang) und ich es mir auf legalem Wege auf Dauer nicht leisten kann, musste ich diesen Weg gehen. Probleme gab es mit dem Zoll. Manche Bestellungen kamen einfach nicht an und ich bekam eine Vorladung bei der Polizei als Beschuldigter, wegen eines Verstoßes gegen das Arzneimittelgesetz. Nach dem Gespräch auf der Wache bekam ich einen Brief, wo drinstand, dass in meinem Fall von einer Anzeige erst einmal abgesehen wird, im Wiederholungsfall ich aber mit einer Geldstrafe oder sogar mit Gefängnis zu rechnen hätte. Ich möchte generell davon abraten, es sich im Internet zu bestellen. Es hat definitiv nicht die Qualität wie aus der Apotheke. Ob es daran liegt, dass es gepanscht ist oder einfach nur, weil es nicht gekühlt ist, kann ich nicht sagen, das Geld und das Risiko sind es allerdings nicht wert.

Was sollte ich jetzt machen? Hormone verbrauchen sich nun mal. Und je aktiver man ist, desto mehr werden halt benötigt. 0,2 mg ist die kleinste wirksame Dosis. Eine Monatsration von dieser Menge kostete damals 370 Euro in deutschen Apotheken. Richtig angewandt, kann sie ein Segen sein, aber als Berufstätiger reicht diese Menge wohl nicht aus. Auch der Hormonspezialist sagte damals zu mir, dass manche Menschen viel vom Wachstumshormon brauchen, um klarzukommen. Jetzt liegt die durchschnittliche Produktion bei Erwachsenen zwischen 0,5 und 2,0 mg pro Tag. Also brauchte ich Geld. Ich bin dann ein Risiko eingegangen, habe meinen Laden verkauft, viel Geld investiert und bin 2014 in den Irak gefahren, um noch mehr Geld zu verdienen. Dieser Plan ging schief. Im Irak war ich für sieben Monate. Sport machte ich dort nicht. Außerdem nahm ich dort kein Wachstumshormon mehr, jedoch noch eine Zeit lang Isotropin und Vitamine. Ich baute sehr schnell ab. Eine Erfahrung habe ich aber gemacht, die ich sonst wohl nicht erlebt hätte. Ich lag kurz vor der Heimreise zwei Tage im Bett, ohne etwas zu essen (nicht aus Krankheitsgründen). Ich schlief diese Zeit fast nur. Meine Körpertemperatur stieg dabei auf 36,5 Grad an. Nach dem Aufstehen fühlte ich mich erstaunlicherweise wie ein ganz normaler Mensch. Das Einzige, was damals im Kühlschrank lag, war Bier. Ich trank eine Dose und dachte, dass ich davon umkippe. Es war nicht so, ich konnte mich zumindest für diesen einen Nachmittag ganz normal unterhalten.

Seit 2014 nehme ich nun aus finanziellen Gründen das Wachstumshormon nicht mehr. Weil ich noch am Leben bin (ich meine das wirklich ernst) und nicht dement bin, kann ich sagen, dass es, um nicht den Verstand zu verlieren und anschließend ins Pflegeheim gehen zu müssen, eine alternative Hilfe gibt.

Im Oktober 2014 kam ich wieder zuhause an. Ich rief noch einmal bei einem anderen Endokrinologen an und fragte direkt nach einer Untersuchung der Hypophyse. Dort wurde mir gesagt, 2 Jahre Wartezeit. Auf meine Frage, ob dann ein Funktionstest der

Hypophyse gemacht wird oder einfach nur Blut abgenommen, wurde mir geantwortet, dass das beim persönlichen Gespräch abgeklärt wird. (Ich habe keinen Termin gemacht). Angerufen habe ich bei der Endokrinologischen Kassensprechstunde. Darunter stand eine Telefonnummer für eine Privatsprechstunde. Ich rief dort nicht an, möchte aber wetten, dass dort die Wartezeit keine 2 Jahre beträgt.

Ich bin anschließend nur noch spazieren gegangen oder kraftlos Fahrrad gefahren. Ein Trainingserfolg stellte sich nie ein. Ich kaufte mir bald wieder Isotropin, nahm Eiweiß und Vitamine. Dieses Isotropin wirkte bei mir da wieder merklich. Ich hatte schon früher bemerkt, dass ich nach einer längeren Pause direkt nach der Einnahme leichter geatmet hatte. Meine Körpertemperatur stieg morgens jedenfalls leicht an und ich schlief gleich besser. Diese Wirkungen hielten allerdings nur kurz an. Ich bekam Depressionen und lief nachts umher wie ein Zombie. Arginin & Co. Helfen, das Wachstumshormon freizusetzen, keine Frage. Das Problem dabei ist, dass vorhandene Hormone mit Arginin gelockt werden können, fehlende aber nicht mehr.

Durch Zufall nahm ich schließlich ein Produkt, indem sich alle 21 lebenswichtigen Aminosäuren befanden, und konnte sofort die Wichtigkeit dieser Stoffe erleben. Aminosäuren als Nahrungsergänzungsmittel müssen nicht aufgespalten werden, sie gelangen direkt in den Organismus und werden dorthin transportiert, wo sie gebraucht werden. Sie sind für den Transport und die Speicherung von Nährstoffen aller Art von zentraler Bedeutung. Nur so kann ich es mir erklären, dass mein Verstand wieder ein bisschen aufklarte. Auch konnte ich sofort besser sehen. (Bei mir war es damals so, dass ich teilweise das Essen auf dem Teller nicht mehr erkennen konnte.) Das heißt jetzt nicht, dass ich dadurch leistungsfähig wurde, allerdings muss ich wohl unter einem starken Mangel gelitten haben. Wenn man Aminosäuren nimmt und dadurch wieder in den Schlaf findet, die Verdauung wieder einigermaßen funktioniert und man sich im Spiegel wiedererkennt, versteht man die Wichtigkeit von lebensnotwendigen Stoffen.

Aber trotz aller Nahrungsergänzungsmittel kostete jeder einzelne Schritt, den ich machte, Überwindung, ich lag fast nur noch auf dem Sofa. Ich kratzte dann im Sommer manchmal mit einem Messer die Fugen auf dem Hof aus oder zupfte im Sitzen Unkraut aus dem Rasen. Das ging noch, weil ich dabei nicht stehen musste. Bei normaler Zimmertemperatur im Haus wickelte ich mich in eine Decke ein, mir war immer kalt. Im Winter ging ich gar nicht mehr raus, weil meine Körpertemperatur sofort abfiel und ich auskühlte. Ich nahm manchmal tagsüber Arginin, um das Wachstumshormon zu locken, ich fror danach jedes Mal extrem. Wenn ich mit meiner Frau beim Einkaufen war, bekam ich Angst, ich wollte nur schnell wieder nach Hause. Weil ich überhaupt keine Kraft mehr hatte und mich so gut wie gar nicht mehr konzentrieren konnte, nahm ich schließlich Cholin als Nahrungsergänzung. Es zog im ganzen Kopf und es stellte sich kurzzeitig ein beruhigendes Gefühl bei mir ein. Dann habe ich es nicht mehr genommen, weil ich davon fürchterlich unruhig geworden bin. Ich habe es mit einer größeren Menge Tryptophan versucht. Anfänglich stellte sich eine positive Stimmung ein, bald wurde ich davon depressiv. Ich habe nach Pausen immer wieder mal Tryptophan genommen, jedes Mal wurde ich davon depressiv. Zu meiner Ernährung muss ich sagen, dass ich wirklich oftmals dachte, ich sei selbst schuld an meiner Misere, weil ich nicht achtsam genug mit dem war, was ich mir in den Mund steckte. Das mag sich jetzt vielleicht merkwürdig anhören, aber ich war ja ständig im Internet unterwegs und da erfährt man von manchen „Experten", dass man sich ganz einfach vor Alzheimer schützen kann, indem man nur die Kohlenhydrate weglässt. Als ich schließlich kein Gemüse mehr aß und auch noch das Obst wegen der Fructose vom Speiseplan entfernte, ging es mir noch schlechter und meine Körpertemperatur fiel weiter ab. Zum Zucker muss ich sagen, wenn ich lange genug pausiert hatte, wirkte er sogar kurzzeitig positiv auf mich. Dann habe ich Glutamin genommen. Ich konnte nach dem Verzehr eine Zeitlang überhaupt nicht denken. Genauso war es mit Eiweiß. Wenn ich nur ein Ei aß, konnte ich kurzzeitig gar nicht denken. Ich kann mir dieses nur so erklären, dass mein gesamter Stoffwechsel langsam zum Erliegen kam und insbesondere der Eiweißstoffwechsel ist ja der energieintensivste Prozess in der Zelle.

Mein Grundumsatz fiel immer weiter ab, zu sehen an meiner Körpertemperatur. 2016 lag sie nur noch bei 34,8 Grad. Was mir auch kein Arzt sagte, an der Körpertemperatur lässt sich die Stoffwechselaktivität des Körpers gut messen. Sie sollte sich in einem normalen Bereich befinden. Die normale Körpertemperatur des Menschen liegt dabei zwischen 36,5 und 37 Grad. Das Immunsystem profitiert ebenfalls von einer normalen Körpertemperatur. Wenn die Körpertemperatur nur um ein Grad sinkt, lässt die Immunstärke schon um rund 30 Prozent nach. Andersherum nimmt die Immunstärke zu, wenn die Körpertemperatur steigt. Wenn die Körpertemperatur um ein Grad steigt, verstärkt sich die Immunkraft um das Fünf- bis Sechsfache. Wenn man z. B. bei einer Erkältung Fieber bekommt, so ist dies eine Reaktion des Körpers, um die Abwehrkräfte durch eine Erhöhung der Körpertemperatur zu stärken. Eine negative Spirale kommt hingegen in Gang, wenn durch eine niedrige Körpertemperatur das Immunsystem geschwächt wird. Eine nachlassende Körpertemperatur ist für den Organismus kein ungefährlicher Zustand, weil in diesem einfach alle Körperfunktionen nachlassen. Auch die Enzymaktivität nimmt ab.

Um den Organismus am Leben zu erhalten, laufen in seinem Inneren ständig die verschiedensten biochemischen Reaktionen ab. Für all diese Prozesse benötigt der Organismus Enzyme als Katalysatoren, wie zum Beispiel für die Aufspaltung von Nahrung, für die Aufnahme von Nährstoffen in den Verdauungstrakt, für die Ausscheidung von Abfallprodukten aus dem Körper oder die Energiegewinnung in den Zellen. Enzyme sind zur Aufrechterhaltung des Lebens unbedingt notwendig. Und diese Enzyme sind grundsätzlich umso aktiver, je höher die Körpertemperatur ist. Eine niedrige Körpertemperatur dagegen führt ganz klar zur Beschleunigung des Alterungsprozesses. Sie bringt dem Körper nichts Gutes. Mit sinkender Körpertemperatur verschlechtert sich der gesamte Stoffwechsel der Zellen, es sinkt die Zellenergie im Ganzen ab und es verzögert sich die Regeneration beschädigter Zellen. Je niedriger die Körpertemperatur ist, umso mehr erhöht sich das Risiko, an Parkinson oder Alzheimer zu erkranken.[190] Wenn man die Temperatur nun bewusst auf eine höhere Stufe bringt, wird das Immunsystem gestärkt und Zellschäden werden repariert. Das wusste schon die Oma, wenn sie einen bei einer beginnenden Erkältung mit 3 Wärmflaschen ins Bett geschickt hat. Wie wird dieses Wissen in der Schulmedizin angewandt? Ich will es Ihnen sagen. So etwas wie eine normale Körpertemperatur gibt es dort nicht. Die Körpertemperatur spielt keine Rolle. Es sei denn, Sie haben Fieber. Eine hohe Körpertemperatur lässt sich wunderbar mit Medikamenten absenken.

Wie kann man nun selbst die Körpertemperatur erhöhen? Einfache und natürliche Wege, um die Körpertemperatur zu erhöhen, sind warme Bäder, Saunagänge oder Sport. Eine effektive Methode, um die Körpertemperatur zu erhöhen, ist Muskeltraining. Denn die Muskeln sind das größte Organ zur Hitzeerzeugung. In ihnen wird Energie aus der Nahrung verbrannt und das erzeugt Wärme. Also muss die Körpertemperatur unweigerlich bei sportlichen Aktivitäten ansteigen, da ja mehr Energie verbrannt wird.

Nicht bei mir!

Ich bin morgens auf meinen Fahrradtrainer gegangen und habe bei der leichtesten Einstellung geradelt. (Ich musste dabei wirklich aufpassen, nicht vom Sitz zu fallen.) Meine Körpertemperatur ist hierbei noch abgefallen. Sie fiel sehr schnell unter 33 Grad ab.

Es gab zwar immer wieder mal kurzfristig Phasen, in denen ich dachte, dass eine Besserung vielleicht noch auftreten kann, aber das kam damals nicht durch regelmäßige Bewegung, sondern immer, wenn ich tagelang, oder besser noch wochenlang, nichts machte. Wenn ich mich nach einer langen Ruhephase bewegte und dann Arginin und Lysin nahm, oder Alkohol trank, kam kurzzeitig noch etwas Kraft in meinen Körper. Doch trotz der Einnahme von Mineralstoffen, Vitaminen, Aminosäuren, Eiweiß und Omega-3-Fettsäuren muss ich sagen, dass ich mich irgendwann aufgeben hatte. Im Dezember 2016 bin ich zu meinem Hausarzt gegangen und sagte ihm, dass ich nicht mehr arbeiten kann. Er nickte sofort mit dem Kopf. Ich sollte einen Schwerbehindertenausweis beantragen und er stellte für mich einen Antrag auf Arbeitsunfähigkeit. Er riet mir dazu, weitere Antidepressiva auszuprobieren, und wegen meiner Ängste könne man außerdem eine ganze Menge mit Gesprächstherapie machen, sagte er. Er gab mir eine Liste von Psychotherapeuten. (Ich habe keine Antidepressiva genommen und habe keine Gesprächstherapie in Anspruch genommen). Meine Berufsunfähigkeitsversicherung hat dann eine externe Firma mit meinem Fall beauftragt. Beim ersten Gespräch wurde mir mitgeteilt, dass die Aussichten, die Berufsunfähigkeit durchzukriegen, in meinem Fall sehr schlecht aussehen würden. Von dem externen Berater wurde unter anderem für die Versicherung notiert: Ihr Versicherter sehe sich aus gesundheitlichen Gründen weder jetzt noch in Zukunft in der Lage, einer geregelten Tätigkeit nachzugehen. Ihr Versicherter leide schon, solange er denken könne, mindestens aber seit 1997, an einer starken Antriebsschwäche. Diesbezüglich sei er bereits bei diversen Ärzten vorstellig geworden, ohne dass ihm eine abschließende Diagnose genannt worden sei. Aufgrund eines Erfolges mit einer Hormonbehandlung gehe Ihr Versicherter allerdings davon aus, dass seine gesundheitlichen Probleme hormonell bedingt seien. Eine diesbezügliche durchgängige Behandlung mit hormonell wirksamen Präparaten erfolge allerdings nicht, da ihm ärztlicherseits mitgeteilt worden sei, dass eine dementsprechende Medikation nicht von der Krankenversicherung übernommen werde. Am 14.09.2017, also neun Monate später, war ich schließlich wieder bei meinem Hausarzt wegen eines Fragebogens von der Versicherung. Dabei ging es darum, was geplant ist, um eine Besserung hervorzurufen. Da ich keine Pillen nehmen wollte, hat mein Arzt mir vorgeschlagen, zur Kur zu gehen. (Ich bin nicht zur Kur gegangen.) Am 21.02.2018 wurde meine Berufsunfähigkeit von der Versicherung dann abgelehnt. Mit der Begründung, dass ich mich arbeitsunfähig fühle wegen psychischer Probleme, mein Hausarzt, der mit mir den Antrag auf Berufsunfähigkeit gestellt hat, aber kein Facharzt sei. Heißt, ich sollte zum Psychiater gehen, um dort eine „fachkundliche Meinung" einzuholen. Dass ich nicht zum Psychiater ging, lag allein an meiner Frau. Sie sagte damals ganz entschieden zu mir: „Dort gehst du nicht hin, die stopfen dich nur mit Tabletten voll." Mein Hausarzt versicherte mir darauf, dass er meine gesundheitliche Situation sehr gut einschätzen könne, und in einem so schwerwiegenden Fall wie meinem könne er es sich gar nicht erlauben, eine Falscheinschätzung abzugeben, da er sonst seine Zulassung als Arzt verlieren würde. Er riet mir dazu, einen Anwalt mit meinem Fall zu beauftragen. Ein Anwalt kostet Geld, dass ich nicht mehr hatte. Ich rief beim Sozialverband an, ob die mir helfen könnten. Dort wurde mir gesagt, da ich selbständig sei, ginge das nicht. Also habe ich einen selbstverfassten Widerspruch eingereicht. Unter anderem schrieb ich: Seit über 20 Jahren gehe ich zu Ärzten wegen gesundheitlicher Probleme. Unter anderem leide ich seit dieser Zeit an Kraftlosigkeit, Erschöpfung, Schwindel, Depressionen und Konzentrationsschwächen. Während dieser Zeit hat sich meine gesundheitliche Situation zusehends verschlechtert. Ich war beim Psychiater und beim Neurologen. Ich habe keine Therapie abgebrochen. Beide konnten mir nicht helfen, sonst hätte ich die Anstrengungen nicht unternommen, Hilfe bei Privatärzten zu suchen. Mein gesundheitliches Problem ist meiner Meinung nach nicht allein psychisch bedingt. Ich messe seit ca. 7 Jahren morgens meine Körpertemperatur unter den Achseln. Sie lag damals bei 35,4 Grad. Momentan liegt sie morgens zwischen 34,8 und 35,0 Grad. Auch sinkt meine Körpertemperatur nach leichter körperlicher Arbeit oder sportlicher Betätigung sogar unter 34 Grad ab.

Am 07.06.18 wurde meine Berufsunfähigkeit dann erneut abgelehnt. Mein Hausarzt gab mir nun den Tipp, mit der Versicherung zu reden. Er schlug mir vor, dort anzurufen, um eine erniedrigte Zahlung auszuhandeln. Es folgten mehrere Telefongespräche. Standardspruch der Mitarbeiterin: „Sie sind bei der … versichert. Die … kümmert sich um ihre Kunden." Und: „Wir haben große Summen an eine externe Firma bezahlt, um ihnen entgegenzukommen." Ende vom Lied, mir wurde ein Bruchteil der Versicherungssumme ausbezahlt. Als der externe Berater bei mir zu Hause war, um den Aufhebungsvertrag von mir unterschreiben zu lassen, sagte er zu mir: „Man sieht es Ihnen auch an, dass es Ihnen nicht gut geht."

Ich war anschließend bei meinem Hausarzt, weil meine Körpertemperatur immer weiter abfiel. Ich sagte ihm, dass sie momentan nur noch bei 34,5 Grad liegen würde. Er meinte, das wäre aber sehr niedrig. Das war 's. Ich hatte ihm ebenfalls gesagt, dass ich Aminosäuren, speziell Lysin und Arginin nehme, sonst wäre ich dement. Darauf sagte er gar nichts. Als 30-Jähriger bekam ich beim Joggen Herzschmerzen, jetzt hatte ich sie täglich, ohne dass ich mich bewegte. Dazu nickte er nur mit seinem Kopf. Ich hatte ihn zudem noch mal auf das Wachstumshormon angesprochen. Ich fragte ihn, was es denn für einen Sinn ergeben würde, nur einmal morgens zu messen, wenn die Hypophyse doch fast stündlich dieses Hormon ausschüttet. Er sagte dazu, wenn mit der Hypophyse etwas nicht in Ordnung sei, dann müsse ein Teil von ihr fehlen.

Im Internet bin ich dann auf einen Artikel über Kokosöl gestoßen. Ich glaubte nicht, dass es hilft, weil ich schon viele andere Sachen probiert hatte, die nichts brachten. Ich habe es trotzdem damit versucht.

Mary Newport

„Die Alzheimerkrankheit greift um sich und sie ist bisher nicht heilbar. Doch hier kommt die gute Nachricht: Es gibt eine einfache Möglichkeit, sie aufzuhalten und die Symptome sogar teilweise rückgängig zu machen – mit ausgewählten, gesunden Fetten, zum Beispiel mit Kokosöl! Die Ärztin Mary Newport, deren Ehemann bereits mit 50 Jahren an Alzheimer erkrankte, suchte mit großem Engagement nach Hilfe für ihren Mann. Dabei entdeckte sie diese Ernährungsbehandlung, die jeder leicht zu Hause durchführen kann: mit sogenannten mittelkettigen Fettsäuren, wie sie in Kokos- oder Palmöl enthalten sind. Die Erklärung: Bei Erkrankungen wie Alzheimer kann das Gehirn seine übliche Energiequelle, die Glukose, nicht mehr verwerten; den Gehirnzellen fehlt Energie und sie sterben nach und nach ab. Mittelkettige Fettsäuren, die wir mit bestimmten Nahrungsmitteln in erhöhtem Umfang zu uns nehmen können, werden in der Leber zu Ketonen umgewandelt; das sind winzige Bausteine eines organischen Nährstoffs, die das Gehirn auch bei Alzheimer als Energiequelle nutzen kann. Das Absterben der Zellen und damit die Entwicklung oder Verschlimmerung von Alzheimer können so verhindert oder zumindest verlangsamt werden."[191]

So in etwa hatte ich es im Internet gelesen.

Die dahinter liegende Geschichte ist die, dass die behandelnden Ärzte den Buchhalter Steve Newport im Alter von 59 Jahren aufgegeben hatten. Er litt an Sehstörungen, war depressiv und konnte sich weder an die Jahreszeit, den Monat noch die Stadt erinnern, in der er sich befand. Seine Frau, Dr. Mary Newport, entdeckte zufällig im Internet ein Medikament namens AC-1202, welches bei einer größeren Anzahl von Alzheimerpatienten die Gedächtnisleistung deutlich verbessert hatte. Dieses Medikament enthielt MCT-Öl. Es ist ein 100 Prozent mittelkettiges Triglycerid und wird aus Kokosöl und/oder Palmkernöl hergestellt. Sie mischte ihrem Mann täglich Kokosöl und MCT-Öl unter sein

Essen, worauf er sich schon nach wenigen Tagen an das aktuelle Datum erinnern konnte. Sein Gesundheitszustand verbesserte sich kontinuierlich und seine Sehstörungen verschwanden.

Glukose ist der Hauptbrennstoff des Gehirns, aber das Gehirn verfügt wie andere Organe ebenso über einen Ersatzbrennstoff für Situationen, in denen die Glukoseversorgung nicht ausreicht. Im Gegensatz zu anderen Organen, bei denen freie Fettsäuren die unzureichende Verfügbarkeit von Glukose ersetzen, verwendet das Gehirn Ketone (auch als Ketonkörper bezeichnet) als einzigen signifikanten Ersatzbrennstoff für Glukose. Führt man dem Körper Ketone zu, sind bei Alzheimerpatienten eine gewisse Wiederherstellung und Umkehr möglich, denn Ketonkörper sollen das Gehirn wieder mit Energie versorgen.

Ganz so einfach wie es sich liest, ist es aber nicht. Ich kann sagen, es half mir minimal beim Denken, wenn überhaupt. Mehr nicht. Und Alzheimer heilen kann Kokosöl ebenfalls nicht. Im Januar 2016 verlor Steve Newport den Kampf und starb im Alter von 65 Jahren. Ich nahm schließlich noch NADH. Ich hatte es vorher schon mal eine Zeitlang genommen, als ich noch nicht permanent Herzschmerzen hatte, es half da wirklich ein bisschen beim Denken, aber eben nur ein bisschen.

NADH

NADH ist das wichtigste aller Coenzyme und wird deshalb auch Coenzym 1 genannt. NADH ist an der Produktion zellulärer Energie beteiligt, es spielt eine wichtige Rolle für das Gedächtnis, Immunsystem, die Reparatur der DNA und vieles mehr. Mehr als 1000 Stoffwechselreaktionen im menschlichen Organismus werden durch NADH gesteuert. Wie wesentlich das NADH für alles Leben ist, zeigt die Tatsache, dass es in absolut jeder menschlichen, tierischen und pflanzlichen Zelle vorhanden ist. Was ist NADH? Nichts weiter als Wasserstoff. Zusammen mit Sauerstoff produziert es in jeder Zelle ATP. ATP ist die Energie des Körpers. Wenn der ATP-Spiegel in der Zelle unter einen bestimmten kritischen Wert absinkt, geht die Zelle zugrunde. Ohne Energie stirbt jede Zelle. Je mehr ATP eine Zelle zur Verfügung hat, desto besser funktioniert und desto länger lebt sie. NADH kommt in allen lebenden Zellen vor. Also ebenso in unserer Nahrung. Und wo hier am meisten? Überraschung: in Fleisch und Fisch. Am meisten Energie benötigen unser Herz und unser Gehirn. Prompt kann man in diesen Geweben den höchsten NADH-Gehalt aller unserer Organe messen.

„NADH ist am Aufbau vieler Neurotransmitter, wie Dopamin, Serotonin, Adrenalin und Noradrenalin, beteiligt. Seine Hauptaufgabe ist die Produktion von Energie. NADH werden viele positive Wirkungen nachgesagt. So soll es unter anderem gegen das Chronische Müdigkeitssyndrom (CFS) helfen, Depressionen verringern und die Auswirkungen von neurologischen Krankheiten wie Alzheimer und Parkinson begrenzen können. [...] In verschiedenen Studien wurden diese Wirkungen untersucht. Tatsächlich konnte in einer Studie mit 17 Alzheimer-Patienten, die zwischen 8 und 12 Wochen lang NADH zu sich nahmen, eine Verbesserung ihrer kognitiven Fähigkeiten festgestellt werden. In einigen anderen Studien mit Patienten, die an Parkinson erkrankt waren, konnte unter Einnahme von NADH eine bis zu 30-prozentige Verbesserung ihrer Beschwerden erzielt werden."[192]

Ich nahm NADH und bemerkte dieses Mal sehr schnell, dass meine Herzschmerzen weniger wurden. Klar im Kopf war mir aber immer noch nicht, ich bekam keine Kraft und meine Beine blieben steif. Ein weiterer Schritt zur „Besserung" hat dann wirklich lange gedauert, weil ich die Zusammenhänge nicht verstand, obwohl es so offensichtlich ist. Was passiert im Alterungsprozess, wenn einem die Hormone ausgehen? Die Leistungsfähigkeit lässt nach, die Energie geht einem aus. Also muss man die Energie in den Zellen erhöhen. Die Mitochondrien sind die Kraftwerke aller Zellen. In ihnen wird ATP hergestellt. Folgende Nährstoffe benötigt eine Zelle für die Erzeugung von Energie:

1. Mikronährstoffe
2. Zucker oder Fett aus der Nahrung
3. Sauerstoff

Sauerstoff fehlte noch. Und wie kann man den Sauerstoffgehalt im Blut und in den Zellen erhöhen, wenn man keinen Sport mehr machen kann? Mit Eisen. Durch Eisen ist die extreme Steifigkeit aus meinem Körper entwichen und ebenso meine Körpertemperatur sehr schnell auf 35,1 Grad angestiegen. Ist natürlich nicht optimal, trotzdem, ich kann mir wieder die Strümpfe anziehen und, wenn ich mich nicht allzu sehr verausgabe, sogar Treppen hochlaufen. Und ganz wichtig, bei körperlicher Anstrengung erhitzt mein Körper wieder. Ich kann mich wieder einigermaßen konzentrieren und mit anderen Menschen unterhalten. Außerdem dieses Buch schreiben. Ich arbeite sogar wieder. Ich habe einen Teilzeitjob als Küchenhilfe in einem Seniorenheim angenommen. Ich nehme Mineralstoffe und Vitamine nach dem Gießkannenprinzip, doch ganz wichtig sind Bewegung, lange Erholungsphasen und essentielle Aminosäuren in freier Form, weil Aminosäuren vor allem für die Produktion vom Wachstumshormon benötigt werden. Ich nehme sie täglich, besonders vor dem Schlafen, mit extra Arginin und Lysin. 99,9 Prozent aller Leistungssportler nutzen ja nicht umsonst täglich Nahrungsergänzungsmittel zur Regeneration und Leistungssteigerung. Und darum geht es. Was mir anschließend neben Bewegung und viel Schlaf auch ein wenig geholfen hat und was mir schon 2007 half: Zitronensaft und Joghurt. Ein großes Problem ist immer die Verdauung. Zitronensaft fördert die Verdauung, indem die Zitronensäure die Bewegung in Magen und Darm anregt und die enthaltenen Milchsäurebakterien im Joghurt nehmen einen positiven Einfluss auf die Darmflora, was ebenfalls der Verdauung hilfreich ist. Jetzt lässt sich somit ein 50-fach erniedrigtes Wachstumshormon natürlich nicht ausgleichen. Aber mit Sicherheit lässt sich so die Lebenszeit verlängern und vor allem die Lebensqualität verbessern.

182

Endnoten

1   Demenz Support Stuttgart: Zentrum für Informationstransfer. Abgerufen am 3. Dezember 2021 unter https://www.demenz-support.de/ueber-uns/veranstaltungsarchiv/2011/wir-wollen-mitreden/?search_highlighter=richard+taylor.

2   Vgl. Meine Moleküle – Deine Moleküle. Abgerufen 2017 unter http://meine-molekuele.de.

3   Vgl. Alzheimer Forschung Initiative e.V. (AFI). Abgerufen am 25. Juli 2020 unter https://www.alzheimer-forschung.de/aktuelles/meldung/laut-werden-fuer-diejenigen-die-es-nicht-mehr-koennen-vortrag-von-unserer-botschafterin-okka-gundel/.

4   Vgl. Gesellschaft für Magnesium-Forschung e.V. Abgerufen 2021 unter https://www.magnesium-ges.de/index.php/de/vortragsabstracts/20–36-symposium-der-gesellschaft-fuer-magnesium-forschung-e-v/121-demenzentwicklung-bei-chronischem-magnesiummangel-und-pathologischer-gefaesssteifigkeit-eine-praktikable-prognostische-und-therapeuti.

5   Vgl. Portal für organische Chemie. Abgerufen am 12. September 2021 unter https://www.organische-chemie.ch/chemie/2006dez/zink.shtm.

6   Vgl. idw. Abgerufen am 4. Februar 2021 unter https://idw-online.de/de/news756831.

7   S3-Leitlinie „Demenzen" (Langversion – Januar 2016). (2016). https://www.dgppn.de/_Resources/Persistent/ade50e44afc7eb8024e7f65ed3f44e995583c3a0/S3-LL-Demenzen-240116.pdf.

8   Vgl. Braineffect. Abgerufen am 12. September 2021 unter https://www.brain-effect.com/magazin/phenylalanin-stresstoleranz.

9   Vgl. Privatpraxis Dr. Strunz. Abgerufen am 15. Januar 2018 unter https://www.drstrunz.de/aktuelles/2018/01/20180115_Das_Aminogramm.php.

10   Vgl. Myelin – die Membran, die deine Nerven schützt. Abgerufen am 7. Februar 2019 unter https://www. brain-effect.com/magazin/myelin-die-membran-die-deine-zellen-schuetzt.

11   Vgl. Ansari, P., Ansari, M. & Müller-Oerlinghausen, B. (2019). *Unglück auf Rezept: Die Anti-Depressiva-Lüge und ihre Folgen* (4. Druckaufl. 2019 Aufl.). Klett-Cotta. S. 63.

12   Vgl. Myelin – die Membran, die deine Nerven schützt. Abgerufen am 7. Februar 2019 unter https://www. brain-effect.com/magazin/myelin-die-membran-die-deine-zellen-schuetzt.

13   Vgl. Verein zur Förderung der gesunden Lebensführung und der Ernährungsmedizin e.V. Abgerufen am 13. August 2020 unter http://www.gesunde-lebensfuehrung.com/index.php?id=27.

14   Vgl. FOCUS Online. Abgerufen am 21. Juli 2018 unter https://www.focus.de/gesundheit/ratgeber/ gehirn/demenz/krasse-fehldiagnosen-verdacht-auf-alzheimer-in-vielen-faellen-steckt-in-wahrheit-etwas-anderes-dahinter_id_7405407.html?utm_source=newsletter&utm_medium=email&utm_campaign=newsletter_GESUNDHEIT.

15   Vgl. Ernährung und Demenz. (2005). *NeuroGeriatrie*, 131. https://www.hippocampus.de/media/316/ cms_4a94eb0b6e769.pdf.

16   Vgl. Vitamin B12 & Gesundheit. Abgerufen am 27. August 2021 unter https://www.vitaminb12.de/psyche-gehirn/.

17   Vgl. Deutsches Grünes Kreuz für Gesundheit e.V. Abgerufen am 15. Juni 2021 unter https://dgk.de/ gesundheit/mikronaehrstoffe/lexikon/vitamine/ folsaeure-vitamin-b9/therapie.html.

18   Vgl. doctors I today Praxis-Impulse für Hausärzt:innen. Abgerufen am 15. Juni 2021 unter https://www.doctors. today/a/fruehzeitig-gegensteuern-langzeitschaeden-verhindern-1763723.

19 Vgl. forever young. Abgerufen am 3. Juli 2020 unter https://www.strunz.ch/news/folsaeure-1.html.

20 Vgl. Vitamine-Ratgeber. Abgerufen am 5. Oktober 2018 unter https://vitamine-ratgeber.com/folsaeure-verringert-risiko-demenz-alzheimer/.

21 Vgl. forever young. Abgerufen am 2. September 2021 unter https://www.strunz.com/news/alzheimer-mag-ich-nicht.html.

22 Vgl. Max Rubner-Institut Bundesforschungsinstitut für Ernährung und Lebensmittel. (2008). Ergebnisbericht Teil 2 Nationale Verzehrsstudie II Die bundesweite Befragung zur Ernährung von Jugendlichen und Erwachsenen. https://www.mri.bund.de/fileadmin/MRI/Institute/EV/NVSII_Abschlussbericht_Teil_2.pdf.

23 Vgl. Gute Pillen – Schlechte Pillen. Abgerufen am 15. September 2021 unter https://gutepillen-schlechtepillen.de/voreilig-abgestempelt/.

24 Vgl. Zentrum der Gesundheit. Abgerufen am 18. April 2020 unter https://www.zentrum-der-gesundheit.de/krankheiten/neurodegenerative-erkrankungen/alzheimer-demenz/alzheimer-praevention.

25 Vgl. viavitamine. Abgerufen am 15. September 2021 unter https://www.viavitamine.de/content/information-zur-nahrungsergaenzung.20.html.

26 Vgl. forever young. Abgerufen am 15. März 2018 unter https://www.strunz.com/news/zum-zweiten-mal-demenz.html.

27 Vgl. forever young. Abgerufen am 14. März 2018 unter https://www.strunz.com/news/dreimal-demenz.html.

28 Vgl. Ernährung und Demenzrisiko – was ist gesichert? Eine Übersicht epidemiologischer Studien. (2005). Ernährungs-Umschau, 175. https://www.ernaehrungs-umschau.de/fileadmin/Ernaehrungs-Umschau/pdfs/pdf_2005/05_2005/EU_05_05_172_178___Lit.pdf.

29   Vgl. Dr. Rath Education Services. Abgerufen am 27. August 2021 unter https://www.dr-rath-education.org/de/freier-zugang-zu-natuerlicher-gesundheit-muss-ein-menschenrecht-werden/.

30   Vgl. Deutscher Bundestag. Abgerufen am 10. Januar 2021 unter https://www.bundestag.de/dokumente/textarchiv/2020/kw27-de-diabetes-strategie-701742.

31   Vgl. Die wahren Ursachen und was wirklich helfen kann! DIE ALZHEIMER LÜGE. unter https://www.renegraeber.de/alzheimer_report.pdf.

32   Vgl. Mediengruppe Deutscher Apotheker GmbH. Abgerufen am 3. September 2021 unter https://www.pharmazeutische-zeitung.de/inhalt-19-2003/medizin2-19-2003/.

33   Vgl. Schallers Gesundheitsbriefe. Abgerufen am 27. August 2021 unter https://www.schallers-gesundheitsbriefe.de/archiv-der-gesundheitsbriefe/archiv-18/vitamin-c-taegliche-einnahmeempfehlung-sollte-verdoppelt-werden/.

34   Vgl. Schallers Gesundheitsbriefe. Abgerufen am 27. August 2021 unter https://www.schallers-gesundheitsbriefe.de/archiv-der-gesundheitsbriefe/archiv-4/nahrungsmittel-heute-weniger-drin-als-frueher/.

35   Vgl. Dr. Rath Health Foundation. Abgerufen am 20. Oktober 2020 unter https://www.dr-rath-foundation.org/2020/09/albert-szent-gyoergyi-entdecker-des-vitamin-c/?lang=de.

36   Dr. Rath Health Foundation. Abgerufen am 20. Oktober 2020 unter https://www.dr-rath-foundation.org/2020/09/albert-szent-gyoergyi-entdecker-des-vitamin-c/?lang=de.

37   Colquhoun, J., ten Bosch, L. (Regie). (2008). Du bist, was du isst [Dokumentation]. Permacology Productions.

38   Vgl. Zentrum der Gesundheit. Abgerufen am 27. August
     2021 unter https://www.zentrum-der-gesundheit.de/
     krankheiten/psychische-erkrankungen/depressionen-
     uebersicht/depressionen.

39   Vgl. https://www.fr.de. Abgerufen am 16. September
     2021 unter https://www.fr.de/sport/sport-mix/omega-
     3-fettsaeuren-schuetzen-parkinson-11614186.html.

40   Vgl. idw. Abgerufen am 27. August 2021 unter https://
     idw-online.de/de/news647855.

41   Vgl. Ernährung und Demenzrisiko – was ist
     gesichert? Eine Übersicht epidemiologischer
     Studien. (2005). Ernährungs-Umschau, 175–176.
     https://www.ernaehrungs-umschau.de/fileadmin/
     Ernaehrungs-Umschau/pdfs/pdf_2005/05_2005/
     EU_05_05_172_178___Lit.pdf.

42   Vgl. Akademie für menschliche Medizin – AMM.
     Abgerufen am 7. November 2019 unter https://spitzen-
     praevention.com/2019/10/29/eine-gute-omega-3-
     versorgung-senkt-das-sterberisiko-signifikant-amm/.

43   Verbraucherzentrale.de. Abgerufen am 27. August
     2021 unter https://www.verbraucherzentrale.de/
     wissen/lebensmittel/nahrungsergaenzungsmittel/
     omega3fettsaeurekapseln-sinnvolle-
     nahrungsergaenzung-8585.

44   Vgl. Omega 3 Index & Optimale Dosierung – ALA,
     EPA & DHA – Spitzen-Gespräch mit Prof. Clemens
     von Schacky. (2020, 28. Februar). [Video]. YouTube.
     https://www.youtube.com/watch?v=BOHLTGsBEac.

45   Vgl. Mikronährstoffe abdecken – Mangel oder
     Überfluss? – Spitzen-Gespräch mit Apotheker Uwe
     Gröber. (2019, 4. Oktober). [Video]. YouTube. https://
     www.youtube.com/watch?v=falBpoTw2zs.

46   Vgl. The impact of vitamin D food fortification and
     health outcomes in children: a systematic review and
     meta-regression. PubMed. Abgerufen am 18. Dezember
     2020 unter https://pubmed.ncbi.nlm.nih.gov/32546259/.

47 Vgl. Dr. Rath Health Foundation. Abgerufen am 29. September 2021 unter https://www.dr-rath-foundation. org/2021/09/uebersichtsarbeit-zeigt-positive-auswirkungen-von-ernaehrung-auf-die-verbesserung-kognitiver-funktionen-demenz/?lang=de.

48 Vgl. Vitamin D – Das Sonnenhormon. Abgerufen am 17. September 2018 unter https://www.vitamind.net/vitamin-d-nerven-gehirn/.

49 Vgl. Naturheilt: Lexikon der Naturheilkunde und Alternativmedizin. Abgerufen am 17. Oktober 2018 unter https://www.naturheilt.com/alzheimer/.

50 Vgl. D.R.H. (2020). Gesund mit der Kraft der Natur. 4 Methoden, Ihr körpereigenes Vitamin D zu aktivieren. riva Verlag. S. 142.

51 Vgl. Zentrum der Gesundheit. Abgerufen am 19. September 2021 unter https://www.zentrum-der-gesundheit.de/ernaehrung/vitamine/vitamin-d-uebersicht/tagesbedarf-vitamin-d-ia.

52 Vgl. Vitamin D und das Immunsystem – Update 2020 – Spitzen-Information von Prof. Dr. med. Jörg Spitz. (2020, 23. August). [Video]. YouTube. https://www.youtube.com/watch?v=JcZ2_8htKSw&t=21s.

53 Vgl. Dr. Schmiedel. Abgerufen am 27. August 2021 unter https://www.dr-schmiedel.de/demenz-schicksal/.

54 Vgl. Mikronährstoffe abdecken – Mangel oder Überfluss? – Spitzen-Gespräch mit Apotheker Uwe Gröber. (2019b, Oktober 4). [Video]. YouTube. https://www.youtube.com/watch?v=falBpoTw2zs.

55 Vgl. Dr. Rath Health Foundation. Abgerufen am 27. August 2021 unter https://www.dr-rath-foundation. org/2021/02/krebs-todesfaelle-in-den-usa-seit-1991-um-31-%-gesunken-mainstream-medien-ignorieren-rolle-von-vitaminen/?lang=de.

56   Dr. Rath Health Foundation. Abgerufen am 27.
      August 2021 unter https://www.dr-rath-foundation.
      org/2021/02/krebs-todesfaelle-in-den-usa-seit-1991-
      um-31-%-gesunken-mainstream-medien-ignorieren-
      rolle-von-vitaminen/?lang=de.

57   Vgl. forever young. Abgerufen am 30. November
      2016 unter https://www.strunz.com/news/und-noch-
      einmal-die-vitaminluege.html.

58   Schallers Gesundheitsbriefe. Abgerufen am 27. August
      2021 unter https://www.schallers-gesundheitsbriefe.de/
      archiv-der-gesundheitsbriefe/archiv-5/gedanken-und-
      zitate-zu-gesundheitsfragen-4/.

59   Vgl. FOCUS Online. Abgerufen am 14. Februar 2021
      unter https://www.focus.de/gesundheit/ernaehrung/
      alt-und-gluecklich-obwohl-sie-reis-und-fleisch-essen-
      darum-werden-japaner-100-jahre-alt_id_11575359.html.

60   Vgl. tkp. Abgerufen am 27. August 2021 unter
      https://tkp.at/2020/10/01/warum-der-verzehr-von-
      kohlehydraten-der-gesundheit-schadet/.

61   Vgl. forever young. Abgerufen am 17. Mai 2019 unter
      https://www.strunz.ch/news/eiweiss-ist-lebensenergie.html.

62   Vgl. forever young. Abgerufen am 8. Dezember 2016
      unter https://www.strunz.com/news/wunderpille-gegen-
      demenz.html.

63   Vgl. FOCUS Online. Abgerufen am 5. Januar 2021
      unter https://www.focus.de/gesundheit/gesundleben/
      antiaging/das-geheimnis-der-hundertjaehrigen-tofu-
      und-ehrenamt-der-japanische-weg-fuer-ein-gesundes-
      und-langes-leben_id_10694133.html.

64   Vgl. WW-FINGERS. Abgerufen am 4. Februar 2021
      unter https://www.alz.org/wwfingers/overview.asp.

65   Vgl. FOCUS Online. Abgerufen am 6. September
      2021 unter https://www.focus.de/gesundheit/ratgeber/
      gehirn/therapie/plaques-reduzieren-bringt-nichts-
      nach-flops-bei-alzheimer-wirkstoff-tests-jetzt-setzten-
      forscher-auf-neue-angriffsziele_id_10514844.html.

66   Thomas Liesen. (Regie). (2008). Das Rätsel
      Alzheimer – Suche nach einer Krankheitsursache
      [Dokumentation]. Langengrad Filmproduktion.

67   Vgl. DIE WELT. Abgerufen am 10. September 2021 unter
      https://www.welt.de/welt_print/wissen/article6643305/
      Alzheimer-Ist-die-Plaques-Theorie-falsch.html.

68   Vgl. Wikipedia. Abgerufen am 28. August 2021 unter
      https://de.wikipedia.org/wiki/Beta-Amyloid.

69   Vgl. Alzheimer Forschung Initiative e.V. (AFI).
      Abgerufen am 12. März 2021 unter https://
      www.alzheimer-forschung.de/aktuelles/
      meldung/neuer-bluttest-kann-alzheimer-
      krankheit-prognostizieren-patentiertes-diagnose-
      verfahren-von-prof-klaus-gerwert/?pk_
      kwd=N2104-VielversprechenderBluttest&pk_
      campaign=newsletter&pk_source=email&utm_
      source=newsletter&utm_medium=email&utm_
      campaign=N2104-VielversprechenderBluttest.

70   Vgl. Kompetenz statt Demenz. Abgerufen am 25. Juli 2021
      unter https://kompetenz-statt-demenz.dsgip.de/neues-
      alzheimer-medikament-aducanumab-weitreichende-
      auswirkungen-einer-umstrittenen-zulassung/.

71   Vgl. Inc.Com. Abgerufen am 8. Februar 2020 unter
      https://www.inc.com/minda-zetlin/sleep-alzheimers-
      beta-amyloids-benefits-of-deep-sleep-boston-
      university-research.html.

72   Vgl. Creditreform Magazin. Abgerufen am 25. Oktober
      2021 unter https://creditreform-magazin.de/leben/
      gesundheit/page/6/.

73   Vgl. Gute Pillen – Schlechte Pillen. Abgerufen am 20.
      August 2018 unter https://gutepillen-schlechtepillen.de/
      vorsicht-geboten/.

74   Vgl. Deutsche Gesellschaft für Soziale Psychiatrie e.V.
      Abgerufen am 10. Oktober 2021 unter https://www.
      dgsp-ev.de/psychopharmaka/neuroleptikadebatte/
      expertendialog-neuroleptikabehandlung-b-meissnest.html.

75 Vgl. Leonard Roy Frank. Abgerufen am 10. September 2018 unter https://www.antipsychiatrieverlag.de/ artikel/gesundheit/frank_zyprexa.htm.

76 Vgl. swr.online. Abgerufen am 9. Oktober 2021 unter https://www.swr.de/swr2/wissen/therapie-bei-demenz-alternativen-zum-ruhigstellen-swr2-wissen-2021-04-28-100.html.

77 Alzheimer Forschung Initiative e.V. (AFI). Abgerufen am 6. Oktober 2021 unter https://www.alzheimer-forschung.de/forschung/forschungsprojekte/ projektdatenbank/projekt/wirkung-von-statinen-auf-die-cholesterinverteilung-im-gehirn/.

78 Vgl. Spektrum.de. Abgerufen am 9. Oktober 2021 unter https://www.spektrum.de/news/cholesterin-der-streit-geht-weiter/1506613.

79 Vgl. PraxisGarbers. Abgerufen am 13. April 2018 unter http://praxisgarbers.de/ernahrung/die-wahrheit-uber-cholesterin/.

80 Michael McNamara (Regie). (2015). Die Cholesterin-Lüge [Dokumentation]. Markhan Street Films Inc.

81 Vgl. Zentrum der Gesundheit. Abgerufen am 23. Juli 2018 unter https://www.zentrum-der-gesundheit.de/ cholesterinsenker-schaedigen-das-gehirn-ia.html.

82 Anne Georget (Regie). (2016). Cholesterin, der große Bluff [Dokumentation]. Quark Productions.

83 Vgl. Heilpraxis. Abgerufen am 9. Oktober 2021 unter https://www.heilpraxisnet.de/naturheilpraxis/ statine-koennen-die-entwicklung-von-parkinson-beschleunigen-20170616281110/.

84 Vgl. forever young. Abgerufen am 3. Januar 2021 unter https://www.strunz.com/news/statine-dinosaurier-sterben-nie-aus.html.

85 Vgl. forever young. Abgerufen am 4. Juli 2017 unter https://www.strunz.com/news/vitamin-e-verhindert-ihren-herzinfarkt.html.

86   Vgl. Lebensmittelverband Deutschland.
     Abgerufen am 10. Oktober 2021 unter https://
     www.lebensmittelverband.de/de/lebensmittel/
     nahrungsergaenzungsmittel.

87   Vgl. Arzneimittelkommission der deutschen Ärzteschaft.
     Abgerufen am 10. Oktober 2021 unter https://www.
     akdae.de/Arzneimitteltherapie/AVP/Artikel/2020-1-
     2/009h/index.php.

88   Samaritan Ministries. Abgerufen am 28. August 2021
     unter https://samaritanministries.org/blog/review-the-
     statin-disaster-by-dr-david-brownstein.

89   Vgl. forever young. Abgerufen am 16. Januar 2017 unter
     https://www.strunz.com/news/cholesterinarme-diaet.
     html.

90   Substitutionstherapie bei Wachstumshormonmangel.
     (2007). JOURNAL FÜR FERTILITÄT UND
     REPRODUKTION. 15. https://www.kup.at/kup/
     pdf/6332.pdf.

91   Wachstumshormonmangel bei Erwachsenen Ratgeber
     für Betroffene. 13. *SANDOZ A Novartis Division.*
     https://www.surepal.de/globalassets/surepal32/service/
     patientenbroschuere_aghd_dt.pdf.

92   Vgl. MT. Abgerufen am 22. Oktober 2018 unter https://
     www.mueller-tyl.at/hormone-und-ihre-wirkung/das-
     wachstumshormon-und-anti-aging-therapie/.

93   Vgl. Zentrum der Gesundheit. Abgerufen am 28.
     August 2021 unter https://www.zentrum-der-
     gesundheit.de/bibliothek/medikamente/schlafmittel/
     schlafmittel-alzheimer-ia.

94   Vgl. FAZ.NET. Abgerufen am 28. August 2021
     unter https://www.faz.net/aktuell/wissen/medizin-
     ernaehrung/pantoprazol-magensaeureblocker-haben-
     einige-nebenwirkungen-14451080.html.

95   Vgl. NetDoktor. Abgerufen am 29. August 2021
     unter https://www.netdoktor.de/news/demenz-
     saeureblocker-unter-verdacht/.

96   Vgl. apotheken.de. Abgerufen am 13. Oktober 2021 unter https://www.apotheken.de/news/10801-eiweissbedarf-im-alter.

97   Vgl. Burg Apotheke Beilstein. Abgerufen am 8. November 2021 unter https://burg-apotheke-beilstein.de/info/news/wenn-hunger-zu-darmstoerungen-fuehrt-moegliche-hilfe-bei-darmerkrankungen.

98   Vgl. ScienceDaily. Abgerufen am 16. Februar 2022, von https://www.sciencedaily.com/releases/2010/03/100307215534.htm.

99   Vgl. tkp. Abgerufen am 13. Oktober 2021 unter https://tkp.at/2020/12/11/eiweiss-bestandteil-lysin-hilft-gegen-covid-19-binnen-stunden/.

100 Vgl. forever young. Abgerufen am 05. November 2017 unter https://www.strunz.com/news/sprach-ein-weiser-arz-zur-weihnacht.html.

101 Vgl. Akademie für menschliche Medizin – AMM. Abgerufen am 13. Oktober 2021 unter https://spitzen-praevention.com/2018/07/24/autophagie-wie-werfen-wir-die-koerpereigene-reinigungsmaschine-an/.

102 Vgl. Blick. Abgerufen am 13. Oktober 2021 unter https://www.blick.ch/life/gesundheit/medizin/durchbruch-in-der-forschung-alzheimer-ist-anders-und-heilbar-id7351336.html.

103 Vgl. NAR. Abgerufen am 13. Oktober 2021 unter https://www.nar.uni-heidelberg.de/service/int_hollmann.html.

104 Vgl. Dr Michael Nehls Alzheimer ist heilbar! (2019, 26. März). [Video]. YouTube. https://www.youtube.com/watch?v=BtZsaQ-mahk.

105 FAZ.NET. Abgerufen am 15. Oktober 2021 unter https://www.faz.net/aktuell/wissen/medizin-ernaehrung/bewegung-fuer-den-kopf-wie-man-der-demenz-davonlaeuft-12196873.html.

106 Deutsche Gesellschaft für Psychiatrie und Psychotherapie, Psychosomatik und Nervenheilkunde

(DGPPN) Deutsche Gesellschaft für Neurologie (DGN) in Zusammenarbeit mit der Deutschen Alzheimer Gesellschaft e.V. – Selbsthilfe Demenz. (2016). S3-Leitlinie „Demenzen". https://www.awmf.org/uploads/tx_szleitlinien/038-0131_S3-Demenzen-2016-07.pdf.

107 Vgl. AOK – Die Gesundheitskasse. Abgerufen am 14. Oktober 2021 unter https://www.aok.de/pk/magazin/sport/fit-im-alter/was-koennen-muskeln-fuer-meine-gesundheit-tun/.

108 Vgl. FOCUS-GESUNDHEIT Arztsuche. Abgerufen am 24. Oktober 2021 unter https://focus-arztsuche.de/magazin/ratgeber/myokine-die-heilkraft-der-muskeln.

109 Vgl. RTL Online. Abgerufen am 15. Oktober 2021 unter https://www.rtl.de/cms/studie-koerpereigenes-sport-hormon-verbessert-hirn-gesundheit-4822858.html.

110 Vgl. Primal State. Abgerufen am 15. Oktober 2021 unter https://www.primal-state.de/hirnbooster-bdnf/.

111 Nehls, M. (2014). Die Alzheimer-Lüge: Die Wahrheit über eine vermeidbare Krankheit (7. Aufl.). Heyne Verlag. S. 132.

112 Vgl. Mayo Clinic Proceedings. Abgerufen am 14. Oktober 2021 unter https://secure.jbs.elsevierhealth.com/action/cookieAbsent.

113 Vgl. Internisten im Netz. Abgerufen am 16. Oktober 2021 unter https://www.internisten-im-netz.de/fachgebiete/hormone-stoffwechsel/hormondruesen-und-moegliche-erkrankungen/hypothalamus.html.

114 Klentze, M. (2001). Für immer jung durch Anti-Aging. Ehrenwirth. S. 40,41.

115 Vgl. NetDoktor. Abgerufen am 3. September 2017 unter https://www.netdoktor.de/krankheiten/wachstumshormonmangel/.

116 Vgl. t-online.de. Abgerufen am 19. Oktober 2021 unter https://www.t-online.de/gesundheit/krankheiten-symptome/id_70588812/diabetes-laesst-das-gehirn-erheblich-schrumpfen.html.

117   Vgl. Privatpraxis Dr. Strunz. Abgerufen am 29.
        August 2021 unter https://www.drstrunz.de/
        aktuelles/2018/01/20180122_Toedliche_Praxis.php.
118   Vgl. Biomedizin Blog. Abgerufen am 29. August 2021
        unter http://www.biomedizin-blog.de/de/diabetes-
        ist-seit-1800-mit-der-zuckeraufnahme-verbunden-
        wp261-54.html.
119   Deutsche Diabetes-Hilfe. Abgerufen am 29. August
        2021 unter https://www.diabetesde.org/ueber_diabetes/
        was_ist_diabetes_/diabetes_mythen/mythos_5.
120   Vgl. forever young. Abgerufen am 29. August 2021
        unter https://www.strunz.com/news/vollkorn-der-
        grandiose-irrtum.html.
121   Vgl. DGE. Abgerufen am 4. September 2021 unter
        https://www.dge.de/ernaehrungspraxis/diaetetik/
        diabetes-mellitus/?L=0.
122   Vgl. Dr. Rath Gesundheits-Brief. (2010, September).
        Ausgabe 14. http://www.lotus-xe.com/deutsch/
        download/Gesundheitsbrief.pdf.
123   Vgl. Zentrum der Gesundheit. Abgerufen am 29. August
        2021 unter https://www.zentrum-der-gesundheit.de/
        krankheiten/diabetes/diabeteserkrankungen/vitamine-
        fuer-diabetiker-ia.
124   Vgl. D.B.-M.L. (2018). Offener Brief. https://imm.aks.
        services/wp-content/uploads/2018/12/Offener_Brief_
        Diabetes_No_2018-2.pdf.
125   Vgl. Arginin, HCL, AAKG, AEE. Abgerufen am 29.
        August 2021 unter http://www.l-arginin-infos.de/
        studien.html.
126   Vgl. forever young. Abgerufen am 29. August 2021
        unter https://www.strunz.com/news/kennen-sie-
        arginin.html.
127   Vgl. forever young. Abgerufen am 29. August 2021
        unter https://www.strunz.com/news/testosteron-heisst-
        langes-leben.html.

128 Vgl. Deutsches Ã„rzteblatt. Abgerufen am 11.
Dezember 2021 unter https://www.aerzteblatt.
de/nachrichten/73288/Testosterongel-foerdert-
Knochendichte-Blutbildung-und-Koronarplaques-bei-
aelteren-Maennern.

129 Vgl. Journal of Neuroscience. Abgerufen am 29.
August 2021 unter https://www.jneurosci.org/
content/10/9/2897.short.

130 Vgl. arbeits-abc.de. Abgerufen am 29. August 2021
unter https://arbeits-abc.de/stress-laesst-gehirn-
schrumpfen/.

131 Vgl. Saito, M. & Höhn, W. (2011). Körpertemperatur
und Gesundheit: Wie wir durch Erhöhung der
Körpertemperatur unsere Vitalität und Gesundheit
fördern (1. Aufl.). Goldmann Verlag. S. 121-124.

132 Vgl. Eurovital. Abgerufen am 8. November 2021
unter https://www.eurovital.com/de/product_detail.
aspx?PID=7005&NAME=ISOTROPIN-HGH-
REJUVENATION-20-.

133 Vgl. Life Extension. Abgerufen am 29. August 2021
unter http://lef.vitamine-und-mehr.org/Stress.html.

134 Vgl. P.A. (2013). Die Therapiegeschichte der
Depression und die Einführung der antidepressiven
medikamentösen Therapie in der BRD im Zeitraum
von 1945–1970. Medizinische Hochschule Hannover
Institut für Geschichte, Ethik und Philosophie in der
Medizin. Abgerufen am 18. August 2018 unter https://
d-nb.info/1060673118/34.

135 Vgl. Deutschlandfunk Kultur. Abgerufen am 30. August
2021 unter https://www.deutschlandfunkkultur.
de/drogen-in-der-medizin-rausch-auf-rezept.976.
de.html?dram:article_id=384891.

136 Vgl. Nature Power Trading Ltd. Abgerufen am 8.
November 2021 unter https://www.naturepower.de/
vitalstoff-journal/fakten-widerreden/arzneimittel/
warum-antidepressiva-mitunter-versagen/.

137 Vgl. Wikipedia. Abgerufen am 8. November 2021 unter https://de.wikipedia.org/wiki/Iproniazid.

138 Vgl. Wikipedia. Abgerufen am 30. Oktober 2018 unter https://de.wikipedia.org/wiki/Imipramin.

139 Depression-Heute – unabhängige Informationen über Depressionen, Antidepressiva, Psychopharmaka und das Absetzen von Medikamenten. Abgerufen am 24. November 2018 unter https://www.depression-heute. de/1957-als-der-schwindel-begann/.

140 Beobachter. Abgerufen am 24. November 2018 unter https://www.beobachter.ch/gesetze-recht/psychiatrie-die-menschenversuche-von-munsterlingen.

141 Vgl. Beobachter. Abgerufen am 24. November 2018 unter https://www.beobachter.ch/gesetze-recht/ psychiatrie-die-menschenversuche-von-munsterlingen.

142 Vgl. Ansari, P. (o. D.-b). 1957 – Als der Antidepressiva-Schwindel begann. Depression-Heute – unabhängige Informationen über Depressionen, Antidepressiva, Psychopharmaka und das Absetzen von Medikamenten. Abgerufen am 24. November 2018 unter https://www.depression-heute.de/1957-als-der-schwindel-begann/.

143 Vgl. Medizinische Hochschule Hannover Institut für Geschichte, Ethik und Philosophie in der Medizin. Abgerufen am 18. August 2018 unter https://d-nb. info/1060673118/34.

144 Vgl. Ansari, P., Ansari, M. & Müller-Oerlinghausen, B. (2019). Unglück auf Rezept: Die Anti-Depressiva-Lüge und ihre Folgen (4. Druckaufl. 2019 Aufl.). Klett-Cotta. S. 196,197.

145 Vgl. Der Tagesspiegel. Abgerufen am 11. September 2021 unter https://www.tagesspiegel.de/themen/ geist-und-seele/gesund-leben-eine-weitverbreitete-illusion/13429764.html.

146   J.G. & C.F. (2013). Die Pille zum Glück Wie die Pharmaindustrie trickste, um die Zulassung für gefährliche Antidepressiva zu erhalten. http://www.n-fuchs.de/artikel/Antidepressiva_Sueddeutsche.pdf.

147   Vgl. Rubikon. Abgerufen am 25. August 2018 unter https://www.rubikon.news/artikel/1357-todlicher-ernst.

148   Vgl. Depression-Heute – unabhängige Informationen über Depressionen, Antidepressiva, Psychopharmaka und das Absetzen von Medikamenten. Abgerufen am 30. August 2021 unter https://www.depression-heute.de/eli-lilly-fluctin-prozac-fluoxetin/.

149   Vgl. J.G. & C.F. (2013). Die Pille zum Glück Wie die Pharmaindustrie trickste, um die Zulassung für gefährliche Antidepressiva zu erhalten. http://www.n-fuchs.de/artikel/Antidepressiva_Sueddeutsche.pdf.

150   Vgl. Raus aus der Psychopharmakafalle. Abgerufen am 30. August 2021 unter https://die-psychopharmaka-falle.de/ueber-psychopharmaka/ueber-antidepressiva.

151   Schallers Gesundheitsbriefe. Abgerufen am 18. Juli 2017 unter https://www.schallers-gesundheitsbriefe.de/archiv-der-gesundheitsbriefe/archiv-15/psychopharmaka-und-amoklaeufe-die-verheimlichte-verbindung/.

152   Vgl. Nature Power Trading Ltd. Abgerufen am 20. November 2021 unter https://www.naturepower.de/vitalstoff-journal/fakten-widerreden/medizinbetrieb/haben-aerzte-und-patienten-noch-therapiefreiheit/.

153   Vgl. Depression-Heute – unabhängige Informationen über Depressionen, Antidepressiva, Psychopharmaka und das Absetzen von Medikamenten. Abgerufen am 14. August 2018 unter https://www.depression-heute.de/eine-geschichte-voller-missverstaendnisse-die-schon-lange-widerlegt-wurden/.

154   Vgl. Antidepressiva: Unglück auf Rezept. (2017, 5. Januar). [Video]. YouTube. https://www.youtube.com/watch?v=i5KVMnNIXM4.

155 Vgl. Dr. Balaicza Erika. Abgerufen am 30. August 2021 unter http://de.balaicza.hu/serotonin/.

156 infosperber. Abgerufen am 30. August 2021 unter https://www.infosperber.ch/wirtschaft/konzerne/ toedliche-medizin-und-organisierte-kriminalitaet/.

157 Depression-Heute – unabhängige Informationen über Depressionen, Antidepressiva, Psychopharmaka und das Absetzen von Medikamenten. Abgerufen am 19. Januar 2019 unter https://www.depression-heute.de/ antidepressiva-fuer-kinder-und-jugendliche/.

158 Vgl. Institut für Qualität und Wirtschaftlichkeit im Gesundheitswesen (IQWiG). Abgerufen am 23. November 2021 unter https://www.iqwig. de/presse/pressemitteilungen/pressemitteilungen- detailseite_10912.html.

159 Winfried Oelsner (Regie). (2016). Die Macht der Pharmaindustrie [Dokumentation]. taglicht media.

160 Vgl. Deutschlandfunk. Abgerufen am 11. Februar 2018 unter https://www.deutschlandfunk.de/teufel-und- beelzebub-die-krise-der-psychopharmaka-100.html.

161 Vgl. Google Books. Abgerufen am 30. August 2021 unter https://books.google.de/books?id=xnanBgAA QBAJ&pg=PA122&lpg=PA122&dq=setzt+serotonin +wachstumshormon+frei&source=bl&ots=VFY8o4F Irs&sig=d5dgfzRyns3f-X8j5gVgXUBnE9A&hl=de&s- a=X&ved=2ahUKEwiP0M3y55feAhWutYsKHWxfB b84FBDoATABegQIBxAB#v=onepage&q=setzt%20 serotonin%20wachstumshormon%20frei&f=false.

162 Vgl. Thanh-Thuan Nguyen. (2007). Veränderte neuroendokrine Schlafarchitektur bei Typ 1 Diabetes mellitus Patienten. https://www.zhb.uni-luebeck.de/ epubs/ediss400.pdf.

163 Vgl. Dagmar Schmid. (2003). Effekte von pulsatiler Gabe von Kortisol auf die Hormonsekretion und das Schlaf-EEG bei Patienten mit Depression. https://edoc. ub.uni-muenchen.de/987/1/Schmid_Dagmar_A.pdf.

164   Vgl. Statistisches Bundesamt. Abgerufen am 28. Oktober
      2018 unter https://www.destatis.de/DE/ZahlenFakten/
      ImFokus/Gesundheit/DepressionKinderJugendliche.
      html.

165   Vgl. Deutsches Ärzteblatt. Abgerufen am 19. Januar
      2019 unter https://www.aerzteblatt.de/archiv/152853/
      Psychopharmaka-Verordnungen-bei-Kindern-und-
      Jugendlichen.

166   DER SPIEGEL, Abgerufen am 30. August
      2021 unter https://www.spiegel.de/politik/
      die-abschaffung-der-gesundheit-a-7f8bc
      7d6-0002-0001-0000-000028210126.

167   Vgl. Seelsorge für die Industrie. (2011, 15. Mai). *Der
      Spiegel*, 116–117.

168   Vgl. Judith Stein (Regie). (2015). Angst vor
      Schmerzen – Das Milliardenbusiness mit den
      Schmerzpillen. [Dokumentation]. Une production.

169   Vgl. Mediengruppe Deutscher Apotheker GmbH.
      Abgerufen am 27. November 2021 unter https://
      www.pharmazeutische-zeitung.de/inhalt-28-2001/
      medizin5-28-2001/.

170   STERN.de. Abgerufen am 6. Oktober 2019 unter
      https://www.stern.de/panorama/germanwings-
      absturz--die-letzte-mail-von-andreas-lubitz-an-seinen-
      therapeuten-6733092.html.

171   Vgl. STERN.de. Abgerufen am 6. Oktober 2019
      unter https://www.stern.de/panorama/germanwings-
      absturz--die-letzte-mail-von-andreas-lubitz-an-seinen-
      therapeuten-6733092.html.

172   Vgl. Ansari, P., Ansari, M. & Müller-Oerlinghausen,
      B. (2019). Unglück auf Rezept: Die Anti-Depressiva-
      Lüge und ihre Folgen (4. Druckaufl. 2019 Aufl.). Klett-
      Cotta. S. 33,34.

173   Vgl. Antidepressiva: Unglück auf Rezept. (2017b, Januar
      5). [Video]. YouTube. https://www.youtube.com/
      watch?v=i5KVMnNIXM4.

174   Vgl. DGPPN Zahlen und Fakten der Psychiatrie und Psychotherapie Stand: Juli 2019. (2019). https://www.dgppn.de/_Resources/Persistent/154e18a8cebe41667ae22665162be21ad726e8b8/Factsheet_Psychiatrie.pdf.

175   Vgl. Untersuchungen der autonomen Regulationsstörung bei kleinwüchsigen Kindern mittels Herzfrequenzvariabilitätsanalyse im 24 Stunden Langzeit-EKG. (2016). Sebastian Meint. https://opus.bibliothek.uni-wuerzburg.de/opus4-wuerzburg/frontdoor/deliver/index/docId/14187/file/Meint_Sebastian_Regulationsstoerung.pdf.

176   Vgl. ResearchGate. Abgerufen am 31. August 2021 unter https://www.researchgate.net/publication/6745977_Responses_of_the_Steroid_Circadian_System_to_Alcohol_in_Humans_Importance_of_the_Time_and_Duration_of_Intake.

177   JULEMA. Abgerufen am 2. Februar 2019 unter https://www.julema.de/news/9/2/0/vom-abgehalfterten-diabetes-mittel-zum-hochpreisigen-alzheimer-medikament.

178   Vgl. JULEMA. Abgerufen am 2. Februar 2019 unter https://www.julema.de/news/9/2/0/vom-abgehalfterten-diabetes-mittel-zum-hochpreisigen-alzheimer-medikament.

179   JULEMA. Abgerufen am 2. Februar 2019 unter https://www.julema.de/news/9/2/0/vom-abgehalfterten-diabetes-mittel-zum-hochpreisigen-alzheimer-medikament.

180   Institut für Qualität und Wirtschaftlichkeit im Gesundheitswesen (IQWiG). Abgerufen am 4. Februar 2022, von https://www.iqwig.de/presse/pressemitteilungen/pressemitteilungen-detailseite_10949.html.

181   Gesundheitsinformation.de. Abgerufen am 2. Februar 2022, unter https://www.gesundheitsinformation.de/hilft-memantin.html.

182 Vgl. Der Arzneimittelbrief. Abgerufen am
28. November 2021 unter https://www.der-
arzneimittelbrief.de/de/Artikel.aspx?SN=6437.

183 Demenzrisiko. Abgerufen am 1. September 2021 unter
http://demenzrisiko.de/alzheimer-medikamente-
meiner-oma-wuerde-ich-die-nicht-geben/.

184 S3-Leitlinie „Demenzen" (Langversion – Januar 2016).
(2016). https://www.dgppn.de/_Resources/Persistent/
ade50e44afc7eb8024e7f65ed3f44e995583c3a0/S3-LL-
Demenzen-240116.pdf.

185 Vgl. APOTHEKE ADHOC. Abgerufen am 21.
August 2019 unter https://www.apotheke-adhoc.
de/nachrichten/detail/pharmazie/demenz-durch-
anticholinergika-neurodegeneration/.

186 Vgl. Ansari, P., Ansari, M. & Müller-Oerlinghausen,
B. (2019). Unglück auf Rezept: Die Anti-Depressiva-
Lüge und ihre Folgen (4. Druckaufl. 2019 Aufl.). Klett-
Cotta. S. 149.

187 Klentze, M. (2001). Für immer jung durch Anti-aging.
Ehrenwirth. S. 43.

188 FOCUS Online. Abgerufen am 2. Februar 2022,
unter https://www.focus.de/gesundheit/gesundleben/
antiaging/forschung/jugend/wachstumshormon-
jungbrunnen-fuer-die-ewigkeit_id_1842457.html.

189 Vgl. Zeit Online. Abgerufen am 6. September
2019 unter https://www.zeit.de/zustim
mung?url=https%3A%2F%2Fwww.zeit.
de%2Fwissen%2Fgesundheit%2F2019-
09%2Fgregory-fahy-verjuengung-altern-
alterungsprozess-studie.

190 Vgl. Saito, M. & Höhn, W. (2011). Körpertemperatur
und Gesundheit: Wie wir durch Erhöhung der
Körpertemperatur unsere Vitalität und Gesundheit
fördern. Goldmann Verlag.

191 bücher.de. Abgerufen am 3. Dezember 2021 unter https://www.buecher.de/shop/alzheimersche-krankheit/alzheimer-vorbeugen-und-behandeln/newport-mary-t-/products_products/detail/prod_id/35534162/.

192 Therapeium Blog. Abgerufen am 4. April 2019 unter https://therapeium.de/blog/nadh-eine-neue-therapieoption-bei-alzheimer-und-parkinson/.

Der Autor

Thomas Meier ist 1964 im niedersächsischen
Bückeburg geboren. Dort hat er seine Frau
kennengelernt und eine Familie mit zwei Kindern
gegründet. Nach der Realschule erlangte
er zusätzlich einen Abschluss der Höheren
Handelsschule. Bereits mit 23 Jahren wagte er
den Schritt in die Selbständigkeit und war im
Laufe seiner beruflichen Karriere in verschiedenen
Bereichen erfolgreich tätig.
Seine persönlichen Erfahrungen mit der „Krankheit
des Vergessens" und eigene Recherchen führten
2022 zur Veröffentlichung seines ersten Buches
„Alzheimer – Auf der Suche nach der Wahrheit".